古代歷史文化研究輯刊

十三編

王明蓀 主編

第 20 冊

波斯人筆下的中國

ELHAM SADAT MIRZANIA 著

國家圖書館出版品預行編目資料

波斯人筆下的中國／ELHAM SADAT MIRZANIA（孟娜）著
-- 初版 -- 新北市：花木蘭文化出版社，2015〔民 104〕
目 4+164 面；19×26 公分
（古代歷史文化研究輯刊 十三編：第 20 冊）
ISBN 978-986-404-030-8（精裝）
1. 史料 2. 中國
618   103026960

古代歷史文化研究輯刊
十三編　第二十冊　　　　　ISBN：978-986-404-030-8

波斯人筆下的中國

作　　者　ELHAM SADAT MIRZANIA（孟娜）
主　　編　王明蓀
總 編 輯　杜潔祥
副總編輯　楊嘉樂
編　　輯　許郁翎
出　　版　花木蘭文化出版社
社　　長　高小娟
聯絡地址　235　新北市中和區中安街七二號十三樓
　　　　　電話：02-2923-1455／傳眞：02-2923-1452
網　　址　http://www.huamulan.tw 信箱 hml 810518@gmail.com
印　　刷　普羅文化出版廣告事業
初　　版　2015 年 3 月
定　　價　十三編 27 冊（精裝）台幣 52,000 元

波斯人筆下的中國

ELHAM SADAT MIRZANIA

作者簡介

作者 ELHAM SADAT MIRZANIA，中文名爲孟娜，是全伊朗第一屆學漢語的本科畢業生。畢業後到中國去留學。在北京大學中文系學習現代文學專業的碩士和博士研究生。作者長期以來一直跟中國和中國文化分不開，多年在北京和上海的生活讓她變成一個半中國的伊朗人。在中國期間多次參加過北大和北京語言學院出版社的各種編輯項目。跟商務印書館有編漢波－波漢詞典的合作。作者現任伊朗德黑蘭 ALLAMEH TABATABAYI 大學外語學院中文系系主任。

提　　要

　　歷代波斯人寫了許多有關中國的著作和遊記，這些著作和遊記是波斯人瞭解中國各個方面的主要的參考文獻。其中，有關中國的著作是古代波斯人通過對當時的中國進行詳細的研究後編撰的，而遊記則是親自到過中國的波斯人，根據旅途見聞寫成的。本文《波斯人筆下的中國》以波斯人寫的四個遊記作爲研究的對象，對波斯人在不同時期對於中國的見聞和觀感進行分析和考察。

　　論文第一章，筆者對中國唐代時波斯人所寫的關於中國的遊記《中國印度見聞錄》進行研究。在這部波斯人寫的最早的有關中國的遊記中，波斯商人以他們獨特的眼光來敘述中國的「黃金時代」，即唐朝各方面的信息，在很多方面可以給漢文獻提供補充資料。論文在描述唐代波斯和中國海上交流狀況的同時，對於該書的作者及書中的內容進行詳細的考察，揭示這部遊記與《一千零一夜》等文學作品的關係，並通過對內容的分析，論述作品的眞實性和可靠性，展示波斯人眼中的中國唐朝社會。

　　論文第二章，筆者對於明朝初期波斯畫家火者‧蓋耶速丁‧納哈昔的中國遊記《沙哈魯遣使中國記》進行考察，敘述了蓋耶速丁在中國的旅途見聞，並且探討他的中國之旅在伊朗繪畫史上的影響。這部遊記有三種版本，筆者也一一進行比較和研究。

　　論文第三章，研究明朝中期阿里‧阿克巴爾的中國遊記《中國紀行》。這部作品從時間上講具有獨特的價值，是瞭解中國明王朝中期重要的參考文獻。筆者對《中國紀行》以及著作者的身份進行考察。在介紹前人的研究成果的同時，盡量糾正其中不準確的觀點。通過阿里‧阿克巴爾的描寫，闡述明王朝時穆斯林在中國社會的地位，探討明代中國瓷器與伊斯蘭文化的關係，以及《中國紀行》的文學價值。

　　論文第四章，對於二十世紀初，馬赫迪‧古里‧汗‧赫達雅特的環球旅遊的見聞《麥加遊記》中有關中國部分進行梳理和分析。馬赫迪‧古里‧汗‧赫達雅特是伊朗很有影響的思想家、政治家，他在中國停留了大概兩個月的時間。當時的中國與前幾個世紀黃金時代的中國非常不一樣。赫達雅特在他的遊記中，深刻地揭示了當時中國所面臨的問題，並盡量提出解救社會的種種方法。其實，他在中國所看到的問題，也是當時伊朗所面臨的現實問題，因此進行了很深入的思考，希望藉此能將傳統社會引向現代化的道路，表現了一位思想家和政治家的遠見卓識。在這一章，筆者先介紹赫達雅特的身份及其思想，敘述他在中國的所見所聞，包括他當時所看到的中國社會中存在的種種問題，以及他所提出的解決問題的各種方法。

論文通過對上述遊記，以及它們在當時波斯社會中所起的影響進行詳盡的考察，展示伊朗人在不同歷史階段的中國觀，從中可以瞭解世界四大文明古國之一的古波斯，對於中國和中國民族的認識和理解，他們對於中國的哪些要素感興趣，以及伊朗和中國古時的文化、經濟和政治交流的方式和歷史，同時也可以探尋中國人對於來自波斯地區的遊客採取什麼樣的態度。通過對於這些遊記進行研究，也可以給漢語文獻提供新的資料，因爲波斯人記載過的內容，漢文獻當中並不一定有相應的記載。本書強調以細緻的方法來考察波斯人筆下的中國文化、經濟及社會等方面的歷史事件。古老而文明的中國歷史悠久。研究中國的對外交流，如果不重視外國人在創建這種交流時的參與，那是不完整的。論文強調了波斯人在波中交流史上的參與和所扮演的角色，從而拓展了波中文化交流史的研究。

目

次

圖表目次

前　言

　　作爲亞洲的兩個文明古國——地處西亞的伊朗與位於東亞的中國，古代波斯文明與中國傳統文化共同爲世界文化的豐富性與多樣性做出了重要而獨特的貢獻。同時，兩國的文化交流也源遠流長，成爲各自古代文明發展中的積極因素。早在兩千多年前，兩國人民就結下了深厚的友誼，兩國政府也展開外交活動，這體現在雙方歷代君主的一系列政治、外交、文化政策中，兩國使節的互通往來則直接加強了交流的進程。這種文化、科學等方面的交流與融合，促進了兩國在諸多領域內的發展和繁榮。眾所周知，絲綢之路是中西交通史的光榮一頁，證明著古代中國和波斯文化對世界文明的貢獻。法國漢學家馬伯樂（Henri Maspero）曾在他的著作《古代中國》中提到，中國公元前三四世紀燦爛的文明，特別在天文學和幾何學方面，在很大程度受到伊朗和印度的影響。又如印度佛教最初在中國的傳播，與翻譯佛經密不可分。而最早的一批經文譯者，並非中國本土人士，而是西域來華僧人。其中，波斯王太子安世高，可謂是佛經漢譯的創始人，由他首先翻譯了印度小乘佛教禪類的經典。公元 148 年，這位年輕的波斯王太子來到洛陽，很快就掌握了漢語。這時候佛教在中國已有一些影響，不論在上層人士還是普通民眾中都擁有了一批信奉者，根據信徒需求和自身語言特長，安世高譯出了最早的第一批漢文佛經，在佛教傳入中土的歷程與兩國文化交流史上功不可沒。

　　在中國的史料記載中，波斯和中國之間的正式交通始於公元前一一九年。當時漢武帝第二次派遣張騫出使西域。這一次出使的目的是爲了聯合大月氏、烏孫以打擊匈奴。他的使團共有三百人。張騫當時並沒有到達波斯域內，而是委派副使訪問波斯，受到了那裡國王的友好接待。當時中國人稱波

斯爲安息。安息之名乃當時波斯國王名（Ashk）的譯音，這一朝代的波斯語被稱爲安息克尼揚（Ashkaniyan）。《史記》首次記錄了古代波斯地理和經濟、文化情況。在《史記》卷一百二十三中，關於安息有這樣的一段話：

安息在大月氏西可數千里。其俗土著，耕田，田稻麥，葡萄酒。城邑如大宛。其屬小大數百城，地方數千里，最爲大國。臨嬀水，有市，民商賈用車及船，行旁國或數千里。以銀爲錢，錢如其王面，王死輒更錢，效王面焉。畫革旁行以爲書記。其西則條枝，北有奄蔡、黎軒。

張騫出使西域，開啓了波斯與中國外交關係，兩國開始進行正常的貿易活動。波斯使節此後也多次訪問中國，開始了兩國互相認知瞭解的過程。

最早波斯人和中國進行的是貿易交換。中國的商品，最早是通過波斯商人運往波斯和其它歐洲國家的市場。每年有大量波斯商人爲了進行貿易活動，前往中國。他們中的一些人後來就定居在中國內陸。據史料記載，8 世紀中期，海南島曾經有一個波斯村莊，居留於該地區的波斯人大部分是行駛在中國南海一帶的船長。甚至一直到今天，距江蘇揚州東南 40 公里處仍然存在著一個名叫「波斯村」的村莊，村民均爲波斯人的後裔。

隨著長期的貿易交往，大批波斯人進入中國，文化的交往也愈加密切。不少波斯人具備了良好的漢文化修養，充當了兩國文化的使者。在中國的唐朝，阿拉伯兵力開始入侵波斯，公元 651 年，薩珊王朝最後一個統治者伊嗣俟三世敗亡，波斯被阿拉伯帝國合併。伊嗣俟三世的兒子卑路斯組織反抗失敗後，便率領皇室和貴族來到中國首都長安，與唐朝保持了終生的友誼，後來客死長安。波斯大酋長阿羅喊於公元 658 年出使中國，後留在中國，唐高宗李治派他出使東羅馬等國，因稱職有功而被封將軍和公爵尊號。唐末五代波斯人李珣入華，他是唐代入華的波斯人後裔，他的家族有兩點特別值得注意。一是與「香藥業」的關係（李珣的弟弟李玹也是一位專門從事香藥貿易的商人），一是高深的漢文化修養。李珣本人寫過一本名爲《海藥本草》的藥物學著作，主要敘述唐朝的外來藥物。香料和藥物是唐朝進口的重要物品，而且主要由胡人經營。李珣是一位五代詞人，著有《瓊瑤集》，是現知最早的詞集，在中國文學史上亦佔有一席之地，《瓊瑤集》雖然原書已佚，但在《花間集》與《尊前集》中，收錄了李珣的作品。李珣的妹妹李舜弦也是一位才情出眾的女詩人。唐代中期的名將李元諒也是波斯人的後裔。

　　海上絲綢之路大約興起於公元 9 世紀初，成爲維繫文明交流的紐帶。波斯人把伊斯蘭教文化傳播到中國。伴隨科學與文化交流的發展，波斯和阿拉伯穆斯林先進的數學、天文曆算與航海、地理知識開始爲中國人所瞭解。由於波斯人對中國的瞭解比其他西方國家要早幾個世紀，因而在西亞各國所記錄的中國史料中，波斯文資料最多。唐代時，波斯人關於中國的著作便有《道里邦國志》、《雅古比史》、《歷代民族與帝王史》、《中國印度見聞錄》等，表明當時波斯與中國的文化交流面相當廣泛，這些文獻也爲研究唐代歷史提供了重要的史料。

　　中國從很早就在波斯人的心目中佔有重要的地位。中國唐宋時期的史學家和地理學家，古代的波斯和穆斯林學者伊本・胡爾達茲比赫、雅古比、馬斯歐迪、蘇萊曼、阿布・札義德等，均在各自的著作中介紹過中國。雖然伊朗遭受的三次侵略，即亞歷山大、阿拉伯以及蒙古人的攻擊，給伊朗文化造成了極大的損失，尤其是古書的被毀，但保留下來的波斯人著作中，描寫中國的作品仍有不少，具有很高的史學價值。早期的著作如《道里邦國志》、《黃金草原與珠璣寶藏》、《中國印度見聞錄》、《雅古比史》等，均用阿拉伯文寫成，很多人誤認爲這些書的作者是阿拉伯人。實際情況是，阿拉伯征服波斯以後，阿拉伯語成爲波斯的書面語，因而很多波斯學者採用阿拉伯文撰寫著作。

　　在這些早期波斯和穆斯林作家的中國著作中，涉及到一個很有趣的話題，即有關中國的起源與始祖敘述，部分著作將把中國的起源納入波斯或伊斯蘭神話傳說體系之中。9 世紀雅古比（Ahmad Ibn e Ishaq al Yaqubi，公元？～897 年）的著作《雅古比史》中，稱中國人的始祖是《古蘭經》傳說中的遠古先知諾亞（Noah）的第五世孫，他率領族人乘船來到東方，擇地而居，並把這片新土地稱爲「秦」（中國）。泰伯里（Mohammad Ibn e Jarir Tabari，838～923 年）寫的《歷代民族與帝王史》（Tarikh al Rosol wa al Muluk，又譯《使者及眾帝王的歷史》）〔註 1〕將中國人的祖先追溯到波斯神話傳說中的國王菲雷東。按照古代波斯和雅利安神話傳說中，世界之王菲雷東將天下分封給其三個兒子：薩爾慕（Salm），依拉治（Iraj）與圖爾（Tur）。其中，中國在內的東方大地爲其次子圖爾（Tur）所得。但後來菲雷東的兒子之間又發生爭奪，使得中國分離於伊朗的版圖。據菲爾多西說：「把圖郎國交給圖爾，把他選爲

〔註 1〕　《歷代民族與帝王史》譯爲漢文，2004 年出版於國際思想出版社。

中國和突厥人的長官。」《泰伯里史》把諾亞和菲雷東當作一個人；因此，可能波斯和薩米族的神話傳說來源是一致的。馬斯歐迪氏（Masudi，公元？～956年）的《黃金草原與珠璣寶藏》（Muruj al-Dhahab wa Ma'aden al Jowhar），是第九、十世紀提到中國的主要歷史著作。該書的中國描寫非常多，在敘述中國人起源時說：「對中國居民的世系和民族起源問題，人們的看法並不完全一致。有些人認為，阿比爾將宇宙進行了分配，分別劃分給了遠古先知諾亞的後裔，阿穆爾的後裔、蘇比爾（Subil）和雅弗的兒子們都到東北方向去了……阿穆爾的其他後裔們卻渡過了巴爾赫（Balkh）河，大部分都到了中國內地，在那裡又分散在幾個諸侯國中……阿穆爾的另一部分後裔到達了印度邊界地區，……還有一部分阿穆爾的後裔前往吐蕃定居……阿穆爾的大部分後裔都沿著濱海地帶而一直抵達中國的邊境。他們又於那裡分散在幾個不同的地區，修造了房宅住，開始耕耘土地，建立了縣、首府的城市一類的行政機構，並把他們稱為安穆（Anmu）的一大城市立為京都。」〔註2〕

　　然而，古代中國在波斯人的想像中，更多地呈現出一幅由寶石、物產、奇聞軼事等元素構成的奇異圖景，體現了早期波斯人中國觀感中的新奇感與浪漫情懷。比如尼（Biruni）寫的《星相學原則之解答》，描寫了中國寶石與輸入阿拉伯帝國著名港口巴士拉（Basra）的中國產品。伊本·納迪姆（Ibn al-Nadim，公元？～999年）的《科學書目》（Fihrist al-Ulum）與馬爾瓦茲（Marvazi）的《動物的自然性質》（Tabaye al-Hayavan，寫於1120年），亦為後世提供了瞭解古代中國的資料。第10～11世紀的偉大波斯詩人菲爾多西的《列王紀》、伊本·阿西爾（Ibn e Athir 1160～1234年）的《歷史大全》（Al Kamel fi al Tarikh）與薩拉比·內沙布里（Sa'alabi Neishaburi）所著的《波斯帝王志》（Ghurar al Akhbar Muluk al Fors va Syarahum）、凱依卡烏斯·拉齊（Keykavus Razi）著的《瑣羅亞斯德志》（Zartusht Nama）等歷史著作，都用單獨的篇章介紹過中國的歷史。波斯著名的學者、作家和史學家默罕默德·烏費（Sadiduddin Muhammad Aufi，1171～1242年）在1126年寫的《趣事和出色故事彙編》（Majmal u Tawarikh wa al ghisas）也有專章描寫中國情形，記述了有關中國的地理、貨物、產品、出口品，中國城市與主要港口以及一些奇聞軼事。

〔註2〕馬斯歐迪：《黃金草原》，耿昇譯，青海人民出版社，1998年，第173～174頁。

　　可以發現，大部分著作包括到達中國的海路、中國地理、與中國的貿易以及中國的產品介紹。這些內容要麼是到達中國的商人和航海家親自寫的，要麼是歷史地理學家聽遊歷過中國的商人和水手們的敘述而紀錄的。伊本·胡爾達茲比赫（Ibn khurdathbeh，公元 815～912 年）是波斯著名地理學家。他的祖先是瑣羅亞斯德教的教徒，而他名字的意義表示這位作家的波斯種族。他在 846 年用阿拉伯文寫成《道里邦國志》，是有關中國的重要著作之一。作者在參考波斯古老的地理著作的同時，還引用政府、商人、遊客和航海家的第一手資料和報導，因而成了後代學者瞭解中國的參考書。他記述到達中國的海路和日程，以及中國的香料、礦物和其他產品。在描寫中國的部分他這樣寫：「全中國有三百座人口稠密之城市。其中較著名者爲九十座。中國之疆界起自海洋，經吐蕃、突厥，終至西部之印度。中國之東有瓦格瓦格國〔註 3〕，那裡產黃金。瓦格瓦格人以金製成拴狗的鏈條及猴子項圈，他們取出用金縷織成之衣衫貨賣。瓦格瓦格出產優質烏木。」〔註 4〕

　　唐末關於中國的另一作品爲《中國印度見聞錄》〔註 5〕（又叫《歷史的鎖鏈》Silsilat al Tawarikh）。《中國印度見聞錄》由上下兩卷組成的。這兩卷是由兩個作家在兩個不同的時間寫成的。上卷是蘇萊曼所記錄的見聞。蘇萊曼，波斯商人和航海家，他從西拉夫（Siraf）出發，經過阿曼海、印度洋、孟加拉海和印度尼西亞到達了中國的廣州。他在 851 年用阿拉伯語寫了自己的作品。下卷是阿布·札義德在 916 年爲了補充蘇萊曼的作品而寫的。這部分是早期關於中國的豐富資料，該書提到了唐末的黃巢起義。書中海員和舶主的故事，爲我們提供了許多遠東的史實。這類故事或許也爲文學名著《一千零一夜》提供了與中國有關的素材。《中國印度見聞錄》比馬可·波羅的中國遊記早了大概有 400 年，因而是非常值得參考的一個歷史文獻。《中國印度見聞錄》包括很多有關中國、印度、爪哇等東方國家的獨特風俗習慣和社會生活等方面的內容。《中國印度見聞錄》對於中國風土人情的大量的敘述，使得當時的穆斯林世界進一步瞭解中國各方面的情況。馬斯歐迪寫的《黃金草原與珠璣寶藏》的部分內容，包括黃巢之亂，中國人的繪畫以及有一位阿拉伯人與中國

〔註 3〕　倭國。

〔註 4〕　〔波斯〕伊本·胡爾達茲比赫：《道里邦國志》，宋峴譯，中華書局，1991 年，第 72 頁，及《中外關係史譯叢》第 3 輯，上海譯文出版社，1989 年，第 256 頁。

〔註 5〕　《中國印度見聞錄》在 1983 年被穆根來、汶江和黃倬漢譯爲中文，出版於中華書局。

皇帝見面的情節,與阿布・札義德寫的《中國印度見聞錄》有很多相似之處,馬斯歐迪書中的這些內容,很可能取自阿布・札義德的著作中。

《雅古比史》描寫到中國的七個大海和海上島嶼的情況:「中國是個幅員遼闊的國家。如果從海上去中國,需橫渡七海。每個海有其各自的顏色、風力、魚類以及特殊的海風。」〔註6〕他還詳細地記述中國所出產的蘆薈和麝香。《雅古比史》分上下兩卷,872 年完稿。這部作品是一個什葉派人所撰寫的一部最早的歷史著作。泰伯里寫的《歷代民族與帝王史》中也寫到中國的貿易、貿易港口與輸入中國的產品。10 世紀的史學家馬斯歐迪遊歷過許多國家(包括中國在內),因此他認為自己的祖國位於駱駝背上。他與當時著名的學者和史學家如拉齊與泰伯里也見過面,並進行交談。馬斯歐迪在《黃金草原與珠璣寶藏》中關於中國人的宗教有很詳細的介紹。他說:「中國人的宗教,也就是古老的崇拜僅僅是一種孤獨生活的信仰。……有學問的人向造物主進行祈禱。……他們崇拜偶像。然而,對這些偶像的崇拜僅僅是順從的一種標誌和上昇為神的過渡階段。一直到二元論和唯物論的宗教的理論和體系出現為止,中國的情況一直如此。」〔註7〕《黃金草原與珠璣寶藏》現已翻譯成漢語。

在 10 至 11 世紀,波斯穆斯林作家的中國敘述中,可以提到阿布爾・莫埃耶德・巴爾黑(Abu al Muayyed Balkhi)寫的《國家之奇迹》(Ajayeb al Buldan),以及馬赫穆德・加爾迪齊(Abu Said Abd al Hay Dhahhak Ibn Mahmud Gardizi(？～1061 年)寫的《記述的裝飾》〔註8〕(Zain al Akhbar)(又叫《加爾迪齊史》)。阿布爾・莫埃耶德・巴爾黑是第 10 世紀薩曼王朝著名的詩人和史學家。伊朗現代著名詩人巴哈爾的藏書中原來保存著一份不完整的《國家之奇迹》手稿。關於該著作,巴哈爾在自己的著作《文學風格論》(Sabk Shenasi)這樣寫道:「很遺憾,阿布爾・莫埃耶德・巴爾黑寫的著作,大部分已經失掉了,……只有一部不完整的手稿在我手裏,它名叫《國家之奇迹》,本作品無疑地是阿布爾・莫埃耶德寫的著作,但後來其他人開始對它進行一些改動,包括對於 1167 年和 1210 年所發生的事件。可以看出對該書中進行改動的是一位阿塞拜疆地區的馬拉蓋(Maraqeh)市的人,而原書的舊體式已經失去了。」

〔註6〕 轉引自費琅:《阿拉伯波斯突厥人東方文獻輯注》,耿昇、穆根來譯,中華書局,1989 年,第 66 頁。

〔註7〕 馬斯歐迪:《黃金草原》,耿昇譯,青海人民出版社,1998 年,第 178 頁。

〔註8〕 1983 年王小甫把加爾迪齊有關中國寫的內容譯為漢文,發表於《西北史地》雜誌上的第 4 期。

留存下來的這部《國家之奇迹》是阿布爾・伽斯穆・諾亞・本・曼蘇爾（Abu al Ghism Noah Ibn e Mansur）編輯整理的。書中記載了包括中國在內的世界各國的情況。《記述的裝飾》作於 1051～1052 年。馬赫穆德・加爾迪齊按照馬赫穆德・加西那位（Zain ul Millah Abdu Rashid Ibn yamin u Dowla Mahmud Ghaznavi）的稱號，把自己的作品叫做《記述的裝飾》。本作品包括三十章，記載了世界各國的歷史、風俗習慣、節日和重大事件。此書所記載的內容時間跨度長，從各國起源一直到公元 1049 年。該書第二十六章專門涉及到有關中國歷史、地理和風俗習慣的廣泛描寫。加爾迪齊對於歷史有一種不帶偏見的視野。關於中國他說：「中國，這是一個幅員遼闊的國家，如果我們要對它進行詳細的描述，那寫出的書遠比預料的要長。……據說，中華帝國是世界上地域最廣的國家。中國富饒而地廣。其地無論男女都穿綾羅綢緞，甚至窮漢和奴僕也穿著絲綢。人們皆舒袖長裙，以至拖曳在地。他們那兒的街道都有蓬，一日灑水三次；他們的城牆有許多高大的門，門由木料建造。中國人的家裏飾有各種偶像，房屋用磚瓦建造。中國皇帝有一個支龍大的軍隊。據說，僅在皇帝那裡吃俸祿的就有四千人，一萬八千個長官。所有的中國人都很有仁慈的、高尚，他們有優質紡織品和各種器皿。……」〔註9〕

　　實際上，波斯對於東亞各國的正式注意，始於蒙古伊利汗王朝。當時蒙古人在中國建立了元朝。從這時期開始，中國文化因素進入波斯本土的歷史和藝術領域裏。在蒙古和帖木兒朝代，波中交流進一步發展。當時有幾位波斯人在中國任職。元初從伊朗東部的伊斯蘭文化中心布哈拉市來到中國的賽典赤，是當時最代表性的例子。賽典赤是一位很傑出的伊朗政治家，在 1274 年被派到雲南任行省平章政事。他在雲南任上，使伊斯蘭教廣泛地傳播於中國南部。14 世紀著名的旅行家白圖泰在自己的遊記中寫：「在中國的每個城市，穆斯林人有專門住居的地方。他們在這些地方有自己的清眞寺，可以在裏面做禮拜。中國每個城市都有一個伊斯蘭教人物，負責穆斯林的事情；爲了解決任何爭論，他們選定一個法官。」〔註10〕隨著伊斯蘭教在中國的傳播，波斯語也傳到中國國內，而後來成爲中國穆斯林社會交流的語言。波斯語在中國的傳播速度相當快，伊朗偉大的詩人薩迪（1209 年～1292 年）去世 50

〔註 9〕　王小甫譯：《加爾迪齊著〈記述的裝飾〉摘要》，《西北史地》，1983 年第 4 期，第 103 頁。

〔註10〕　《伊本・白圖泰遊記》波斯文版本，第 742 頁。

年後，白圖泰就在中國見到中國人朗誦薩迪的詩歌：「……我們上了船，總督的兒子也上另一隻船，歌手和音樂團也陪著他，而用漢語、阿拉伯語和波斯語朗誦詩歌。總督的兒子很喜歡波斯語部分，因此以他的命令，他們重複地朗誦了波斯語詩歌。」〔註 11〕帖木兒和蒙古時代的另一個特點是波中科學、技術和藝術的互相影響。伊利汗宮廷中有幾位中國醫學家、天文學家和歷史學家〔註 12〕，把中國的科技、藝術成果帶到波斯。伊利汗王朝的波斯漢學家拉施都丁（1247～1318 年）在寫自己的著作《史集》以及《中國醫學》時，得到了宮廷中的中國學者的幫助。中國人也把波斯的數學和伊斯蘭天文學成果帶回中國。當時中國的幾位天文學家在波斯西部的馬拉蓋（Maraqeh）市的天文臺裏工作；後來在北京也建立了一個伊斯蘭式的天文臺。

　　13 世紀有一位波斯優秀漢學家拉施都丁・法茲魯拉・哈馬丹尼（Rashid al-Din Fazlullah Hamedani），他是伊利汗王朝（Ilkhaniyan，1256～1353 年）傑出的史學家、政治家、醫學家和伊利汗朝代的著名宰相，是波斯最早的一位漢學家。他在傳播中國文化方面，做出了很大的貢獻。他出生於醫生世家，曾刻苦學習文學、寫作、詩體、醫學、歷史、哲學、數學等學科。他在大不里士市中，建立了一座名叫「拉施都丁鎮」（Rab'e Rashidi）的小城，在那裡興辦公共學堂，建圖書館、醫院，開藥店、製藥廠、造紙廠等等。他的很多作品與中國有關，涉及到中國醫學、語言、文字、歷史、地理、科學技術等方面。在寫作時，他得到一些當時居留於伊利汗宮廷的中國學者直接的幫助〔註 13〕，使得他的著作具有較高的史料價值。

　　拉施都丁跟中國有關的作品有《史集・中國史》（Jami al-Tavarikh）、《關於中國科學技術伊利汗珍寶之書》（Tanksuqname ye Ilkhan dar Fonun o Olume Khatayi）、《迹象與生命》（Asar va Ahya）和《五系譜》（Shu'ab e Panjganeh）。爲了編《史集》，他在吸取前人成果的基礎上，大量閱讀了外文書籍。《史集・中國史》是現存最早的一部由西域學者編寫的中國通史。它記述了古代中國 36 個王朝和 267 個帝王的世系，並保存了從漢文史書中描摹下來的歷代帝王的畫像。拉施都丁在作品的前言中介紹了當時寓居伊朗的中國學者的文化活

〔註 11〕《伊本・白圖泰遊記》波斯文版本，第 752 頁。
〔註 12〕這些中國學者的姓名身世至今無法考證出來。當時一般把他們叫做「先生」（Singsing）。
〔註 13〕兩位中國學者的名字爲 Lbbahi 和 M.ksun。他們通曉中國的天文學、藝術和歷史，並從中國帶來了一些有關的書籍。

動，著重對中國的文字、曆法、印數術等方面進行評述。編寫《關於中國科學技術伊利汗珍寶之書》時，拉施都丁參考了漢文典籍和中國學者以及通曉漢語的波斯翻譯的一些著述。拉施都丁在編寫本書時，還得到了一位名叫薩福丁的波斯人的幫助。該書的內容有關中國傳統醫學、植物學以及中國的典章禮儀。在該書的前言中，拉施都丁介紹了中國文字、印刷術、紙幣（鈔）和樂譜的特點。《迹象與生命》（又譯《迹象與復蘇》）是關於農業生產、建築學、礦物學、氣象學等方面的內容。該書還涉及到中國本土出產的幾種植物的介紹。也包括中國著名的產品茶葉在內。《五系譜》的內容為記述突厥——蒙古人、阿拉伯人（穆斯林）、猶太人、西方人和中國人等 5 個民族的君王埃維的系譜。伊利汗朝代之前的學者在自己的作品中介紹過中國的地理和歷史方面的內容。但拉施都丁首次在伊朗和中亞地區的書籍編寫中，介紹了中國的文字。從這方面來說，他的這本著作具有很高的歷史價值。《史集》的另外一個特點是拉施都丁在《史集·中國史》和《史集·印度史》中，所描寫的遠東國家和民族的宗教信仰。他講述了中國、日本和印度的佛教信仰。可以說他的記述是古波斯文資料當中，敘述佛陀生平最廣泛的文獻之一，這顯然對波斯人瞭解當時這種宗教，做出很大的貢獻。伊利汗王朝時的另一個重要波斯文史料是阿塔·馬利克·志費尼（Ata Malik Juvayni，1226～1283 年）寫的《世界征服者史》。內容為記述蒙古人西征的過程。

　　有學者認為，在拉施都丁去世以後出現的有關中國的地理著作，如班納卡提的《班納卡提史》、哈菲茲·阿布魯（Hafiz Abru，？～1430 年）的《拉施特史集續篇》（Zayl e Jami' al-Tavarikh e Rashidi），以及拉施都丁去世三十年以後，巴爾黑（Balkhi）編寫的《世界境域》（Suvar al-Aqalim），其主要資料都來源於拉施都丁所撰寫的地理著作。班納卡提（Fakhr al-Din Abu Sulayman Davud Banakati，？～1330 年）是伊利汗朝代（1256～1353 年）的著名詩人和史學家。他在 1317 年寫的《達人名流之歷史的勝境花園》（Rawzat al Uli-al-Albab fi Tawarikh al-Akaber wa al-Ansab）又名《班納卡提史》〔註 14〕（Tarikh e Banakati），是一部簡明的世界通史，自人類的誕生寫起，止於 1414 年。主要的內容大多節選自拉施都丁的《史集》。該書由一個前言和九章組成的，其第八章有兩節記述中國歷史、地理和中國人的宗教思想。在第一節他

─────────────

〔註 14〕《班納卡提史》在 20 世紀的 80 年代由何高濟譯為漢文，出版於內蒙古人民出版社。

先記述契丹（Khatay，中國）史，自從盤古止於守緒（Shudi Shuusu）（阿勒壇汗〔Altan Khan〕）。然後敘述契丹國以及他們的朝代、年代及其信仰。該節包括契丹史與契丹之領域；在第二節他描寫契丹的君王（共三十六個王朝）。哈菲茲·阿布魯的《拉施特史集續編》是對拉施都丁《史集》中「波斯伊利汗王朝史」部分的補充和完善。

帖木兒朝代波斯與中國明王朝的交流很頻繁。這時期兩國使節的往來在促進雙方的經濟和文化交流方面起了重要作用。帖木兒時期留下了兩部關於中國寫的波斯語遊記。一是《沙哈魯遣使中國記》，保存在撒馬爾罕的阿卜德·拉札克編寫的《雙福星的升起處和雙海之匯合處》一書中；另一部是阿里·阿克巴爾在 16 世紀初寫的《中國紀行》。漢語文獻當中陳誠著的《西域番國志》，是到帖木兒帝國的旅行見聞。這幾部遊記是研究伊朗帖木爾帝國與中國明王朝交流史的重要歷史文獻。

《雙福星的升起處和雙海之匯合處》是 15 世紀撒馬爾罕的阿卜德·拉札克（Kamal al-Din Abdu al-Razzaq Samarqandi，1413～1482 年）編寫的一部歷史著作。涵蓋的年代事件始於蒙古最後一位伊利汗阿布·薩依德·巴哈杜爾（Abu Saeid Bahadur）的出生，止於帖木兒王朝阿布·薩依德·古爾卡尼（Abu Saeid Gurkani）之死，以及 1470～1471 年所發生的事件。該書共有二冊，第一冊根據哈菲茲·阿布魯著的《拉施特史集續篇》及其它史書編寫；第二冊是按照作者本人的研究而寫成的。阿卜德·拉札克在本著作中，準確地記述了原來蓋耶速丁所記錄的中國旅行見聞的《沙哈魯遣使中國記》。這次到中國的使節成員包括沙哈魯的代表，沙狄·火者，蓋耶速丁畫師和蘇丹阿赫馬德作爲沙哈魯第三子拜孫忽兒的代表，蘇丹肖和默罕默德·博士作爲沙哈魯之長子兀魯伯的代表。這次使臣共有 510 個人。從赫拉特後出發，一年多之後到達汗八里（即北京）。完成任務後，於 1422 年 9 月 6 日返回赫拉特。阿卜德·拉札克這樣寫道：「在伊斯蘭教曆 822 年（公元 1419 年）的事件中，我們特別提到，真福者沙哈魯爲前往中國宮廷而指派了一個由沙狄·火者率領的事團，拜孫忽兒王子也派蘇丹阿赫馬德和學問非常淵博的畫師老爺蓋耶速丁陪他們前往。王子詔令蓋耶速丁要寫一部完整的遊記，從出發一直寫到回程。他黑紙白字地記下自己所看到的一切：道里、風景、農作物、諸王國的建築、諸王子的權力、他們施政的方式、各自的處境、各地的奇蹟及其居民的風俗習慣等。回國後，他們向蘇丹呈奏了中國皇帝的賀表以及珍貴的貢品，

以一種令人震驚的語言闡述了有關該皇帝的奇妙故事。因爲火者·蓋耶速丁於途中客觀地、不帶任何偏見和成見地記在了其旅行記，所以我們於此發表其遊記的精鍊摘要。」〔註 15〕明朝時期中國穆斯林的權力得到擴大，永樂皇帝把月曆選定爲國家的正式曆法。當年帖木兒朝的國王沙哈魯與明王朝永樂皇帝之間交換的國書，保存於阿卜德·拉札克的著作《雙福星的升起處和雙海之匯合處》中。

　　《中國紀行》寫於 1516 年，是阿里·阿克巴爾·哈塔伊在薩法維王朝肖·伊斯馬儀一世（1486～1524 年）同其他 11 個前往中國的人所寫的旅行見聞。作者稱這本遊記是獻給當時的奧特曼君王的。《中國紀行》由 21 個章節組成的（有的版本列爲 20 章），是有關中國 16 世紀初的珍貴史料。在拉施都丁的《史集》以後，《中國紀行》算是有關中國的可靠、獨特而詳細的一本著作。阿里·阿克巴爾在書中，闡釋了中國社會各方面的情況。他提到中國皇帝對穆斯林和伊斯蘭教的注意以及人民遵守規則的問題。他還記述中國的道路、宗教信仰、城市的城牆和寶庫、監獄、節日、風俗習慣、妓院、天文學、農業、貨幣、藝術和藝術館等方面，在提供有關中國社會的一手資料方面具有很高的歷史價值，但在那時代沒能引起足夠的注意。

　　在 17 世紀末也有以「遊記」形式來記述中國的作品，但它不是直接到中國旅行的旅途見聞，而是到暹羅的波斯使節的旅程記錄。《蘇萊曼之船》是記述有關中國情形的著作。這次伊朗薩法維王朝的沙河·蘇萊曼派遣出使暹羅王納賴（Narai，1656～1688 年在位）的使臣，使臣中的默罕默德·拉比·伊本·默罕默德·伊卜拉西穆（Mohammad Rabi' Ibn Mohammad Ibrahim）記錄旅途的見聞，這是伊朗第一位前往東南亞國家暹羅的使節，表示伊朗首次開始和暹羅國進行政治交流，《蘇萊曼之船》也是第一部由伊朗人寫的關於暹羅的作品，在瞭解伊朗和泰國的交流史方面，具有很高的歷史價值。該書除了使節在暹羅的旅途報告之外，還包含居住於當地的伊朗人生活狀況以及暹羅人的態度和風俗習慣。除此之外，還包括遠東國家如印度、錫蘭、菲律賓、中國和日本的社會、及風土人情。

　　愷加王朝（Qajar，1781～1925 年）時，在西方著作的影響下，伊朗人把中國和日本作爲「遠東」國家看待。這時期也有幾位伊朗遊客寫了關於中國

〔註 15〕　〔法〕阿里·瑪札海里著：《絲綢之路：中國波斯文化交流史》，耿昇譯，新疆人民出版社，2006 年，第 33 頁。

旅行見聞。

1859 年哈吉‧薩亞赫‧馬哈拉提（Haj Sayyah Mahallati，1836～1886 年）開始在全球的各國進行一次旅遊。他的旅遊持續 18 年，他參觀許多西方國家包括俄國、法國、意大利、德國、丹麥等。在亞洲地區他參觀日本、中國、緬甸、新加坡、印度、阿富汗等，寫了《哈吉‧薩亞赫的西方遊記》（Safarname ye Haj Sayyah be Farang）。

伊卜拉希穆‧薩哈夫巴士（Ibrahim Sahaf Bashi，意為出版者的伊卜拉希穆）也在 1897 年寫了環球旅遊見聞，即《伊卜拉希穆‧薩哈夫巴士的遊記》。這個遊記除了報告西方各國包括俄國、德國、英國、法國、美國、加拿大等國家的情況之外，還包含關於日本、香港、新加坡、印度及其他遠東國家的見聞。伊卜拉希穆從日本到了香港，他很歡喜香港美麗的建築與城市環境，以及那裡海關的特殊情況。關於香港他這樣寫道：「香港是中國地區的一座小城市，而屬於英國人；他們（英國人）友好地向中國政府要求拿取本島。該市建立在山上，建得非常完美，可以把它當作所有城市當中的新娘。從各地所進口的貨都不需要交稅；因而很多商人到這地去來進行商業活動。街道有用石塊建的臺階。該市的食物是每天早上從國外運來的。這城市有一座具有黑石的山，也有用石塊做的建築。」〔註16〕

在 1899 年，日本和俄國發生戰爭之前，有一位名叫羽索弗‧華爾譚（Yusof Waltn）寫了一部《中國日本遊記》，是作者到中國、日本和朝鮮的旅途見聞。《中國日本遊記》包括有關中國、日本和韓國的地理信息，原來包括 16 章和一個結論，但很大部分已丟失，只有一份不完整的手抄本現保存於伊朗國立圖書館。1903 年 9 月 14 日伊朗當時的首相阿塔貝克辭職以後，同六個伊朗人一起在當年的 9 月 21 日開始一次環球旅遊。他們先到莫斯科，然後到中國，之後到日本和其他幾個國家。這一次的旅行見聞，是由陪伴阿塔貝克的政治家馬赫迪‧古里‧汗‧赫達雅特（mahdi Quli Khan Hedayat）所記錄的，書名叫做《麥加遊記》。由於種種原因《麥加遊記》直到世界第二戰爭後的 1945 年才得到發表。作品描寫他們在中國的見聞，內容包括中國的城市、宗教、歷史、宮殿、學校、風俗習慣等，具有很高史料價值和政治價值。

波斯文學給予中國一種獨特的關注。伊朗偉大的詩人如菲爾多西、莫拉維、薩迪和哈菲茲在自己的作品中反覆地提到過中國、中國畫家與中國人。

〔註 16〕 سفرنامه ابراهيم صحافباشى تهرانى ، به اهتمام محمد مشيرى ،شركت مولفان و مترجمان تهران، 1357، ص 93.

伊朗 12 世紀詩人內紮密（公元 1141～1209 年）寫的《七美人》描寫薩珊王朝第 15 位國王巴赫拉姆·古爾（Bahram Gur，公元 421～438 年在位）與七個國家公主的關係。這七個公主中有一個是中國皇帝的女兒。巴赫拉姆下令給這七個美女建造七個不同顏色圓屋頂的建築，每個星期的一天到一個美女的住所去，聽一個故事。內紮密的另一作品《亞歷山大故事》的一部分，記述中國皇帝接待亞歷山大的故事，是波斯語最美麗詩歌之一。第 10 至 11 世紀的著名詩人菲爾多西《列王紀》中的一部分也是描寫薩珊王朝國王的中國新娘。莫拉維（公元 1207～1273 年）寫的《瑪斯納維·瑪納維》中描寫到中國的繪畫。

與此同時，中國現代作家如魯迅、鄭振鐸、胡適與郭沫若等，早在 20 世紀初期也注意到了伊朗文學與相關作品。魯迅早年翻譯過的尼采所著的《察拉圖斯忒拉如是說》，此書和伊朗古代宗教瑣羅亞斯德教有關，通過魯迅的翻譯，中國人增加了對於古代伊朗這一宗教的關注度。郭沫若也譯過此書，譯名爲《柴特拉如是說》。郭沫若還把伊朗 11 世紀大詩人海亞姆的四行詩集《魯拜集》譯爲中文，在新文學界產生了一定影響。鄭振鐸在 1927 年出版的四卷本《文學大綱》中，介紹了 28 個伊朗詩人，並特別注意到了菲爾多西的《列王紀》。1936 年朱湘遺作《番石榴集》出版，收入了詩人曾經譯過的伊朗五位作家的七篇作品。1943 年王靜齋把伊朗詩人薩迪的《玫瑰園》從波斯語翻譯成中文，譯名爲《眞境花園》，成爲中國伊斯蘭教經堂教育故事體教材之一。由於本作品的暢銷，1958 年世界和平理事會隆重紀念包括薩迪在內的四大文化名人，人民文學出版社出版了水建馥轉譯自英文的漢文譯本，改名《薔薇園》，鄭振鐸爲之寫了前言。可以說，中國現代文學家們是逐漸將伊朗的優秀文學譯介進入中國。

由於波斯文學、歷史、地理文獻，尤其是幾部重要的中國遊記，是歷代波斯瞭解中國的地理、歷史、經濟、文化、風俗習慣等方面的珍貴文本。然而，雖然這些著作中包含了很多珍貴的信息，具有很高的史料價值，但研究界卻對這些的波斯的中國遊記並未引起足夠的重視。基於這一現狀，本文打算從中選擇四部最具代表性的獨立著作：即《中國印度見聞錄》、《沙哈魯遣使中國記》、《中國紀行》與《麥加遊記》作爲研究對象，試圖重新凸顯這些作品在中波文化交流上的眞實價值。

論文第一章，重點解讀的遊記是《中國印度見聞錄》。關於此書的研究最

早始於法國。雷諾多、雷洛、費琅和蘇瓦傑，都是對該書進行過廣泛考察的傑出學者。日本的藤本勝次和桑原騭藏也作了有價值的研究。在中國，只有張星烺在三十年代提到過此書，但仍未超越法國學者的研究。方豪的《中西交通史》所涉及的《中國印度見聞錄》也只是一種介紹性的概述。本章打算先探討唐代波斯和中國的海上交流史，再對於該遊記的兩位作者進行考察。進而關注《中國印度見聞錄》所記載的黃巢之亂及其對漢文史書所具有的史料補充價值，解讀該遊記中呈現的唐代穆斯林社會的狀況、中國經濟、貿易（如茶、瓷器和麝香的貿易）和法律、中國美術史的話題。最後敘述《中國印度見聞錄》如何爲《一千零一夜》提供素材，彰顯這部遊記的史料價值。

論文第二章，對於帖木兒時期著名的波斯畫家蓋耶速丁所記錄的《沙哈魯遣使中國記》進行研究。該遊記對瞭解明初對外交流史具有很高的參考價值。《沙哈魯遣使中國記》的研究也始於法國。法國著名的東方學者安東尼‧加朗最早注意到這部作品，他最先將《一千零一夜》從阿拉伯文譯成法文出版（1717 年），又翻譯了《沙哈魯遣使中國記》。後來法國學者卡特梅爾和英國學者裕爾對於該著作進行分析和考察。20 世紀末伊朗籍法國學者阿里‧瑪札海里對該作品進行深入的研究，突出了作爲絲路重要文獻的該書的眞正價值。此書在中國的介紹，最早始於張星烺的《中西交通史料彙編》。本章描寫蓋耶速丁在中國的所見所聞，敘述蓋耶速丁的中國之行如何影響到伊朗繪畫史，通過蓋耶速丁所記載的一位穆斯林高官，考察明代中國的波斯語的發展狀況，並涉及到對該遊記不同版本的比較。

論文第三章，對阿里‧阿克巴爾寫於 16 世紀的《中國紀行》進行研究。該作品是關於中國明王朝的系統敘述，是絲綢之路留存的最後一份重要史料。上個世紀中旬最先由德國學者展開研究，伏萊舍、岑克和著名的德國東方學家卡萊教授，是其中的佼佼者。卡萊所進行的學術考察和分析，是關於《中國紀行》最傑出的研究。法籍伊朗學者阿里‧瑪札海里在 80 年代寫的著名著作《絲綢之路》的一部分，也是對於該作品的最可靠、豐富的研究。張星烺在《中西交通史彙編》中也介紹了這部作品。在本章裏將對該書中所涉及的中國宮廷裏的穆斯林官員狀況進行探討，通過阿里‧阿克巴爾對瓷器的描寫，敘述明朝中國產瓷器和伊斯蘭文化的關係。並在先前研究基礎上，進一步分析《中國紀行》中保留的中國幾個民間傳說。

以上三部遊記的最早研究者均爲歐洲學者。他們先把這些作品譯成法文

或其它西文，然後對其進行仔細閱讀和探究。其他國家學者的研究，都是在
歐美學者的研究的基礎上所進行的。可以說，波斯和中國交流史的文獻，最
早都是由歐洲學者發現的，也是他們最早對其進行考察和研究。因而，歐洲
學者在介紹伊中關係史的重要地位，是不可否認的。

　　論文第四章，重點分析《麥加遊記》。愷加王朝時，伊朗和中國基本上
沒有什麼交流。這時期伊朗人爲了瞭解中國狀況，開始關注外國人寫的中國
遊記和相關著作，大量的外文書籍被翻譯成波斯語。直到 20 世紀初，伊朗
當時的著名政治家馬赫迪・古里・汗・赫達雅特來到中國。他詳細地記錄了
在中國的所見所聞。由於《麥加遊記》的作者是 20 世紀初伊朗一位政治家，
因此有關他的生平以及他所寫的著作，有足夠的資料。但關於他的環球旅遊
中有關中國紀錄的部分，僅有少數人有所涉足。《麥加遊記》尚未被譯成其
它語言，本書所對該遊記所進行的詳細考察尚屬首次。由於赫達雅特是一位
學者，他的旅遊報告不只是包括他在中國的見聞。當時伊朗社會和中國正面
臨著相似的走向現代化道路的問題，赫達雅特正在思考如何採用一些特別的
方式來促成這一現代化進程。然而，赫達雅特的中國之行，似乎在這一尋訪
之路上的收穫不大。他覺察到晚清中國所遭遇到的一些困境，以及正在盡量
尋覓解決之道。本章將對赫達雅特的遊記進行詳細分析，敘述赫達雅特眼中
的晚清中國，以及他關注的各種的話題。

　　本書強調以細緻的方法來考察波斯人筆下的中國文化、經濟及社會等方
面的歷史事件。通過對於這些作品，以及它們在當時波斯社會中所起的影響
所進行的詳細考察，展示伊朗人不同歷史階段的中國觀；瞭解世界四大文明
古國之一的古波斯民族，對於中華民族抱有何種觀照的視角，他們對於中國
的哪些要素感興趣，以及伊朗和中國古時的文化、經濟和政治交流的方式和
歷史，從中也可折射出中國人對於來自波斯遊客的態度。通過對這些遊記的
研究，也爲漢語文獻提供了嶄新的材料。可以說在研究中國的對外交流史時，
如果不重視外國人在交流時的參與，那麼這種研究本身將是單一的，也是不
完整的，而《波斯人筆下的中國》強調的正是波斯人在中國的對外交流史中
所扮演的重要角色。

第一章 《中國印度見聞錄》
——唐末波斯人筆下的中國

在伊朗和中國漫長的交流史上，古代波斯人起了很重要的作用。著名的絲綢之路連接起東西方各國，伊朗（當時的「波斯」）作為東西文化交流的橋樑，傳播著不同的文化，促進了絲綢之路快速地發展和繁榮。波斯至中國廣州的這條海路，在唐代也很頻繁地被使用，往返的波斯商人、傳教士、船長、水手等也推動了波中雙方的文化交流，也加強了彼此的友好關係。唐代留下來的一個重要的歷史文獻——波斯人用阿拉伯文著的《中國印度見聞錄》，此書中有很多關於印度和中國的重要內容，其中一些信息在漢文資料中還未被記載。總之，《中國印度見聞錄》對於瞭解唐代的國家行政制度、經濟運作系統、以及當時的文化和人們的生活習慣等，具有很高的歷史價值。本章對於此書中關乎中國的部分進行研究；在描述唐代波斯和中國海上交流狀況的同時，在其他學者的研究基礎上，對於該書的作者及內容進行詳細的考察，描寫該作品與文學的關係，而通過對內容的分析，證明作品的真實以及可靠性，考察波斯人眼中的唐朝的社會狀況。

一、唐代波中海上交流

波斯人在阿拉伯攻打其帝國之前，通過海路與中國有過交流。有些學者認為波斯商船頻繁地到達中國東南沿海，應當是七世紀中葉以後的事情。因為根據史料記載，671 年（咸亨二年）唐朝義淨法師曾從廣州乘波斯商舶前

往印度。〔註 1〕義淨說秋天剛開始，他就來到廣東。由於要往南走，與一個波斯船長約了見面的時間。後來他在廣東港口上了船，而向蘇門答臘東南部的浡林邦（Palembang）去。〔註 2〕「這是首份報導波斯海船停泊廣州的資料。」〔註 3〕元稹《和樂天送客遊嶺南二十韻》一詩，「舶主腰藏寶」句注稱：「南方呼波斯為舶主。胡人異寶，多自懷藏，以避強丐。」〔註 4〕說明唐人把波斯看作是海上而來的商船「舶主」的代稱了。〔註 5〕「波斯舶確實是八世紀中葉活躍在印度洋和中國南海的重要船隊，所以，唐朝筆記、小說中描寫的社會上的波斯胡商，大概主要是從海上來到中國的。」〔註 6〕據《貞元新訂釋教目錄》記載，金剛智大約在公元 717 年從錫蘭出發，有三十五隻波斯船從行，駛向蘇門答臘的浡林邦，然後前往中國。〔註 7〕這些商船在這裡的目的是要交換寶石。〔註 8〕

　　但波斯人在伊斯蘭之前，也就是說在薩珊王朝（224～651 年）時期，通過海路與中國進行交流。法國漢學家費琅說明：「我們沒有當時阿拉伯船隻前往中國的證據，故只能相信，在公元 9 世紀以前，海上的航行首先是波斯海員完成的，他們是阿拉伯人遠東航行的開創者。但令人遺憾的是，關於波斯人這些航海方面的遊記，我們一本也沒有。」〔註 9〕「波斯人在西拉夫、烏布拉（又譯澳波拉）、蘇哈爾（Suhar）、亞丁（Aden）等印度洋及波斯灣沿岸港埠，發揮著商業影響。伊斯蘭教出現後，他們仍繼續控制著印度洋的海上貿易。即使到了伊斯蘭教時期，印度洋上大多數港埠仍以波斯文名字稱呼。」〔註 10〕

〔註 1〕　義淨：《大唐西域求法高僧傳校注》，王邦維校注，北京中華書局，1988 年，第 152 頁。

〔註 2〕　Takakusu: *A Record of the Buddhist Religion*, Oxford, 1896. P.xxviii, 轉引自：George Fadlo Hourani: *Arab Seafaring in the Indian Ocean in Ancient and Early Medieval Times*, Princeton University, 1995, P.46.

〔註 3〕　《大唐西域求法高僧傳》收《大正大藏經》，卷 51，第 7 頁。

〔註 4〕　《全唐詩》，卷四〇七，第 4533 頁。

〔註 5〕　榮新江：《波斯與中國：兩種文化在唐朝的交融》，《中國學術》，商務印書館，2002 年第 4 期，第 70 頁。

〔註 6〕　榮新江：《波斯與中國：兩種文化在唐朝的交融》，《中國學術》，商務印書館，2002 年第 4 期，第 63 頁。

〔註 7〕　伯希和：《交廣印度兩道靠》，第 336 頁及注 3。

〔註 8〕　Hadi Hasan: *A history of Persian Navigation,* London, 1928, p.98.

〔註 9〕　〔法〕費琅：《阿拉伯波斯突厥人東方文獻輯注》，耿昇譯，中華書局，1984 年，第 17 頁。

〔註 10〕　〔法〕張日銘：《唐代中國與大食穆斯林》，姚繼德、沙德珍譯，寧夏人民出

　　考古發現表明，從廣州等沿海口岸經南海西行到波斯的海上交通道路很早就已開通，薩珊王朝時的波斯海上貿易活動就已十分發達，如在廣東省英德縣發掘的兩座建武四年（497年）的南齊古墓中有三枚卑路斯（Piruz,459～483年）時代鑄造的銀幣；〔註11〕另如1984年在廣東省遂溪縣邊灣村發現了一批南朝時的窖藏金銀器，其中有帶粟特文的薩珊銀器，另外還發現了20枚薩珊銀幣。〔註12〕可見，波斯人早在五世紀時就曾到過中國。

圖1　波斯薩珊王朝的銀幣（1959年烏恰縣出土）

　　有些學者認爲阿拉伯人對於波斯灣地區的繁榮起了重要的作用，但費琅說：「我相信，人們過分誇大了阿拉伯人在建立和發展波斯灣諸港口與遠東之間的海上交通中的作用。其實，他們只不過遵循波斯人所開闢的道路罷了……後來阿拉伯典籍中所使用的地理命名法——如 al-khoshnami，al-Dibayat ——亦是波斯命名法……最後，中國人稱阿拉伯人爲『大食』〔註13〕，這不過是波斯文 Tazi 或 Tajik 的譯音，因此，是波斯人把過去他們自己給阿拉伯人起的名字傳到中國去的。在我看來這一有決定性的考證說明波斯人最早先進行海上航行的。」〔註14〕英國漢學家裕爾也同意費琅的意見，而說明波斯人先於

　　　　版社，2002年，第110～111頁。

〔註11〕夏鼐《在中國發現的波斯錢幣研究總結》，《中國考古學報》，1974年第1期；
　　　　見《考古論文集》，第128頁。

〔註12〕榮新江：《波斯語中國：兩種文化在唐朝的交融》，《中國學術》，商務印書館，
　　　　2002年第4期，第63頁。

〔註13〕波斯語的音譯。原爲一伊朗部族之稱。中國唐、宋時期對阿拉伯人、阿拉伯
　　　　帝國的稱號和對伊朗語地區穆斯林的泛稱。

〔註14〕費琅：《阿拉伯波斯突厥人東方文獻輯注》，耿昇譯，中華書局，1984年，第
　　　　14～17頁。

阿拉伯人旅行到中國。〔註 15〕法國漢學家素瓦傑認為九世紀波斯灣人早已在南海中航行。當時國際航運的終點是西拉夫，而該城位於波斯灣東岸，又是一個大轉運港，因此該城市的居民中混雜著波斯人和阿拉伯人。〔註 16〕

圖 2　9 至 10 世紀波斯人自巴士拉與西拉夫港到中國航海東來路線圖

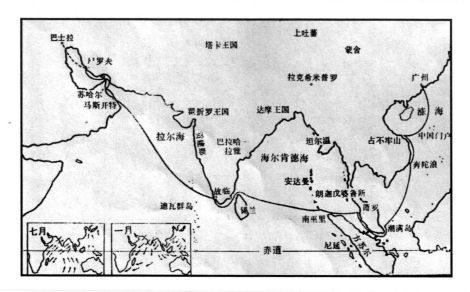

穆斯林特別是波斯人，他們對於中國的認識比中國人對他們的瞭解更為深刻。「從四世紀末到 7 世紀初，中國歷代王朝的史料把交趾半島、錫蘭、印度、大食以及非洲東海岸等地的產品統統稱為『波斯貨』，說明這些物品是從波斯運到中國的。」〔註 17〕第 9、10 世紀的波斯史學家泰伯里曾經記載過這方面的一些內容。在公元 636 年阿拉伯人攻擊波斯薩珊王朝的斯賓（Ctesiphon）戰爭（在現今巴格達市的南邊）之後，阿拉伯和波斯船舶直接到過中國港口。中國文獻中也有關於 727 年波斯人航海的一個記載：「波斯人天生地專心於商業。他們乘大船航行於地中海上。他們進入印度洋航行到錫蘭，在那兒能得到寶石……為了獲得黃金而到崑崙層期國（可能今日

〔註 15〕 Henry Yule:*Cathay and the Way Thither* Vol. 1, Munshiram Manohrlal Publisher Pvt. Ltd., 1998 (Reprinted), p.88.及〔英〕H.裕爾：《東域紀程錄叢》，雲南人民出版社，2002 年，第 67 頁。

〔註 16〕 素瓦傑：《中國印度見聞錄》法譯本序言，載於《中國印度見聞錄》，穆根來、汶江、黃倬漢譯，中華書局，2001 年，第 21 頁。

〔註 17〕 趙汝适：《諸蕃志》譯本（M.F.夏德和 W.W.柔克義譯注），彼得堡，1912 年版，第 7 頁。

的非洲）去。他們仍乘大船直接航行至廣州；在那兒能拿到絲綢、器皿等貨物。那裡的居民喜歡殺牛；他們崇拜上帝（安拉），而不知道佛教的規律。」〔註18〕

早在7世紀，中國人已見到過很多中亞商人，尤其是航海至中國港口的波斯人。波斯人具有源遠流長的航海傳統，人口數目大大多於陸封的大食——阿拉伯人。……在乾元元年（758年）9月，穆斯林人在廣州數量極多，他們洗劫、燒毀城市，隨後帶著繳獲物從海路離開中國。〔註19〕即如史載，乾元元年九月癸巳，廣州奏：「大食國波斯國兵眾攻城，刺史韋利見棄城而遁。」。〔註20〕公元748年海南島曾有一個波斯村莊，留居在此的波斯人都是在廣東海交往的大船船長。〔註21〕在8世紀前半葉，大食海舶來華，或其商賈為了商業貿易乘波斯船舶來華，人數較多是在20至50年代。當時，寓居南海的大食人已經很多，他們以南海為基地擴大其在華南的活動。758年大食人對廣州的洗劫，760年神功軍隊對留居揚州的大食人和波斯人的屠殺，尤其值得注意。這些胡商與寓居南海的大食人、波斯人肯定有關係。儘管他們中大多為水手和商人，但他們已不定期地居住在東南亞和中國。〔註22〕此兩事之後，穆斯林社會發生演變。當阿撥斯王朝（黑衣大食）建立時，穆斯林與波斯灣、南海及中國間的貿易迅速發展起來。公元758年到761年間，中國各大城市和南海主要海路都受到了大食的影響。在怛邏斯戰役中被俘的杜環，客居庫法（Kufa）10年（751～762年）後，於762年乘商船自波斯灣回到廣州。〔註23〕唐朝波斯人的造船業已很發達，據阿布‧札義德《中國印度見聞錄》卷二所載，當時的敘利亞和拜占庭船的船板是打上釘子，而用繩索拴合船板只是西拉夫船獨有的特點，西拉夫船是用原木板的邊與邊相接而

〔註18〕 Friedrich Hirth & W. W. Rockhill: *Chao Ju Kua*, Printing Office of the Imperial Academy of Sciences, 1911, P.15.

〔註19〕 William J. Bernstein: *A Splendid Exchange: How Trade Shaped the World*, Published by Atlantic Monthly Press, 2008, P.79.

〔註20〕 《舊唐書》，第一冊，卷十，《肅宗紀》，中華書局，1975年，第253頁。即《西戎傳‧波斯》載：「乾元元年，波斯與大食同寇廣州，劫倉庫、焚廬舍，浮海而去」。

〔註21〕 George Fadlo Hourani: *Arab Seafaring in the Indian Ocean in Ancient and Early Medieval Times*, Princeton University, 1995, P.62.

〔註22〕 鑒真：《唐大和尚東征傳》，收《大正大藏經》，卷51，第991頁，轉引自張日銘：《唐代中國與大食穆斯林》，第121～122頁。

〔註23〕 張日銘：《唐代中國與大食穆斯林》，第122～123頁。

成，木板不是用釘子釘在一起，而是用椰子皮殼的纖維加以縫合，然後塗上鯨油或者抹上一層像黑漆一樣的可以凝固的中國橄欖樹脂，以便防止船體漏水。〔註24〕費琅認爲：在 10 世紀，中國、印度和西拉夫、巴士拉之間，貿易交流都在活躍地進行，而穆斯林商人以及阿拉伯和波斯船長都在此參與交流。實際上，西拉夫和巴士拉及其它波斯灣地區的伊斯蘭市場的繁榮，都依賴於其同中國和印度的直接貿易關係。在 15 世紀中國人以及 16 世紀歐洲人的海上開拓之前，波斯灣到廣東港可謂是當時人類歷史上最長的遠洋航線，亦是東西方最重要的海上交通線。

《中國印度見聞錄》中對波斯灣海岸諸港口至中國廣州的眾多海上航路情況，記載得頗爲詳細。伊本・胡爾達茲比赫是另外一位波斯地理學者，他在自己的著作《道里邦國志》中，詳細地記載了阿拉伯人自巴士拉出發，沿波斯灣海岸航行至中國通商港口的具體道路。與此相關的漢文資料，現有唐代的地理學家賈耽（730～805 年）撰寫的《星華四達記》十卷，賈耽是第一位對唐代中國與阿拉伯及波斯之間的海上貿易交通線進行記述和總結的中國學者。《星華四達記》原書已佚，《新唐書・地理志》引用了其書的部分內容，而其中的「廣州通海夷道」，詳細記述了唐代中國從海上前往大食的通道。「通過對於《中國印度見聞錄》、《道里邦國志》以及《新唐書・地理志》進行比較，就會得知以上史料所記述的阿拉伯、波斯與唐代中國間的海上通道有很多一致之處。這說明唐代中國廣州等港口與阿拉伯帝國的一些重要港口間的海路交通已比較發達，雙方來往的航線已趨於穩定，得到雙方的共同認可，因而雙方史家對此的記述基本一致。」〔註 25〕《中國印度見聞錄》另外還表明，當時波斯到中國的陸路路線也在使用。阿布・札義德曾提及有一個商人從撒馬爾罕出發，徒步穿越了許多國家和城市並最終抵達廣府。〔註26〕可見，「8 世紀以來，阿拉伯、波斯和中國的商業貿易，一方面依靠西北路道，另一方面也越來越借助交廣水道，路道和水道均發揮作用，共同維繫著頻繁的往來。」〔註27〕

〔註24〕桑原騭藏：《唐宋時代中西通商史》，馮攸譯，上海，1930 年，第 86～89 頁。

〔註25〕景兆璽：《唐朝與阿拉伯帝國海路香料貿易初探》，西北第二民族學院學報（哲學社會科學版），2007 年第 5 期，第 56 頁。

〔註26〕〔蘇丹〕加法爾・卡拉爾・阿赫默德撰：《唐代中國與阿拉伯世界的關係》（下），金波、俞燕譯，新疆師範大學學報（哲學社會科學版），2004 年第 3 期，第 56 頁。

〔註27〕沈福偉：《中西文化交流史》，上海人民出版社，2006 年，第 125 頁。

二、《中國印度見聞錄》的出現及其翻譯與研究

《中國印度見聞錄》最早在 1673 年被敘利亞阿勒頗柯爾柏（Colbert）圖書館購買，之後轉讓給塞尼萊（Seignelay）伯爵圖書館，接著又被收入皇家圖書館，即今巴黎國立圖書館（Bibliothegue Nationale）。手抄本編號爲 2281，並冠以書名《歷史的鎖鏈》。《中國印度見聞錄》共分兩卷，第一卷由波斯西拉夫港的蘇萊曼商人所著，第二卷由阿布‧札義德‧哈桑‧西拉菲所著。對於該著作首先進行研究的是法人雷諾多（Renaudot）。他在 1718 年把該書譯成法文，並加注釋，名爲《九世紀兩位回教旅行家印度及中國遊記》。但他的翻譯和研究有兩個問題：首先他在翻譯時過於屈從護教論者清規戒律式的偏見，致使譯文裏關於中國人的風俗習慣部分很不令人喜愛；其次他不解釋該書的獲取途徑，因此人們紛紛指責他在弄虛作假。〔註28〕1811 年在朗格勒發行了該書手稿的阿拉伯文版本。1845 年，雷洛（Renaud）給該書附上刊行注釋的譯文和緒言，即名爲《九世紀阿拉伯及波斯旅行家印度與中國遊記》。1922 年，費琅（G.Ferrand）發表了《阿拉伯商人蘇萊曼印度及中國遊記》。費琅的譯本在史實的解釋方面比前兩者要好。素瓦傑（J.Sauvaget）認爲「費琅的這部譯本，儘管有價值有用處，但卻譯得太草率，阿拉伯風味不夠」〔註29〕。1948 年，素瓦傑本人把《中國印度見聞錄》的首卷譯爲法文，並加前言和注釋。土耳其學者謝斯金（Sezgin）找到了該書更爲完整的一個版本，並將其發表。1955 年一位名叫穆罕默德‧羅‧阿巴斯（Muhammad Lu Abbasi）的伊朗人，把費琅的法譯本《中國印度見聞錄》翻譯成波斯文，並添加了一些內容，並把該書的名稱換成《古代世界之奇迹》。《中國印度見聞錄》的法譯本與謝斯金教授所找到的阿拉伯文版本出入較大；費琅有關波斯灣與阿曼灣地區所加的內容，阿文版就沒有。費琅翻譯該著作時，有時根據雅古比和馬斯歐迪的作品，給該書加上了謝斯金刊行的阿文版中所沒有的內容。20 世紀 30 年代，劉半農父女根據費琅的法文譯本將此書合譯爲中文，名爲《蘇萊曼東遊記》。〔註30〕張星烺教授也在上個世紀 30 年代，把《中

〔註28〕素瓦傑：《中國印度見聞錄》法譯本序言，載於《中國印度見聞錄》穆根來、汶江、黃倬漢譯，中華書局，2001 年，北京，第 6～7 頁。

〔註29〕同上，第 7 頁。

〔註30〕1927 年 6 月 4 日在《語絲》第 134 期上首次發表《蘇萊曼東遊記》，署名劉復。後在 6 月 18、26 日、7 月 2、16 日，8 月 13、20 日，9 月 3 日，10 月 1、15 日，11 月 26 日《語絲》第 136、137、138、140、144、145、147、151、153、

國印度見聞錄》的部分內容，納入《中西交通史料彙編》，並加注釋。該書在 1983 年又被穆根來、汶江和黃倬漢譯爲中文，他們這次翻譯的是索瓦傑的法譯本（卷一）和藤本勝次的日譯本（卷二）。

《中國印度見聞錄》與《印度珍奇志》和《航海述奇》出自同一時代，這三個作品有很共同點，如主要是異域旅行的彙集。素瓦傑認爲消遣性是其主要特點，他認爲這種書的作者與其說是在寫嚴謹的學術著作，倒不如說是在滿足上層社會的好奇心。

素瓦傑在其譯文序言中指出，原文編寫人的阿拉伯文的水平很差，而書中可以看到一些以阿拉伯語方式發音的波斯語詞彙，其中有一些訛誤得很屬害，這說明那些字在當時就已經阿拉伯化了。還有一些波斯字，無法說明究竟是已經當地化了還是屬於外來語。素瓦傑認爲這兩種語言的相互滲透只有在海灣地區或兩河流域才會出現。因此可以肯定地說，本書佚名作者所保存下來的陳述者來自波斯灣地區，或者更準確地說，有一些人來自當時與遠東貿易的大轉運港或者來自印度的海運終點西拉夫。〔註 31〕「這些見聞由許多不同的人物口述而成，作者所遵循的語言風格便是陳述者的語言風格，原書直接收集敍述者親口所說的語句而未加任何修飾，故語言雖樸素無華，但平易中不失其眞實性。」〔註 32〕其實由於作者本身就是波斯人，因此他的阿文水平不會很高。特別值得注意的是，阿拉伯人征服伊朗以後，隨著伊朗人逐漸開始接受伊斯蘭教，阿拉伯語也就是說《古蘭經》的語言，變成伊朗本土的學術語言，並且伊朗學者開始用阿拉伯語撰寫自己的著作。這種現象特別在 7、8、9 世紀和 10 世紀出現的較多，因爲當時的波斯是由阿拉伯人所統治的。後來歐美學者開始研究這一類的作品時，都會誤認作者爲阿拉伯人。因此，他們對於作品的介紹，容易引起之後大部分學者的誤會。甚至至今仍有很多人不知道法拉比（Farabi）、伊本·西納（Ibn Sina）、拉齊（Razi）等偉大的學者，他們都是伊朗人。但要指明的是，阿拉伯人和伊朗人屬於兩個不同

---

156 期上續載；又在北平中國地理學會《地學雜誌》1928 年第 1、2 期 1929 年第 1 期、1930 年第 4 期、1931 年第 1、3、4 期上續載。1937 年 5 月由中華書局有限公司初版，初版時署名爲劉半農、劉小蕙合譯。（徐瑞岳編著：《劉半農年譜》，中國礦業大學出版社，1989 年，第 135 頁。該書由孫玉石教授推薦和借給我的，對此深表謝意。）

〔註 31〕素瓦傑：《中國印度見聞錄》，法譯本序言，中華書局，2001 年，第 12 頁。
〔註 32〕寧榮：《中國印度見聞錄考釋》，《阿拉伯世界研究》，2006 年第 2 期，第 5 頁。

的種族，阿拉伯人屬於薩米族的，但伊朗人屬於古代雅利安人。關於蘇萊曼和阿布・札義德情況也如此，他們的確屬於波斯灣地區的西拉夫港。

三、《中國印度見聞錄》的作者

《中國印度見聞錄》這部著作由兩部分構成，這兩部分分別由不同時代的不同作者完成。歐洲東方學家開始研究該書時，不知道首卷的作者姓名，因爲本書有標題的首頁已遺失，手稿存頁標題爲《歷史的鎖鏈》。雷洛與費琅認爲首卷是一個名叫蘇萊曼（Sulayman）的商人撰寫的，因爲蘇萊曼這個名字在第一卷中出現過。但裕爾認爲由於該書前言已付闕，我們看不到作者關於自己身份和資料來源的解釋說明，並且蘇萊曼此名只被提到過一次。此書開頭約三分之一的文字，對阿曼到中國間的海域和島嶼的記載尚可連貫一致，而且在這些文字中有兩處以第一人稱寫出，後面的文字中也有一處或兩處以第一人稱寫出，但整個作品不是敘述性的。裕爾說這些段落未言及中國；它們說的是印度、錫蘭、以及這些國家與阿拉伯之間的海域。因此，他得出結論說本書的作者根據個人航海印度的一次經歷及其在印度對訪問過中國的人——蘇萊曼是其中之一——採訪記錄的彙編。〔註33〕但雷洛和費琅說本作品中能找到作者之名，那就是：「商人蘇萊曼」。卡特梅爾和聖馬丁（Vivien de Saint Martin）都認爲《中國印度見聞錄》的作者是馬斯歐迪，因爲該書與馬斯歐迪著作有相似之處。但據另一個10世紀初寫的著作我們能得知作者的名字；伊本・法基希（Ibn Faghih）在《中國印度見聞錄》成書半個世紀後的903年，明確指出該書的作者爲商人蘇萊曼。

蘇萊曼並不是到達中國的第一位波斯商人，在他之前很多哈瓦利吉派（「Khawarij」意思爲「走出宗教之人」）的商人曾到過中國進行貿易活動，他們給蘇萊曼開闢了道路。蘇萊曼・西拉菲是波斯灣頭西拉夫港的波斯商人，「西拉夫（Siraf 又譯尸羅夫、西拉甫、錫拉夫）是公元9世紀至10世紀間波斯灣地區最繁榮的貿易港口，是前往印度和遠東的主要貿易轉運港，是唐代大食對華貿易的最重要港口，其遺址位於今伊朗南部的塔昔里港。」〔註34〕西拉夫的繁榮完全要歸功於它與東方的貿易。在公元977年被地震

〔註33〕 〔英〕H.裕爾：《東域紀程錄叢》，雲南人民出版社，2002年，第102頁；及 Henry Yule: *Cathay and the Way Thither* Vol. 1, Munshiram Manohrlal Publisher Pvt. Ltd., 1998 (Reprinted), p.126.

〔註34〕 景兆璽：《唐朝與阿拉伯帝國海路香料貿易初探》，西北第二民族學院學報（哲

毀壞之前，西拉夫城一直在海灣貿易中占主要地位。〔註35〕蘇萊曼曾由海路遊歷印度和中國，並用阿拉伯語記下旅途中的見聞雜燴，其中包括很多關於中國和印度人民生活狀況的信息以及作者聽到的關於印度主要國家的一些細節。

尾卷由阿布・札義德・哈桑・西拉菲（Abu Zeid Hasan Sirafi）完成。在蘇萊曼寫自己的遊記以後六十五年，西拉夫港的阿布・札義德看了蘇萊曼的作品，並說他的前任作者於伊斯蘭紀元 237 年（公元 851 年）完成他的著述。然後阿布・札義德再附上一些其它內容，包括有一位名叫伊本・瓦哈卜・古萊士（Ibn Wahab Ghuraishi）所說的關於中國的消息在內，於是他提供了最早的關於印度和中國的地理、經濟和社會信息。後來馬斯歐迪也引用了蘇萊曼和阿布・札義德寫的內容。雷洛根據馬斯歐迪曾明確提到阿布・札義德其人這一事實，推斷阿布・札義德本人的著作大約完成於 916 年。學者們認爲阿布・札義德至少兩次和馬斯歐迪見過面，而互相交換了一些信息。可能馬斯歐迪從阿布・札義德那裡獲得了關於印度和中國的信息，而阿布・札義德則向馬斯歐迪請教了關於阿拉伯和摩洛哥（Maghrib）的信息。阿布・札義德是波斯灣地區西拉夫港人，馬斯歐迪在自己的著作中曾提到過，阿布・札義德曾親自告訴過他，阿布・札義德是西拉夫港口總督〔註36〕的表弟。幼年時阿布・札義德住在西拉夫，公元 942 年，搬家至巴士拉並在此定居。〔註37〕他在自己的著作中也經常提到伊拉克的事情。據雷諾多和德經（Deguignes）所言，阿布・札義德從未到過印度和中國，他所講述的都是從別人那裡聽到的。在書的開頭他談到著述的唯一目的，是根據閱讀獲取的資料，以及從到過東方各海旅行的人們口中聽到的情況，修改並補充商人蘇萊曼的故事。〔註38〕

四、《中國印度見聞錄》與黃巢之亂

黃巢（？～884 年）是唐末農民起義的領袖，在中國農民戰爭史上佔有重要的地位。漢文史料中《新唐書・黃巢傳》較完整的記述了這次起義的經過，

學社會科學版），2007 年，第 5 期，第 56～57 頁。

〔註35〕 George Fadlo Hourani: *Arab Seafaring in the Indian Ocean in Ancient and Early Medieval Times*, Princeton University, 1951, P.69.

〔註36〕 西拉夫港口總督之名爲：Mazid Ibn Muhammad Ibn Abrdin Bustashe

〔註37〕 穆罕默德・哈桑・斯密薩爾：《西拉夫歷史地理》，波斯文版本，第 219～220 頁。

〔註38〕 〔法〕費琅：《阿拉伯波斯突厥人東方文獻輯注》，耿昇譯，中華書局，1984 年，第 100 頁。

材料也較其他史書為多。《黃巢傳》載於《新唐書》卷二百二十五卷下，作者宋祁是宋朝官吏，他的記述可以說比較客觀，但由於作者的階級偏見，還存在不少問題。〔註39〕《中國印度見聞錄》的尾卷作者阿布‧札義德，比較詳細地記載了這次起義。他指出：

> 中國的情形，以曾經在那裡主宰一切的王法和正義為發端，全部變樣了：從西拉夫港到中國的航運也中斷了，這些都是起於黃巢事件。〔註40〕

之後，阿布‧札義德開始記述黃巢之亂：

> 在中國，出了一個名叫黃巢的人物，他不是皇族出身，而是從民間崛起的。此人初時以狡詐多謀、仗義疏財聞名於世，後來便搶奪兵器、打家劫舍。歹徒們追隨如流，集結在他的周圍。他的勢力終於壯大，人馬日益增多。於是，他的野心膨脹起來了。在眾多的中國城市中，他開始向廣府（Khan Fu，又譯康府、漢府等，指的是廣州）進發。……廣府居民起來抵抗黃巢，他便把他們困在城內，攻打了好些時日。這個事件發生在回曆264年（公元878年）。
>
> 最後，他終於得勝，攻破城池，屠殺居民。〔註41〕

所謂黃巢之亂，是唐末發生的重大事件，它成為唐朝覆滅的原因。黃巢本是走私鹽商，他豢養了一批俠客，以抵制當時政府壓製鹽商的政策。他和同夥王仙芝一道，集結農民和土匪，發起叛亂。首先攻打山東和河南，所向克捷。王仙芝投降後，黃巢親自率軍，經江南和福建，直下廣州。隨後，大軍北上，從荊州沿揚子江而下，再渡淮河，進入長安。入京後，黃巢自行即位，號稱大齊皇帝。此處，阿布‧札義德所述關於黃巢之亂的信息，在中國史籍中並無記載，因而引發過種種爭論。〔註42〕

據阿布‧札義德的記載，黃巢佔領廣州的年份為公元878年，該日期與一些中國歷史文獻所載相符。史書提到，878年5月，丞相鄭畋與盧攜因對任命黃巢為天平節度使一事於朝廷爭吵，兩人同時被僖宗皇帝免職。《新唐書》卷九，懿宗、僖宗紀：乾符五年，「五月丁酉，鄭畋、盧攜罷。翰林學士承旨、

〔註39〕戈春源譯注《黃巢》，（選自：《新唐書》）中華書局，1985年，第1頁。
〔註40〕蘇萊曼、阿布‧札義德：《中國印度見聞錄》，穆根來、汶江、黃倬漢譯，中華書局，2001年，第95頁。
〔註41〕蘇萊曼、阿布‧札義德：《中國印度見聞錄》，中文版，第96頁。
〔註42〕藤本勝次：《中國印度見聞錄》，卷二，第138～139頁，注釋3。

戶部侍郎。」〔註43〕此二大臣被免職的日期在《新唐書》紀九級大臣表內曾提及，但未說明被免職原因。但如查閱其他資料可以看到，免職與黃巢的任命有關係。〔註44〕但據《唐書》和《資治通鑒》等中國古籍記載，黃巢之亂發生於公元879年（唐僖宗皇帝乾符6年），這與阿布・札義德的記載有大概一年的差別。桑原騭藏博士認爲阿拉伯史料記載的年份更爲準確。唐末的中國史料有許多不完備的地方，如盧攜和鄭畋對如何處置包圍廣州的黃巢意見產生分歧，因而兩人都被免職，但對於免職的年份卻有不同的記載，一說是878年，一說是879年。桑原博士以《新唐書》宰相表的乾符5年（即878年）爲依據，推定廣州的陷落是在 878 年。同時，據阿布・札義德的記載，正當動亂之際，阿拉伯航行廣州的船隻中斷了，可以說，阿拉伯人對這樣一件同阿拉伯息息相關的大事的反應，是不會有差錯的。除此之外，阿布・札義德與馬斯歐迪互相認同並交換情報，而馬氏是親自遊歷過中國的，他也跟阿布・札義德一樣認爲該事件於 878 年發生於廣州。〔註45〕但張日銘認爲關於廣州被叛軍佔領的日期，只有中國文獻值得我們信賴。桑原騭藏氏對此事的論點，缺乏深入的研究。事實上，他排除了所有中國文獻，而恣意地視阿拉伯文獻爲依據。〔註46〕前島信次也認爲關於這個事件還是中國本地的資料畢竟更爲豐富，只要考察與此有關的資料，就能找到準確的答案。〔註47〕

　　阿布・札義德繼續描寫黃巢怎麼在廣州屠殺許多中國人和各種宗教徒。他詳細地記載被屠殺的人數，而這些死亡人數之所以能知道得這樣確鑿，那是因爲中國人按他們的人頭課稅的緣故。當時廣州信仰外來宗教，特別是信仰伊斯蘭教的教徒人數比較多。阿布・札義德詳細地記錄了中國內部事變的原委，他記述這次的混亂怎樣影響到中外經貿關係：

　　　　黃巢還把那裡的桑樹和其它樹木全都砍光了。我們特意提起桑

〔註43〕歐陽修：《新唐書》，卷9，中華書局，第 171 頁，即卷 63，宰相表：乾符五年「五月丁酉，畋攜並罷爲太子賓客，分司東部翰林學士，承與戶部侍郎」。
〔註44〕張日銘：《唐代中國與大食穆斯林》，姚繼德、沙德珍譯，寧夏人民出版社，2002 年，第 131 頁。
〔註45〕《廣府問題及其陷落的年份》，載於《東西交通史論叢》，昭和 9 年；轉引自《中國印度見聞錄》卷二，滕本勝次日譯注，中華書局，第 139 頁。
〔註46〕張日銘：《唐代中國與大食穆斯林》，2002 年，第 136 頁。
〔註47〕前島信次：《阿拉伯語文獻所載黃巢之亂的史料價值》，載於《中東研究》第 1 卷，第 1 號，昭和 32 年，第 23～28 頁，轉引自：《中國印度見聞錄》卷二，滕本勝次日譯注，中文版，第 40～141 頁，注釋 5。

樹，是因爲中國人用桑樹的葉子喂蠶，一直喂到蠶把自己包裹起來
（藏在繭中）爲止。因此，這一事件就是使阿拉伯各國失去貨源，
特別是失去絲綢的原因。〔註48〕

此事與實際情況相符，當時數十萬士卒至少在廣州地區停留半年有餘，
不難想像其所需糧草之數量。儘管砍伐桑樹並非有意，但在戰時此類破壞是
不可避免的。〔註49〕可見唐晚期廣東蠶桑業已有相當大的進展，在全國絲綢
出口中佔有重要地位。〔註50〕「中國貨物在西域缺乏的原因，也許在於當時
波斯灣地區的各國取其所需貨物於離他們國家較近的市場；中國貨在波斯灣
的缺乏，也可能是由於運來的中國貨被在也門和非阿拉伯國家的市場內出
售。同時廣州的火災、船舶失事及海盜搶劫也可能造成波斯灣地區中國貨物
的缺乏。無論如何，在廣州採購的中國貨，遠遠多於到達西拉夫和阿曼地區
的貨物。」〔註51〕這種貿易交流在 878 年黃巢起義時就受到影響。當時在廣
州還有很多外國商人，而由於黃巢之亂，不只是他們的貿易活動，並且他們
的生命都面臨危險。阿布·札義德寫到：

> 同時，來中國通商的（外國）客商也遭到迫害。當暴行在中國
> 人中間發生的時候，虐待和侵害也公然落到阿拉伯的船主和船長的
> 頭上了。他們強迫商人承擔不合理的義務，沒收他們的財產，甚至
> 以往規章所不容許的行爲，也受到縱容。因爲這個緣故，真主——
> 讓我們讚美聖名的崇高——完全收回了對他們的庇祐，連航行中國
> 的海路也阻塞不通了。這樣，萬物的主宰者（真主）——願聖名備
> 受稱頌——在給予這應有的懲罰時，災難也殃及西拉夫和阿曼等地
> 的船長和領航人。〔註52〕

外國商人一時不敢前來廣州，而改在其它地方同中國商人進行貿易。因
此，從西拉夫港到中國的航運也中斷了。〔註53〕黃巢之亂不僅嚴重地破壞了

〔註48〕蘇萊曼、阿布·札義德：《中國印度見聞錄》，中文版，第 96 頁。

〔註49〕張日銘：《唐代中國與大食穆斯林》，姚繼德、沙德珍譯，寧夏人民出版社，
2002 年，第 134 頁。

〔註50〕黃啓臣：《廣東海上絲綢之路史》，廣東經濟出版社，2003 年，第 206 頁。

〔註51〕George Fadlo Hourani: *Arab Seafaring in the Indian Ocean in Ancient and Early
Medieval Times*, Princeton University, 1995, P.77. Friedrich Hirth & W. W. Rockhill:
Chao Ju Kua, Printing Office of the Imperial Academy of Sciences, 1911, P.15.

〔註52〕阿布·札義德：《中國印度見聞錄》，第 97～98 頁。

〔註53〕黃啓臣：《廣東海上絲綢之路史》，廣東經濟出版社，2003 年，第 136 頁。

貿易活動，而且也破壞了相應的稅收財源。除了這個災難之外，當時中國和
阿拉伯君主正在衰落，這事實造成兩國的交流比以前大爲減少。唐朝未能夠
在黃巢起義後得以恢復，唐朝覆亡後至960年宋朝建立，大約60年的時間，
國家由儒家來治理。阿撥斯王朝也在9世紀的70年代面臨了一次起義。後來
977年在西拉夫發生一次強烈地地震。這一切使得在那段時間，中國和波斯灣
之間的貿易交往大大減弱。

圖 3　878～880 年黃巢的行動路線

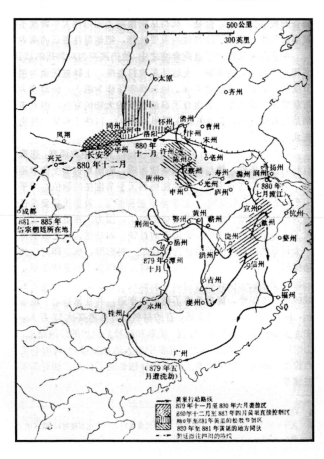

　　黃巢起義動搖了唐王朝，對廣州的破壞性影響也很大。據阿布・札義德
的記載，當時中國皇帝沒能夠壓制黃巢之亂。黃巢漸至長安之際，皇帝逃到
鄰近西藏邊境的穆祖（Mudhu，即今成都）城。後來中國皇帝寫信給突厥的
塔賈茲賈茲（Taquzquz，指的是回紇）王，並派遣使者，請他出兵相援，剷
除這個叛逆。於是塔賈茲賈茲王派他的兒子，率領一支大軍向黃巢發起了進

攻。結果黃巢起義被鎮壓了下去。據《新唐書・黃巢傳》載，滅黃巢的人為李克用。李克用乃沙陀部人，朱邪赤心（李國昌）之子，曾任雲州守捉使，因殺唐守將自立，為唐軍所敗，逃入韃靼。後來，唐為鎮壓農民起義，起李克用作代州刺史。李即率沙陀兵鎮壓起義，破長安，攻陳許，均為主力。在以後的軍閥混戰中，與朱全忠互有攻代。天祐五年去世。〔註 54〕張星烺教授關於這方面寫到：「由中國史紀事觀之，滅黃巢者為李克用。李克用者，西突厥別部處月種也。居金婆山之陽，蒲類之東，有大磧名沙陀，故號沙陀突厥云。李克用乃西突厥種人，其所部之兵，與黃巢血戰者，又皆韃靼人（Tartars）。而據阿拉伯各名家之記載，塔賈茲賈茲為回紇，毫無疑義。然阿布・札義德此方言『後得塔賈茲賈茲王之助，繼續戰鬥，乃復位』者，蓋阿布・札義德心中有誤會也。安史之亂，長安失守。唐朝嘗用回紇、大食之兵，收復兩京。安史之亂，距黃巢起義為時僅一百二十餘年。大食人與回紇人當時同一麾下，遺言逸事，必仍留於居住在東方之外民口中。唐末，回紇在新疆境內最強。沙陀之先，有骨咄支者，又嘗兼回紇副都護，平安史有功，易致誤會也。」〔註 55〕

　　《新唐書・黃巢傳》中說到黃巢軍隊有一次飢餓難耐時竟抓老百姓來充饑：「……人大饑，倚死牆塹，賊俘以食，日數千人，乃辦列百巨碓，靡骨皮於臼，並啖之。」〔註 56〕關於此事蘇萊曼在首卷中指出，在中國有時背叛皇帝的某個諸侯將會被殺頭，其肉會被人吃掉。蘇萊曼說中國人認為用劍刺死的人的肉是可以吃掉的。《中國紀事簡編》也證實說，中國人「殺掉匪徒，並食其肉」。〔註 57〕馬克・波羅也提到過此事：「當某人被判處死刑，並依法執行後，他們（中國人）便取其屍，煮其肉，食之；但如果某人是自然死去的，將沒有人吃。」甚至為了增強已衰退了的男性的活力，吃被處死者要害處的風俗一直延續到十九世紀。劊子手「割下有名匪徒的膽囊作為藥品出賣，吃後便可勇敢無比，這種情況並非少見。」〔註 58〕

　　馬斯歐迪在《黃金草原》中寫道：「（黃巢之亂）以前，中國商船可以通

〔註 54〕戈春源譯注：《黃巢》，（選自：《新唐書》）中華書局，1985 年，第 45 頁。

〔註 55〕張星烺：《中西交通史料彙編》，第二冊，中華書局，1977 年，第 209 頁。

〔註 56〕轉引自：戈春源譯注《黃巢》，（選自：《新唐書》）中華書局，1985 年，第 49 頁。

〔註 57〕《中國紀事簡編》，卷 8，第 389 頁。

〔註 58〕S. M. 威廉：《中國》，紐約，1853 年，第一卷，第 415 頁。

達阿曼地區、巴林沿岸地區、乃至烏布拉、巴士拉諸港。同時，這些地方的商船也直接通往中國諸港。」這一記述與中國唐代賈耽在《皇華四達記》的「廣州通海夷道」（《新唐書》卷 43 下《地理七下》中華書局）中所載的廣州至巴格達的海上交通可以相互印證。〔註 59〕馬斯歐迪也記述了黃巢起義及其對中國外貿事業的影響，他幾乎完全重合地提到了阿布・札義德說過的幾個城市，因此，可以說馬氏的作品是對《中國印度見聞錄》的一個有力的佐證。

　　阿布・札義德關於黃巢之亂的記述，雖然有若干失實之處，但卻包含了即便在中國史籍中也難以見到的材料，即如黃巢在廣州殺害伊斯蘭教徒、基督教徒以及其他教徒 12 萬人、虐待外國商人等等。〔註 60〕鑒於公元 850 年之後許多檔案都已遺失，《新唐書》卷一三二《劉吳韋蔣柳沈紀》：「贊曰，唐興，史官秉筆眾矣，然垂三百年，業鉅事叢，簡策挐繁，其間巨盜再興，圖典焚逸，大中以後，史錄不存，雖論著之人，隨世衰掇，而疏舛殘餘，本末顛倒。故聖主賢臣，叛人佞子，善惡汩汩，有所未盡，可爲永懍者矣！」〔註 61〕《中國印度見聞錄》所展示的遠東知識，對於瞭解唐代中國的歷史彌足珍貴。如廣州被造反攻陷的日期，論說紛紜，迄今仍無定論。〔註 62〕在 878 年所發生的災難之後，中國外貿逐漸地遷移於泉州。在馬可・波羅和伊本・白圖泰到中國時，泉州已成爲中國的主要進出口中心。〔註 63〕

五、《中國印度見聞錄》與唐代穆斯林

　　　　　「知識即使遠在中國亦當往求之。」──穆罕默德先知

　　伊斯蘭教在唐代傳入中國。唐永徽以後大食數次派使節往返，亦有許多商人到中國開展貿易活動，這些回教徒曾到過中國的廣州、泉州、揚州、杭州、交州、長安等主要城市。通過這種貿易往來，一些伊斯蘭教以及穆斯林的風俗習慣逐漸地傳入中國。「從國家制度的角度來看，外國人在中國可以按

〔註 59〕寧榮：《中國印度見聞錄考釋》，《阿拉伯世界研究》，2006 年第 2 期，第 4 頁。
　　　　《中國印度見聞錄》，中文版，第 138 頁，中譯者注 2。
〔註 60〕藤本勝次：日譯本序言，載於《中國印度見聞錄》，中文版，2001 年，第 32頁。
〔註 61〕歐陽修：《新唐書》卷 132，中華書局，第 3574 頁。
〔註 62〕前島：《黃巢之役中東西方對抗諸相》，收在：《東西交通史》，第 213～228 頁。
　　　　轉引自：張日銘：《唐代中國與大食穆斯林》，第 131 頁。
〔註 63〕William J. Bernstein: *A Splendid Exchange: How Trade Shaped the World*, Published by Atlantic Monthly Press, 2008, P.86.

照他們的宗教自由地進行活動，只要不影響到社會的和平和穩定。」〔註 64〕
回教在唐代叫作大食法，中國最早對此有所記述的是杜環的《經行記》。杜環
在大食居住遊歷十一二年，後由海路回到中國來。他把這十一二年的見聞寫
成了一部書，叫作《經行記》。《經行記》原書早已遺失。《通典》卷一九三、
卷一九四中引有此書的佚文。〔註 65〕

　　唐代以富強文明聞名於世，對海外世界有強大的吸引力和感召力，其時
的對外開放是全方位的和持續性的。〔註 66〕當時外國人不僅喜歡到中國遊
歷、學習、經商，而且還樂意在中國定居。唐代的漢文、波斯文以及阿拉伯
文獻都表示，當時留居於中國的穆斯林人特別多。當時為了管治這麼多外籍
穆斯林人，唐王朝從他們中遴選了一些人員。蘇萊曼寫道：

> 　　在商人雲集之地廣州，中國長官委任一個穆斯林，授權他解決
> 這個地區各穆斯林之間的糾紛；這是照中國君主的特殊旨意辦的。
> 每逢節日，總是他帶領全體穆斯林作禱告，宣講教義，並為穆斯林
> 的蘇丹祈禱。此人行使職權，作出一切判決，並未引起伊拉克商人
> 的異議或抵制。因為他的判決是合乎正義的，是合乎無上尊貴的真
> 主的經典的，是符合伊斯蘭法度的。〔註 67〕

　　在中國的一些大城市中，陸續形成和出現了若干「蕃坊」，即城市中外國
人居住的街區。為了便於對「蕃坊」的管理，唐廷在蕃人中挑選德高望重者
為蕃長，並由皇帝任命。蕃長按照穆斯林的習慣和律條進行管理，負責司法
裁決和安全工作，同時還負有協助唐廷徵收稅款的職責。當時穆斯林上繳的
稅款在唐廷財政收入中佔有不小的比重。此外，蕃坊內還實行某些特殊政策，
如允許建立禮拜寺進行宗教活動。〔註 68〕「蕃長」一詞首次出現在《宋高僧
傳》。嶺南刺史招請廣州地區蕃客大首領伊習賓進行釋不空的旅行。〔註 69〕中
國唐宋典籍對此有記載，如宋代朱彧的《萍州可談》卷二：「廣州蕃坊，海外

〔註 64〕 C. P. Fitzgerald: *China A Short Cultural History*, the Cresset press, London. 1935
　　　　p.547.
〔註 65〕 白壽彝：《中國回教小史》，寧夏人民出版社，2000 年，第 49 頁。
〔註 66〕 黃啟臣：《廣東海上絲綢之路史》，廣東經濟出版社，2003 年，第 123 頁。
〔註 67〕 蘇萊曼、阿布‧札義德：《中國印度見聞錄》，中文版，第 7 頁。
〔註 68〕 王鐵錚：《歷史上的中阿文明交往》，《西北大學學報》，2004 年第 3 期，第 116
　　　　頁。
〔註 69〕 張日銘：《唐代中國與大食穆斯林》，姚繼德、沙德珍譯，寧夏人民出版社，
　　　　2002 年，第 126 頁，注 4。

著國人聚居。置蕃長一人，管勾蕃坊公事，專切招邀蕃商。」〔註 70〕書中還補充說他們「巾袍履笏，如華人。」唐李肇在其《國史補》（成書於公元 806～820 年）中稱他於 820 年左右在廣州曾親眼見過這個長官，這名官員常常由其僚屬陪同親往港口迎接到來的外國船隊。〔註 71〕很多波斯和阿拉伯人長期居住在廣州，新舊唐書都曾提及那裡中國人與外國人雜處共居的狀況。為了管理和聯繫方便，他們專門設立了「蕃長」或「蕃酋」一職。而中國自唐代起，也開始設置了「市舶使」以管理同外國的通商貿易。〔註 72〕《唐國史補》中載南洋貿易船事，有「有蕃長為主領」語；唐末劉恂《嶺南錄異》中亦載：「恂曾於蕃酋家，食本國將來者（波斯棗）。」蘇萊曼的遊記中也有記載，張星烺先生的譯文中曾提到「回教牧師」和「回教判官」，楊懷中先生在其《唐代的番客》一文中將其改譯為「伊斯蘭教掌教」和「伊斯蘭教判官」，在劉半農先生的譯文中籠統地譯作「中國皇帝派有回教徒一人」。〔註 73〕美國漢學家愛德華‧謝弗說：「在廣州的外來遊客中，有許多人居住在城內專門為外國人劃定的居住區內。……來自文明國家的公民與文化教養較低的商賈們，都居住在這裡，而且他們之間的交往都很密切。在這裡還會發現信奉正統宗教的外國人與信仰異教的外國人之間相處得也很融合，例如印度的佛教僧侶與什葉派穆斯林之間的關係就如此。」〔註 74〕這幾點證實了《中國印度見聞錄》有關此記載的可靠性。可見，正是因為有了清真寺，「依回教風俗治理回民」的教內社會和諧關係才得以形成和發展。

在《中國印度見聞錄》的尾卷中，阿布‧札義德記述了一個穆斯林與唐朝皇帝見面的細節。他說一個屬於古萊士（Ghuraish）族的名叫伊本‧瓦哈卜（Ibn Wahab）的人到達中國，在京城長安同唐僖宗進行交談。這件事反映了當時穆斯林人對於中國的強烈興趣。伊本‧瓦哈卜原來住在巴士拉，但後來該港口遭到洗劫時，他來到西拉夫。伊本‧瓦哈卜曾經到過中國，也與唐朝皇帝見過面。他是哈巴爾‧伊本‧阿斯瓦德（Habar Ibn al-Aswad）的子孫。

〔註 70〕 寧榮：《中國印度見聞錄考釋》，《阿拉伯世界研究》，2006 年第 2 期，第 4 頁；及《中國印度見聞錄》中文版，第 40 頁，中譯者注。

〔註 71〕 季羨林：《東方文化史》，黃山出版社，1987 年，第 54 頁。

〔註 72〕 武伯綸：《唐代廣州至波斯灣的海上交通》，文物，1972 年第 6 期，第 2 頁。

〔註 73〕 王東平：《唐宋時穆斯林史實雜考》，《回族研究》，2004 年第 1 期，第 30 頁。

〔註 74〕 愛德華‧謝弗：《唐代的外來文明》，吳玉貴譯，陝西師範大學出版社，2005 年，第 39 頁。

有些波斯文史料記載，哈巴爾‧伊本‧阿斯瓦德是來自西拉夫的商人，事實上在中國皇帝的宮廷裏呆了幾個月，返回波斯時，皇帝曾贈與給他很多貢物。但在阿布‧札義德的記載中，伊本‧瓦哈卜與皇帝交談時未曾提及他祖先到達中國的事情。因此，很可能有關資料把伊本‧瓦哈卜誤爲他的祖先。其因如下：首先，伊本‧瓦哈卜就是來自西拉夫的商人，其次，他在中國居留時間比較長；再者我們知悉皇帝在伊本‧瓦哈卜離開時，給他贈送不少貢物。雷洛認爲哈巴爾‧伊本‧阿斯瓦德是麥加的偶像崇拜者，也是激烈反對穆罕默德傳教的參與者之一。哈巴爾家族一派定居巴士拉，另一派據說在印度境內佔有領地。〔註75〕據阿拉伯史料的記載，哈巴爾首先反對穆罕默德的傳教，但後來他求穆罕默德先知原諒他。這樣他家族也成爲伊斯蘭教教徒。

　　伊本‧瓦哈卜離開巴士拉，移居西拉夫，是由於著名的贊吉（Zanj）之亂使巴士拉變成了一片廢墟，這是回曆257年（即公元870或871年）發生的事件。〔註76〕伊本‧瓦哈卜到了中國以後，決心要見皇帝，因而由廣州北上到了長安。在那兒他給皇帝寫信，曾提到他是（穆罕默德）先知的親族。皇帝下令給他安頓住房，並供給他所需的用品。同時，皇帝又給派駐廣府理事的地方長官下了一道詔書，叫他到外商中去查訪，以弄清楚這個自稱是阿拉伯先知親族的人的來歷。廣府的地方長官回稟說，他的血統是可靠的。因此，皇帝准予伊本‧瓦哈卜的謁見。如果伊本‧瓦哈卜的祖父仍然是穆罕默德先知的反對者的話，那麼他的子孫很可能不能進見皇帝。皇帝對於伊本‧瓦哈卜的態度也顯示了他對伊斯蘭教的尊敬和重視。另外也說明了唐朝君主很關心來自波斯和阿拉伯地區的客人的情況。之後阿布‧札義德描述伊本‧瓦哈卜和皇帝進行交談的細節。中國皇帝問及伊本‧瓦哈卜阿拉伯怎麼打敗波斯王？待他聽到回答，又說：「阿拉伯征服的是一個權威最高、耕地最廣、物產最富、賢人最多的王國，它的名聲也傳揚得最遠。」〔註77〕這一段話說明波斯帝國在唐朝皇帝的心目中佔有偉大的地位。但由於當時阿拉伯人已經打敗波斯帝國，並且整個波斯地區由阿拉伯人統治，因此接著皇帝在提到世界上最偉大的君王時，先指出阿拉伯王。之后皇帝提及時曾舉五個君王爲例：首先是伊拉克王（指的是阿撥斯王朝），其次是中國皇帝，然後是突厥王，印度

〔註75〕雷洛法譯本第44頁，注釋151條，152條；轉引自：藤本勝次：《中國印度見聞錄》，中文版，尾卷，第146頁。

〔註76〕同上。

〔註77〕蘇萊曼、阿布‧札義德：《中國印度見聞錄》，漢譯本，第103頁。

王，最後才是拜占庭王。那時，阿拉伯帝國所轄地區非常廣泛，因此，唐人把阿拉伯王當作全世界最偉大的君主。忻劍飛認爲這一定是伊本・瓦哈卜將談話記錄作了變更，中國皇帝怎麼可能甘居世界第二呢？這種以世界第一自稱的心理，也從一個側面說明了阿拉伯人在當時確實在許多方面引領世界之先。〔註 78〕

關於唐人的宗教情況書中亦有詳細的記載。蘇萊曼認爲「中國人的宗教很接近祆教」，他說：「中國人崇拜偶像，他們在偶像前做禱告，對偶像畢恭畢敬。中國人有宗教書籍。」〔註 79〕又說：「中國人沒有自己專門的教義，他們的宗教是印度宗教派生出來的。中國人說是印度人給他們帶來了佛陀，給他們講經說法。印度人和中國人都相信靈魂輪迴，而只是宗教的活動細節有所不同。」〔註 80〕阿布・札義德也說：「印度和中國的君王都篤信輪迴轉生之說，認爲這是他們所奉宗教的眞諦。」〔註 81〕這些情況明顯屬實，但歐洲在漫漫數世紀間卻對此一無所知。

六、《中國印度見聞錄》與中國的經濟、貿易和法律狀況

關於在廣州進行的貿易活動，蘇萊曼記載：

> 海員從海上來到他們的國土，中國人便把商品存入貨棧，保管六個月，直到最後一航海商到達時爲止。他們提取十分之三的貨物，把其餘的十分之七交給商人。這是國王所需的貨品，用最高的價格現錢購買，這一點是沒有差錯的。〔註 82〕

關於這方面，馬爾瓦茲也說到：「商人享有六個月的保險」。費琅認爲這應該理解爲外國巨商運來的商品，在同一季風期最後一條船來到之前不得出售，以便對進口的各類商品確定一個公平合理的牌價。8 世紀後半葉穆斯林已在中國各大城市經濟及政治生活中扮演著重要角色。保護外僑安全，徵收關稅，同時與中國官員聯繫的蕃長製造已存在。〔註 83〕「在這裡，官府徵

〔註 78〕忻劍飛：《世界的中國觀》，學林出版社，1991 年，第 66 頁。

〔註 79〕《中國印度見聞錄》，漢譯本，第 23 頁。

〔註 80〕蔡德貴：《東方文化發展的大趨勢》，浙江海洋學院學報，2000 年第 3 期，第 3 頁。

〔註 81〕《中國印度見聞錄》，漢譯本，第 114 頁。

〔註 82〕蘇萊曼、阿布・札義德：《中國印度見聞錄》，中文版，2001 年，第 15 頁。

〔註 83〕張日銘：《唐代中國與大食穆斯林》，姚繼德、沙德珍譯，寧夏人民出版社，

購專賣商品比率爲 30%。關於這段文字，有些學者把『提取十分之三的貨物』當成關稅稅率，不確。唐末劉蛻《獻南海崔尙書書》云：『南海實筦榷之地，有金、珠、貝、甲、修牙、文犀之貨。』這些都屬於政府徵購的專賣商品。」〔註 84〕「每當蕃舶到達時，舉城活躍，省史向皇帝奏報。蕃商大酋則攜其同行到市舶司（應該是市舶使）報關，登記姓名及應課稅貨物。稀有貴重貨物禁止出售。」〔註 85〕從 7 世紀初葉開始，在廣州就設有一名市舶使，授權管理一切外國商品、船隻、政府專賣的外國商品採購等有關事宜，並徵收關稅。〔註 86〕愛德華・謝弗也指出：「唐朝在廣州建立市舶使院這種新的官職，就是以古代的『鹽鐵使』作爲典範和原型而設計的。在外貿管理中具有壟斷地位。」〔註 87〕

　　唐朝時，波斯灣和紅海內的諸港口的經濟繁榮要歸功於與中國和遠東地區的貿易；中國港口城市廣州、泉州、杭州、和揚州的經濟繁榮也證明了這一點，而廣州是其中最爲突出的代表。在代宗時期（公元 763～779 年），每年大約有 4000 艘船隻到達廣州。〔註 88〕蘇萊曼也說明，廣州被當成是阿拉伯商人的中心：「廣府是所有對華貿易的阿拉伯商人船隊的港口和貨物集散地。」揚州也是擁有大量外籍商人的著名貿易中心。在公元 760 年安祿山叛亂發生期間，幾千名阿拉伯、波斯人以及其他外國商人在平盧副大使田神功洗劫揚州城市時被殺。〔註 89〕沙特阿拉伯學者阿里・伊本・伊卜拉欣認爲中阿間繁榮昌盛的貿易往來是因爲阿拉伯人成功地把很多國家、民族納入其統治，在歷史上首次建成一個包括埃及、北非、阿拉伯半島、沙漠地區、伊拉克、伊朗及中亞大部分地區的國際性經濟區。波斯灣和紅海地區也加入了這個經濟圈。另外，中國對伊斯蘭國家擴張的平和態度對這個新生的經濟圈也有很大的影響。中國統治者還爲阿拉伯商人的貿易提供了很多方便，公平地

　　　　2002 年，第 126 頁。
〔註 84〕黃啓臣：《廣東海上絲綢之路史》，廣東經濟出版社，2003 年，第 160 頁。
〔註 85〕張日銘：《唐代中國與大食穆斯林》，第 126 頁。
〔註 86〕巴拉茲：《唐代經濟史論文集》，卷二，第 54～56 頁。轉引自素瓦傑《中國印度見聞錄》，中文版，第 70 頁。
〔註 87〕愛德華・謝弗：《唐代的外來文明》，吳玉貴譯，中國社會科學出版社，1996 年，第 41、29 頁。
〔註 88〕《中國畫報》，《古代中西交流的隨筆》，1985 年第 10 期，第 9 頁。
〔註 89〕《舊唐書》110 卷。

對待他們，尊重他們的文化習俗，保障他們的交易和人生安全。〔註90〕

《中國印度見聞錄》關於中國交稅系統和退休金這樣解釋：

> 沒有土地稅，根據各家錢財多少的比例按人頭收稅。某家生一
> 男孩，要到當局去登記註冊。當他十八歲時，要交年金稅；當他
> 八十歲時，就不再向他收稅了，相反的，還要從國庫出一定數目的
> 錢給他。當局道：「他年輕時向我們交了稅，現在他老了，我們要付
> 給他一定的金額。」〔註91〕

據蘇萊曼所說，唐代在中國的阿拉伯人或其他外國人，要按其動產交納
稅收，以便能保全自己的財產。關於市場上的經濟危機，蘇萊曼說明：

> 當生活費用上漲時，政府從庫中取出一部分食物，用低於市場
> 的價格出售，因此百物昂貴的情況不會太長久。國庫的收入只靠稅
> 收。……鹽稅和這茶稅就是國王的全部財富。〔註92〕

接著蘇萊曼的解釋，廣府儘管不是中國最大的城市，納入國庫的錢每天
可達五萬迪納爾。關於這方面，巴拉茲認為國家的倉庫很早以前就建立起來
了，以便保證在一個幅員遼闊而水災連年的國家所有財富的平衡分配。到了
唐代，這些官倉起著官方調查價格的重要作用。〔註93〕素瓦傑還轉引《選舉
志》的法譯本，說明：「當糧價便宜時，國家以高出市價的價格購買並存入糧
倉；當糧價昂貴時，便整年出售從糧倉取出的糧食。」這些證明蘇萊曼的解
釋是正確的。

關於中國用的貨幣，阿布・札義德指出：

> 中國人都用銅錢交易。這種銅錢，是用銅和其它（金屬）混合
> 而成的合金鑄造的。……中間開有一個大孔，可以用繩子串起來。…
> 在西拉夫也有鑄著漢字的（中國）銅錢。〔註94〕

唐代的中國貨幣，只有銅錢，這一記述是符合事實的。桑原騭藏博士解
釋，中國從明代起才用銀子作為貨幣。據史籍記載，唐代的嶺南，即以廣東

〔註90〕轉引自：〔蘇丹〕加法爾・卡拉爾・阿赫默德撰：《唐代中國與阿拉伯世界的
　　　　關係》（下），金波、俞燕譯，新疆師範大學學報（哲學社會科學版），2004
　　　　年第3期，第59～60頁。

〔註91〕蘇萊曼、阿布・札義德：《中國印度見聞錄》中文版，第19～20頁。

〔註92〕《中國印度見聞錄》，第17頁。

〔註93〕巴拉茲：《唐代經濟史論文集》，第二卷，第66～71頁。轉引自素瓦傑：《中
　　　　國印度見聞錄》，第75頁。

〔註94〕蘇萊曼、阿布・札義德：《中國印度見聞錄》，中文版，第99頁。

爲中心的地區，也有使用金銀的事實，但當時通用的金銀是伊斯蘭教徒帶進中國來的。〔註95〕中國銅錢還外流到日本以及東南亞各地，這可以從許多文獻中找到證據。事實上，在馬來半島南端的新加坡附近，在爪哇的雅加達地區，甚至在西方的非洲東岸的桑給巴爾等地，都發掘出中國銅錢。據《中國印度見聞錄》的記載，可以得知中國銅錢在唐末已經流散到波斯灣地區了。〔註96〕當時中國銅錢在西拉夫港口很流行。在本地區所發掘的貨物當中，不只是中國銅錢，還包括器皿和各種各樣的裝飾品。這些貨物大部分屬於中國的唐代。這表示當時波斯和中國海上貿易很活躍。

蘇萊曼關於中國唐代法律系統，指出一個很有趣的問題，那就是當時旅行者所需要的類似今日「護照」的兩個文件：

> 如果到中國來旅行，要有兩個證明：一個是城市王爺的，另一個是太監的。城市王爺的證明是在道路上使用的，上面寫明旅行者以及陪同人員的姓名、年齡，和他所屬的宗族，因爲所有在中國的人，無論是中國人、阿拉伯人還是其他外國人，都必須使其家譜與某一氏族聯繫起來，並取該氏族的姓氏。而太監的證明上則注明旅行者隨身攜帶的白銀與貨物，在路上，有關哨所要檢查這兩種證明。

蘇萊曼解釋這樣做的目的是如果旅行者在中國丟失物品，人們知道物品是如何丟失的，並把物品找到交還他，如果他去世，便交還給繼承人。關於這方面，唐律沒有明確的記述，因此，可以從蘇萊曼的著作中得到證實。蘇萊曼的記載同時表示，「唐代官方給外商發放專門『過所』（通行證），保護外商在華財產權益。」〔註97〕值得注意的是這種系統，在兩千五百多年前的波斯帝國也存在。當時官員要出差，宮廷給他們提供一種用泥土製造的證件，上面記載官員的信息，包括誰派出該官員、到哪裏去以及他或陪伴他的人在路上的每個站，要收到多少大米和酒。〔註98〕

關於保護外商的財產，阿布‧札義德講了一個故事：

〔註95〕〔日〕桑原騭藏：《從阿拉伯人的記錄中所見到的中國》三，《中國的貨幣》，載《桑原騭藏全集》，第二卷，第 589 至 600 頁。轉引自：藤本勝次：《中國印度見聞錄》，中文版，尾卷，第 144 頁。

〔註96〕〔日〕桑原騭藏：《蒲壽庚考》，第 32 至 35 頁。轉引自：藤本勝次：《中國印度見聞錄》，中文版，尾卷，第 144 頁。

〔註97〕黃啓臣：《廣東海上絲綢之路史》，廣東經濟出版社，2003 年，第 124 頁。

〔註98〕G. Walter: *Persepolis*, Wasmuth Publication, 1980, P.8.

　　有一次在一個來自呼羅珊的商人與前來選購舶來品的宮廷宦官發生了爭執。商人拒不出賣自己的貨物，但宦官採取強制手段，把外商帶來的好貨全部拿走。這個商人打算見皇帝，向他告御狀。當皇帝知道該情況後，派人調查此事，證明外商所說屬實。因此皇帝召回這個宦官，嚴格地批評他以後，就吩咐沒收宦官的財產，並且向他說道：『你不能再去活人中間理事了，現派你去管管亡人的事吧！』，於是下令把這個宦官發配到皇陵作看守。〔註99〕

　　以上所述，表示唐朝政府為了維護國家的聲譽，對於外國商人的財產給予了積極的保護。皇帝懂得保護外商的必要性。阿布·札義德繼續讚美唐朝的法制：

　　　　……往時中國在行政上的卓著成效，實在令人驚歎。其中的一個事例，就是法制，中國人打心底裏尊重法制。裁判官是經過遴選的，他們必須通曉法制知識；講老實話；在任何場合都能主持正義；對有權有勢的人，不偏袒姑息，而是始終把握他們的事實；對平民百姓的金錢和他們手中的任何財物，要廉潔不苟；總而言之，要選拔在這些方面使中國人感到沒有任何疑慮的人物。〔註100〕

七、《中國印度見聞錄》與中國的茶、瓷器和麝香

　　茶在公元 3 世紀就在中國的南方被當作飲料，而在中國北方的貴族培養起對它的興趣以後，在唐朝時成為真正的全民族的飲品。從好的瓷杯中啜飲可以加重這種飲料的綠色。唐朝的鑒賞家們將烹茶演變成為了一種複雜的儀式。但大眾對茶的喜愛卻有著更為深遠的影響：從健康的角度來看，沸水沖茶的功效，據信對長壽起著重要的作用，並使中國人口迅速增加，在八世紀的上半葉從 4100 萬增至 5300 萬。〔註101〕蘇萊曼在該書裏也提到中國的茶。他記述：

　　　　國王本人的主要收入是全國的鹽稅，以及泡開水喝的一種乾草稅。在各個城市裏，這種乾草葉售價都很高，中國人稱這種草葉叫「茶」（Sakh）。此種乾草葉比苜蓿的葉子還多，也略比它香，稍有

〔註99〕蘇萊曼、阿布·札義德：《中國印度見聞錄》，漢譯文，第 115～117 頁。
〔註100〕蘇萊曼、阿布·札義德：《中國印度見聞錄》，漢譯文，第 117 頁。
〔註101〕吳玉貴譯：《唐代的外來文明》，陝西師範大學出版社，2005 年，第 47 頁。

苦味，用開水沖喝，治百病。〔註102〕

　　蘇萊曼的時代，飲茶已成了唐代人們的風氣，然作爲最重要的出口商品，則要到兩個世紀以後。〔註103〕勞費在《中國伊朗編》中解釋，這是外國人第一次準確地提到茶作爲日常飲料用，後來的阿拉伯作者如阿布・滿速兒所著的波斯藥物學和伊本・白塔爾的文集裏，都對此一無所知。在另一方面，中國的中世紀作者如周去非、趙汝适也都沒有記述作爲中國的一項出口品的茶。喝茶的習慣傳播到亞洲西部不早於十三世紀，傳播者或許是蒙古人。〔註104〕後來在 14 世紀初，拉施特在《迹象與生命》中，除了介紹茶的生產情況之外，還記載了有關元朝権茶、貢茶等方面的信息，甚至還談到了忽必烈爲在中國北方地區培植茶樹所作的努力。這是波斯文史籍中有關中國茶的最詳細的記載。〔註105〕

　　値得注意的是馬可・波羅就是因爲在自己的著作中沒談起中國的茶葉以及中國人的喝茶習慣，近幾年有些學者開始對於他是否到過中國產生懷疑。當然除了沒提到茶葉以外，他還對於中國的另一些事實，如長城，婦女的裹腳習慣等方面沒有解釋。除此之外，中國人從古至今都有記錄所有事情的習慣。每個外籍人到達中國邊境時，都會被中國人記錄在案。在蓋耶速丁 15 世紀寫的遊記裏就可以看到，他敘述他們到達中國以後，怎樣被中國人給點數和記錄過。但在中文的歷史文獻上，卻未能找到關於馬可・波羅的什麼記載。這一切使得學者們有點懷疑該著作的眞實性。「中國人用茶至遲在三世紀末就開始了，但首先是華南各省。在本書所述時代，茶已成爲專賣品。」〔註106〕從公元 783 年開始收茶稅，但只是到了公元 830 年才設立買賣茶葉的專署，成爲國庫收入的主要來源，《中國印度見聞錄》所用的材料應該是來源於公元 830 年和 850 年之間這一段時間。〔註107〕佛教也是唐代喝茶變成普遍性習慣的另一個主要原因。那是因爲當時佛教徒認爲喝茶能幫助他們集中於自己的

〔註102〕蘇萊曼、阿布・札義德：《中國印度見聞錄》中文版，第 17 頁。

〔註103〕忻劍飛：《世界的中國觀》，學林出版社，1991 年，第 65 頁。

〔註104〕〔美〕勞費爾：《中國伊朗編》，林筠因譯，商務印書館，2001 年，第 386 頁。

〔註105〕王一丹：波斯拉施特《史集・中國史》研究，崑崙出版社，2006 年，第 46 頁。

〔註106〕伯希和：《通報》卷 22，1923 年，第 436 及 63 頁，轉引自《中國印度見聞錄》中文版，第 76 頁。

〔註107〕巴拉茲：《唐代經濟史論文集》，第二卷，第 62〜65 頁以及注釋 392，轉引自：《中國印度見聞錄》，中文版，第 76 頁。

宗教聯繫。蘇萊曼的記載使得西域首次發現『茶』的存在；「茶就是過一千年建立自己專門帝國的商品，而由於存在該商品的原因，將增加全世界對於糖，瓷器和奴隸的需求。」〔註108〕

　　唐和五代製瓷工藝有長足的進步，瓷窯有大幅度的增長，陶瓷製作處於一個大發展時期。瓷器從唐代中晚期開始已列入外銷的大宗貨物中，分別從西北陸道和東南沿海的國際貿易港揚州、明州和廣州運往西亞和波斯灣、亞丁灣、紅海各地。〔註109〕關於中國的瓷器，蘇萊曼寫道：

　　　　他們（中國人）有精美的黏泥土，用於製造晶瑩得如同玻璃一
　　樣的陶碗：儘管是陶碗，但隔著碗可以看得見碗裏的水。

　　這是西域關於中國瓷器的頭一次描繪。馬爾瓦茲關於中國瓷器也寫到：「廣州是一個生產中國餐具的地方。」9世紀的伊本‧胡爾達茲比赫和查希茲（Jahiz，約 779～869）在自己的著作中，分別提到過從中國出口的瓷器。薩馬拉（Samarra）遺址出土了一些道地的中國古瓷和很多當地的仿造品，證明遠東陶瓷從黑衣大食時代起在伊斯蘭世界就是很流行的。〔註110〕

　　蘇萊曼還指出唐朝的一種公共醫療形式。他記載：

　　　　有一石碑，高十肘，上面刻有各種疾病和藥物，某種病用某種
　　藥醫治。如果其個人很窮，他還可以從國庫中得到藥費。〔註111〕

　　在中國，已知的最早的藥方石刻是北齊武平六年（575）在龍門立的一通石碑，這塊碑是由佛教徒捐資樹立的。〔註112〕在八世紀時唐朝政府確實是將藥方「榜示」於村坊要路。阿布‧札義德的記述並非僅是「傳說」，而是有確切的根據。開元十一年（723）唐玄宗藍御撰《廣濟方》「頌示天下」，德宗貞元十二年（796），也曾親製《廣利方》，「頌於州府」。便值得注意的是，玄宗天寶五載（746）八月，曾專門頌布敕令，云「朕所撰《廣濟方》，宜令郡縣長官，選其切要者，錄於大版上，就村坊要路榜示，仍委採訪使勾當，無令脫漏」〔註113〕。「榜示」在唐朝一般用於公佈政府通告，把藥方如政府政令一樣榜示百姓，目的是凸顯其重要性。此類藥方往往篆刻在石碑

〔註108〕William J. Bernstein: *A Splendid Exchange: How Trade Shaped the World*, Published by Atlantic Monthly Press, 2008, P.83.

〔註109〕沈福偉：《中西文化交流史》，上海人民出版社，2006年，第186頁。

〔註110〕轉引自：索瓦傑：《中國印度見聞錄》，中文版，2001年，第70～71頁。

〔註111〕蘇萊曼、阿布‧札義德：《中國印度見聞錄》，中文版，第19頁。

〔註112〕《都邑師道興造石像記並治疾方》，原文見：《金石萃編》，卷35。

〔註113〕事見《唐會要》卷83。

上，例如唐文宗時期有《大和濟要方》，明令各地建碑錄方：「唐太和年徐氏撰《濟要方》，……於所在郡邑標建碑牌，明錄諸方，以備眾要，又云時逢聖曆，年屬大和，便以《大和濟要方》爲名。備錄如左，已具奏過，准束力頒行。」〔註114〕地方官有時也仿傚這種方法，將自己得到的藥方刻碑榜示，例如韓滉擔任浙西觀察使時得到了某僧治療蠱毒藥方，「仍刊石於二縣之市」〔註115〕。〔註116〕這與阿布·札義德的記載幾乎是完全吻合的。〔註117〕

　　唐代，用來教誨百姓的文告確實是刻在石碑上的，而且當時唐朝政府對於公共慈善事業，尤其對病坊也的確具有強烈的興趣。這種出於人道的興趣以及服務於人道的慈善機構得到了佛教的大力推動。大約在六世紀時，佛教這個外來的宗教就已經成了眞正的中國化的宗教，也正是從這一時期開起，公共慈善事宜成了中國佛教活動的一個正式的組成部分，而並非僅僅是臨時性的活動。食物和其他損贈物由寺院的僧侶分發給窮人，而且還設立了免費的醫療機構，爲貧窮無助者提供必需的藥物。這些慈善活動構成了「悲田」的主要內容。悲田在當時被認爲是宗教生活的兩大內容之一，另外一項內容是「敬田」，敬田是指祈禱和宗教儀式等內容。七、八世紀是遠東中世紀佛教的全盛時期。這時在各地的大城市中普遍建立了固定的賑濟窮人的病坊和其他以宗教爲名的機構，這些機構通常都是秉承君主的旨意而設立的。武則天就是一位熱心的佛教徒，她曾經任命專使臨管爲「矜孤恤窮」，「敬老養病」而設立的悲田。〔註118〕

　　關於香料方面，阿布·札義德詳細地記載了中國和西藏的麝香質量。他記述：

　　　　西藏出產的麝香比中國的更好，其中有兩個原因。首先，生長在西藏境內的麝香鹿，吃的是乾松，而中國的麝香鹿，是以其它的草木作爲食料。另一個原因，是西藏人把麝香鹿的腺囊原封不動地

〔註114〕龐安時：《傷寒總病論》，影印文淵閣四庫全書，第738冊，卷6《上蘇子瞻端明辨傷寒論書》

〔註115〕馬光祖，周應合：《景定建康志》，北京，中華書局，1990，卷50

〔註116〕轉引自：於賡哲：《然非有力，不能盡寫：中古醫籍受眾淺論》，陝西師範大學學報（哲學社會科學版）2008年第1期，第81頁。

〔註117〕愛德華·謝弗：《唐代的外來文明》，吳玉貴譯，陝西師範大學出版社，2005年，第381頁。

〔註118〕Edward H. Schafer: *The Golden Peaches of Samarkand*, University of California Press, 1963, P.176；吳玉貴譯：《唐代的外來文明》，陝西師範大學出版社，2005年，第231頁。

保存起來，但中國人卻把麝香弄得失去了原來的質地，加上從海路輾轉運輸，還難免不受潮濕。如果中國人把麝香保存在腺囊裏，裝進小瓷罐裏密封起來，那就可以同西藏的麝香一樣，完好無損地運到阿拉伯去。〔註119〕

據阿布·札義德所述，在所有的麝香中，以麝香鹿留在山間岩石上的麝香，質量最好。麝香鹿的體液是淤積在肚臍邊的腺囊裏，宛如血液滯留在腫塊內一樣。腫塊大了麝香鹿感到又脹又癢，便把肚皮貼在岩石上磨擦。腫塊一破，裏面的東西隨著留了出來，凝結在岩石上，這就是最好的麝香。此後，待傷口癒合了，麝香鹿又重新把體液分泌出來。〔註120〕接著阿布·札義德記述道，在西藏常常有人出去尋找這種麝香，他們具有這方面的特長。……麝香，只有在麝香鹿的腺囊裏自然成熟的，才是最上等的麝香。阿布·札義德還描寫另一種麝香的特點：

> ……還有一種麝香，那就是設陷阱或用弓箭捕獲麝香鹿，然後在麝香還沒成熟的時候，把腺囊取了出來。腺囊取出後，開初有一般難聞的氣味。但經過一段時間，它就會乾燥；越乾燥，越變味，而終於會成為麝香。

當然生產這種珍貴貨物的麝，與其它種類的鹿不一樣。阿布·札義德詳細地記載麝香鹿的特點：

> 麝香鹿跟我們的鹿十分相似，不但毛色大小一樣，而且雙腿也是那樣細長，蹄子也是分開的，連頭角的彎曲也都一模一樣。不過，麝香鹿長著兩個又細又白的犬齒，直伸到臉部。一個犬齒的長度不到一個法特爾〔註121〕，形同象牙一般。這就是麝香鹿和其它鹿的不同之處。〔註122〕

9世紀的阿赫邁德·伊本·阿比·雅庫布說：

> 最好的麝香是吐蕃（西藏）麝香，其次是粟特（Sogdiana）麝香，再其次是中國麝香。中國最好的麝香來自廣府（Khanfu），廣府乃是一很大的城市，伊斯蘭教徒的船隻在那裡停泊，是前往中國的

〔註119〕蘇萊曼、阿布·札義德：《中國印度見聞錄》，漢譯文，第119頁。
〔註120〕同上。
〔註121〕Fatr：從伸直的姆指尖至食指尖之間的長度。
〔註122〕蘇萊曼、阿布·札義德：《中國印度見聞錄》，漢譯文，第119頁。

必由之地。〔註123〕

阿赫邁德・伊本・羅斯特（卒於公元903年）的文章中也有關於中國和吐蕃的描述，他記述了吐蕃稀薄的空氣，對吐蕃麝香與中國麝香做了比較，得出結論說：「最好的麝香是產自康府（廣州）的。」波斯不出產這種藥物，但古代波斯人在薩珊王朝開始使用麝香。在波斯特別有名的是「和田的麝香」，而波斯人認為麝香就是在和田盛產。但實際上，和田不出產麝香，而歷史上，中國其它地方出產的麝香是通過絲綢之路傳到和田，再輸入波斯的。〔註124〕伊朗偉大的詩人薩蒂在《果園》中說：「我的詩在法爾斯我的故鄉，像麝香在和田本屬尋常。」洪米爾在他的著作《情人故事》中也提到中國沙漠中能找到麝香；把麝香從動物的身體裏拿出來時，麝香沒有香味，而把它搬到其它地方去，它就開始發出香味。馬可・波羅在中國的時候，也親眼見過麝。據他的說法，西涼國出產最優良和價值高昂的麝香。他描寫這種動物的形貌以及出產麝香的方法，並曾把曬乾的香獐頭和腳帶回威尼斯。這些旅行家的記述說明，河西走廊上出產的麝香確實引起了往來於絲綢之路上的旅行者的注意。

八、《中國印度見聞錄》與中國美術

阿布・札義德非常讚美中國人的美術作品，認為中國人的藝術品在所有的民族當中是最好的。他記述：

> 在真主的人類中，中國人在繪畫、工藝、以及其他一切手工方面都是最嫻熟的，沒有任何民族能在這些領域裏超過他們。中國人用他們的手，創造出別人認為不可能做出的作品。〔註125〕

然後他指出唐人一個很有趣的習慣：

> 中國人把美術作品送到總督的衙門裏去，要求他給獨具匠心的傑作以獎賞。總督下令把作品擺在衙門口，從當日起停放一年。如果在這期間，誰都不能在作品中挑出漏洞，作者就可以受到獎賞，還要錄用他充當總督的私人工藝師。但如果作品受到指謫，作者只

〔註123〕轉引自費琅：《阿拉伯波斯突厥人東方文獻輯注》，耿昇譯，中華書局，1984年。第67頁。

〔註124〕王一丹：《波斯、和田與中國的麝香》，北京大學學報（哲學社會科學版）1993年第2期，第78頁。

〔註125〕《中國印度見聞錄》，第101頁。

好告退，也得不到什麼獎賞。〔註126〕

可以說唐朝的封建社會，對於畫家的作品採取一種民主主義的態度。在一千兩百多年前就使用這種手段，表示唐朝的思想較為先進。據這種方法，一方面，居民能夠欣賞畫家最新的作品；另一方面，通過人們給畫家所提出的意見，讓他瞭解自己的缺陷，而完善自己的藝術表現。接著，阿布·札義德講了一個傳說：

> 有人在絹上作了一幅畫，畫面上是一隻小鳥棲息在穀穗上。誰看到這幅畫，都認為穀穗和停歇在穀穗上的小鳥都畫得十分逼真。這幅畫又展示一些時日。有一天，一個駝背男子恰巧打那裡經過，指出了畫中的缺陷，並說道：「誰都明白，小鳥停在穗梢上，穗幹一定會往下彎曲。可是，現在這畫上的穀穗是直的，不是彎的，而上面卻停著一隻小鳥。所以就出差錯了。」大家認為他的評論合理，總督也就不發給作者任何獎賞了。〔註127〕

據羅世平教授的研究，在中國古代這類畫家軼事流傳很多，如唐初畫家詔畫章敬寺壁畫，讓路上的行人圍觀批評。宋代畫家高益想當宮廷畫家，在大街上賣藥，用自己的畫來包藥等等。像這種記載漢語文獻中沒有完全相同的，但不能排除會有這樣的情況發生，可以豐富漢語文獻的記錄。〔註128〕阿布·札義德最後指出採取這種方法的原因和好處：

> 這樣的評賞，或類似的做法，目的是藉此磨礪從事這種職業的人，使他們引以為誡，對自己今後創作的作品多下功夫。

據阿布·札義德的記述，伊本·瓦哈卜與皇帝見面時，在唐朝宮廷裏見到一幅畫。他說皇帝叫人去拿一個畫卷，讓伊本·瓦哈卜看看。那就是先知們的畫像；包括穆罕默德，諾亞，摩西和耶穌等。畫中每個先知的頭上寫著一行行漢字，內容可能為先知們的名字、他們所在國的位置、預言的內容等等。關於穆罕默德先知的畫像，伊本·瓦哈卜解釋說：「……他騎在駱駝上，簇擁著他的教友們，也騎著駱駝。他們腳上穿著阿拉伯式的靴子；腰上掛著他們的剔牙枝〔註129〕。」〔註130〕我們無法瞭解中國人是在哪兒得到先知穆罕

〔註126〕《中國印度見聞錄》，漢譯文，第101～102頁。
〔註127〕《中國印度見聞錄》，漢譯文，第102頁。
〔註128〕羅世平是中央美術學院中國美術史的教授。再次感謝他為我提供以上所述的信息。
〔註129〕剔牙枝是古代阿拉伯人作為牙刷用的一種木頭。在他們中間，傳言「西奈山

默德的肖像？是來自於他們親眼所見，還是來自於阿拉伯商人和他們使團的描述？阿拉伯文資料當中，未找到這方面的使節的記載。我們也無法確定到底爲什麼阿拉伯文資料中沒說穆罕默德在世時有過這個到達中國的使團？實際上，阿文資料中還忽略了阿中關係史上的其它一些重要的事件。其中之一：公元 756 年，哈里發·阿布·加發爾·曼蘇爾曾給予廣平王（即後來當上中國皇帝的唐代宗李豫）以軍事援助，幫他收復了長安和洛陽兩座都城。〔註 131〕伊本·瓦哈卜還看到另外許多先知的畫像。翻譯跟他說那些是中國和印度的先知。據伊本·瓦哈卜的記述，其中很可能也有印度的佛像。「很有可能這些畫像由景教追隨者在中國來畫的，因爲這個外來宗教從公元 7 世紀在中國開始傳播的。」〔註 132〕

九、《中國印度見聞錄》與文學關係

　　阿布·札義德本來不是個旅行者，也不是學者，但他的確對海上故事和神化傳說很感興趣；而那時，收集很多這類故事，無論在他家鄉西拉夫，或許在他後來定居的巴士拉市，都並不難。《中國印度見聞錄》撰寫大約一個世紀以後，一名波斯船長——布佐爾格·伊本·沙赫利亞樂，記錄了商人和船員們所流傳的 123 個故事，他把自己的著作叫做《印度志》；所反映的內容爲虛幻、可怕的野獸以及食人鬼等故事。這些早期貿易界的遊記，是由一名叫做山魯佐德（Shahrzad）的女主人公，一夜復一夜講出來的一系列無名作者的故事，山魯佐德通過這些故事，盡量讓她的愛人延遲殺死她的事情；那就是古代文學著名的《一千零一夜》。「《一千零一夜》涉及的地域十分遼闊，從兩河流域到非洲大沙漠，從歐亞大陸到海洋，從印度、波斯到中國……故事中的一些人物甚至還能上天入地，無所不至。在這些人物中，不僅有王公貴族、哈里發、商人、牧民、詩人、哲學家、科學家、醫生、騙子、強盜、妓女和奴隸，甚至還有神靈和魔鬼，有的故事還描寫了奇珍異寶和名貴的動

　　　　中的木材（即橄欖木）製造的剔牙枝，香氣宜人，可以防腐，具有特殊的功效。（藤本勝次：《中國印度見聞錄》卷二，第 147 頁。）
〔註 130〕《中國印度見聞錄》，漢譯文，第 105 頁。
〔註 131〕《舊唐書》卷 198，轉引自：〔蘇丹〕加法爾·卡拉爾·阿赫默德撰：《唐代中國與阿拉伯世界的關係》（上），金波、俞燕譯，新疆師範大學學報（哲學社會科學版），2004 年第 2 期，第 42 頁。
〔註 132〕Thomas W. Arnold: *Painting in Islam, Study of the Place of Pictorial Art in Muslim Culture*, published by Gorgias Press LLC, 2002, P.93.

植物等。」〔註133〕《一千零一夜》的書名和骨幹，來自一部名爲《赫紮爾‧艾福薩那》（Hizar Afsan）或稱《一千個故事》的波斯故事集，這本故事集可能最初來自印度，由梵文譯成巴列維（Pahlawi）文，在10世紀再從巴列維文譯成阿拉伯文，成爲《一千零一夜》的雛型。並且在巴格達被作了改編並被伊斯蘭教化了。馬斯歐迪在《黃金草原》裏，以及書商伊本‧納迪姆（Ibn al-Nadim）在他的《索引書》（Kitab al- Fihrist）中已有提及。後來在11～12世紀又在埃及作了補充。《一千零一夜》在中國首次介紹見於林則徐在鴉片戰爭時期編輯的《四洲志》，其六、七兩章介紹了阿拉伯地區的史地情況，結尾部分記述了阿拉伯人在學術和文化方面的成就，他評價說：「今有小說《一千零一夜》，詞雖粗俚，亦不能謂之無詩才。」繼林則徐之後，嚴復在1900～1902年其譯著的《穆勒名學》（1905年出版）的譯者按語中評介了《一千零一夜》，他說：「……其書爲各國傳譯，名《一千零一夜》，《天方夜譚》誠古今絕作也。皇其書多議四城回部制度、風俗、教理、民情之事，故爲通人所重也。」〔註134〕《一千零一夜》的中譯本又譯爲《天方夜譚》，這種譯法始自嚴復；「這是因爲中國明朝以後稱阿拉伯國家爲『天方國』；而阿拉伯人又喜歡在夜間舉行晚會，在晚會上朗誦詩歌、講故事等。」〔註135〕幾乎與嚴復評介《一千零一夜》的同時，周桂笙（1872～1936）在《采風報》上翻譯發表了《一千零一夜》的兩個故事《國王山魯亞樂及兄弟的故事》和《漁者》。20世紀初發表《一千零一夜》的漢譯本比較多。其中上海《大陸》上的第6～10期出版的《一千零一夜》譯者佚名。後來奚若、錢偕、周作人等人，在不同的書籍和刊物如《繡像小說》、《航海述奇》、《女子世界》等發表了《一千零一夜》中不同故事的漢譯本和評論。奚若的譯本流傳很廣泛。「在1924年6月，《天方夜譚》由上海商務印書館出版，署名奚若譯述，葉紹鈞校注，爲中學語文課補充讀本，書前有校注者序。1928年8月出第四版。」〔註136〕1930年上海清華書局出版了周桂笙的翻譯作品集《心庵諧譯初編》（兩卷），其中第一輯有上述兩則故事。〔註137〕在鴉片戰爭以後一直到現

〔註133〕納訓譯：《一千零一夜》，人民文學出版社，2002年，前言，第3～4頁。
〔註134〕嚴復名著叢刊《穆勒名學》，商務印書館，1981年，第31～32頁。
〔註135〕納訓譯：《一千零一夜》，人民文學出版社，2002年，前言，第1頁。
〔註136〕商金林：《葉聖陶年譜長編》（第一卷），人民教育出版社，2004年，第307頁。
〔註137〕李長林：《清末中國對〈一千零一夜〉的譯介》，阿拉伯世界，1999年第1期，第36頁。

在，《一千零一夜》多次被譯成漢文，成爲在中國傳播的古阿拉伯和波斯風格的文學經典。

圖 4　成稿於 14 世紀的《一千零一夜》手稿（現藏巴黎國立圖書館）

　　我們可以肯定《中國印度見聞錄》和第 9、10 世紀類似的作品如《道里邦國志》，在一定的程度上影響到了《一千零一夜》的故事。「航海家辛伯達在東方航海冒險的故事是《一千零一夜》裏最膾炙人口的篇章，這個故事就是根據穆斯林商人在東方航海與商多旅行的記錄與傳說而塑造的。」〔註 138〕其實安東尼・加朗（Antoine Gallant）在 18 世紀把《一千零一夜》翻譯成法文時，把辛伯達的故事也加入到該作品中。《中國印度見聞錄》與水手辛伯達遊記之間有很多相似處。從時間和某些段落方面，《中國印度見聞錄》與辛伯達手稿非常接近。「從時間上來看，無論是《辛伯達第 7 次遠航記》，還是《中國印度見聞錄》，都可能會聲稱其全部文獻是利用的第一手資料。同樣的論證對於《道里邦國志》也有效，它也應被斷代爲同樣的年代。在所有的典型例證中，我們可以認爲，在作家們個人間互相瞭解的巴格達，他們經

〔註 138〕李慶新：《海上絲綢之路》，五洲傳播出版社，2006 年，第 40 頁。

常出入第一種直接赴中國旅行的作家所說的同一家圖書館，共享同樣的資料信息。」〔註 139〕波斯和阿拉伯國家與中國的交流在唐朝達到了頂峰。這種交流大部分是在貿易活動中完成的。《中國印度見聞錄》作為第九世紀比較完整的到印度和中國的航海線指南，使得《一千零一夜》在翻譯成阿拉伯文時，受到一定的影響。當然《一千零一夜》還受其它的絲綢之路上的旅行家、使節、文人和商人所記錄下來的內容的影響。

　　香料是絲綢之路最早貿易的重要物品之一。在波斯和中國間的貿易產品之中，香料占很大的比重。《中國印度見聞錄》中也有不少關於香料的有用內容。在《一千零一夜》中，經常會看到故事的主人公為了做貿易而航海到遠東國家。有時在故事中，巴格達市場會出現一些中國的產品。比如在《腳夫和巴格達三個女人的故事》中，有一次在巴格達，有個女郎要求一個腳夫幫她搬走女郎所購的貨。她路上買上各種各樣的水果、乾果、肉類和香料，其中也有麝香、沉香、龍涎香等。「在西方人的心目中，中國是一個有名的沉香來源地。例如有一位阿曼的伊巴底葉派商人曾經在八世紀到了中國，並且在中國買到了沉香。雖然每年從廣州送往長安很多沉香，但我們可以肯定廣州的沉香是從安南邊境地區得到的。……唐朝人使用的沉香或許大部分都是進口的，其中主要來自林邑〔註 140〕，而廣州是一個巨大的沉香市場。」〔註 141〕阿布・札義德關於唐人使用沉香也有這樣的記載：「中國死了人，要到第二年忌日才安葬：人們把死者裝入棺材，安放在家中，屍體上面堆生石灰，以吸收屍體水分，如此保存一年。如果是國王，則屍體放入沉香液和樟腦裏。」〔註 142〕在中世紀中國的禮儀大典和個人生活中，沉香都是一種非常重要的香料。李賀寫的一首絕句，具體而微地說明了沉香的重要作用。詩中描寫了一位貴公子在孤寂的房屋中等待黎明的情景：

　　　　嫋嫋沈水煙，鳥啼夜闌景。

　　　　曲沼芙蓉波，腰圍白玉冷。〔註143〕

〔註139〕　〔法〕F.B.於格、E.於格著：《海市蜃樓中的帝國》，耿昇譯，喀什維吾爾文出版社，2004 年，第 172 頁。

〔註140〕　林邑是越南的占族古國，在今越南中部。

〔註141〕　轉引自：愛德華・謝弗：《唐代的外來文明》，吳玉貴譯，陝西師範大學出版社，2005 年，第 218 頁。

〔註142〕　《中國印度見聞錄》，第 15～16 頁。

〔註143〕　李賀：《貴公子夜闌圖》，《李長賀歌詩》卷 1，第 12 頁；轉引自：愛德華・謝弗：《唐代的外來文明》，吳玉貴譯，陝西師範大學出版社，2005 年，第 219 頁。

　　這種香料在當時巴格達市場的存在，表示商人們當時從中國進口過這些香料。當時《一千零一夜》的很多故事發生在巴格達城市中。該城市在 8 世紀末到 10 世紀初，是全世界最大的城市。從科學和貿易方面來講，也是一個很發達、繁榮的先進都市。值得注意的是，巴格達城市是在阿拉伯攻擊波斯之後，在 762 年，按照波斯帝國的首都——斯賓，所建立的，但巴格達的名字在伊斯蘭之前的文獻中也會出現。可能在第 8 世紀，阿拉伯人在舊城市的基礎上，建立了新巴格達。巴格達這個名稱來自於波斯語，含義為「神（bagh）的贈賜（dād）」。居留在巴格達的一些居民來源於波斯地區的呼羅珊。「巴格達的商業貿易十分繁榮，那裡的碼頭停泊著許多各種各樣的船隻，包括從中國來的大船。市場上有從中國運來的瓷器、絲綢和麝香。」〔註 144〕當時在波斯和阿拉伯社會居住很多商人，他們從當時的主要貿易港口如西拉夫、巴士拉等航行到遠東和其它歐非國家，而帶來異國各種各樣的貨物。他們輸入的貨物則有來自遠東的香料、樟腦、絲綢等物品。

　　絲綢是一種繁榮與和睦的最佳象徵物。蘇萊曼說：「中國居民無論貴賤，無論冬夏，都穿絲綢：王公穿上等絲綢，以下的人各按自己的財力而衣著不同。」〔註 145〕當時商人們從中國所進口的絲織品，出現在《一千零一夜》中的有些故事情節。這種出口於中國的紡織品，有時使用於描寫故事背景的環境；如故事中的宮廷窗戶上，掛著絲綢窗簾；有時也出現於故事中的人物所穿的豪華絲綢服裝。事實上據阿布·札義德說的，中國官員穿的都是豪華的絲綢衣料。這種絲綢不准運到阿拉伯各國去。

　　在辛伯達的故事中，他在水牛角上看到的人形，也向人們提示了一種很容易理解的答案。這裡可能是指雕刻的牛角，是整個絲綢之路上的常見產品。馬可·波羅講過這些經過裝飾的物品，特別吸引了阿拉伯作家。〔註 146〕蘇萊曼在解釋犀角時說明：

　　　　……有時其（犀牛）角紋似人形，孔雀形，魚形，或其它花紋。
　　中國人用來製造腰帶，根據花紋的美觀程度，在中國，一條的價格
　　可達兩千、三千或者更多的迪納爾。〔註 147〕

〔註 144〕李慶新：《海上絲綢之路》，五洲傳播出版社，2006 年，第 42 頁。
〔註 145〕《中國印度見聞錄》第 10 頁。
〔註 146〕〔法〕F.B.於格、E.於格著：《海市蜃樓中的帝國》，耿昇譯，喀什維吾爾文出版社，2004 年，第 183 頁。
〔註 147〕《中國印度見聞錄》，第 13 頁。

伯希和認為蘇萊曼的意思是皮帶，飾有小環或鑲有金屬和別種飾品，用扣扣緊，這是中國人從北方游牧民族那裡學來的，代替他們過去繫在腰間的布腰帶。在唐代，一條皮子上嵌接數塊薄片作裝飾的御帶是很時髦的。這些薄片和扣鉤就是用犀牛角製造的。〔註148〕其它一些作者也確認，犀牛角這種用法在中國很講究。唐朝對犀角的需求量是非常巨大的，因此雖然湖南有很多犀牛，但唐朝還需要從南詔、安南和印度群島進口犀角。〔註149〕犀牛角又被認為是一種刺激性欲的藥材，中國始終大量進口它。〔註150〕蘇萊曼也記載過在印度存在這種犀牛，並且描述印度犀牛的特點。「最受人喜愛、同時也是最珍貴的一種犀角，是外形美觀、帶有圖案和紋理的犀角，這種犀角經過打磨處理以後，有時就會顯示出一些生物輪廓和其他各種美妙的圖案。」〔註151〕唐朝的高官顯宦們在參加朝會和盛宴時，往往都佩帶著用犀角飾板裝飾的腰帶。犀角飾板如同黑紋琥珀一樣，是與玉、金等價的昂貴物品。〔註152〕當時甚至在伊斯蘭的港口和集市上也能聽到有關這種袍代的昂貴價值的傳聞。到了宋代時，中國人開始認為非洲的犀角優於亞洲的犀角，而在明清時代，大多數犀角製品似乎都是來自非洲。〔註153〕

在《一千零一夜》的故事中，中國大部分呈現出一種正面的形象。比如在《卡瑪爾·宰曼和白都倫公主》故事中的白都倫的身份就是中國的公主，她的形象，她的父王的形象，還有她的國家的形象都是令人神往的。《阿拉丁和神燈》的故事就是以中國中部大城市的一個裁縫的兒子作為主角來講述的，「它生動反映了古代阿拉伯人民對他們所嚮往的神秘美好的中國印象。」〔註154〕中國的形象是一個法制的、道德的與和睦的國家，這是司空見慣的中

〔註148〕〔法〕素瓦傑：《中國印度見聞錄》，第63頁。
〔註149〕〔美〕愛德華·謝弗：《唐代的外來文明》，吳玉貴譯，陝西師範大學出版社，2005年，第301頁。
〔註150〕〔法〕F.B.於格、E.於格著：《海市蜃樓中的帝國》，耿昇譯，喀什維吾爾文出版社，2004年，第183頁。
〔註151〕〔美〕愛德華·謝弗：《唐代的外來文明》，吳玉貴譯，陝西師範大學出版社，2005年，第302頁。
〔註152〕Richard Ettinghausen: *Studies in Muslim Iconography: The Unicorn*, Freer Gallery of Art, Occasional papers, Vol. I No.3, Washington, 1950. p.54.
〔註153〕〔美〕愛德華·謝弗：《唐代的外來文明》，吳玉貴譯，陝西師範大學出版社，2005年，第392頁。
〔註154〕劉守華：《比較故事學論考》，哈爾濱：黑龍江人民出版社，2003年，第245頁。

國形象，從古代的記述經穆斯林而到歐洲中世紀旅行家們的遊記，一貫如此。這種帶著熱愛中國的感情，恐怕是被中世紀波斯和阿拉伯作家流傳到巴格達的文學作品上的。但《中國印度見聞錄》也曾違背這條規則：在這部著作中中國人被認為很漂亮、遵法守紀和酷愛藝術；在中國呈現的行政、財務和商務秩序，都受到了頌揚，但唯一的保留是，中國人的某些做法（衛生方面）使優秀的穆斯林感到厭惡。〔註155〕但阿拉伯人不會對於波斯人表示這種美好的形象，應為《一千零一夜》是在阿拉伯人征服波斯以後，才翻譯成阿文的，而他們判斷波斯人的時候，從一種宗教角度出發。他們征服波斯是為了實現傳播伊斯蘭教的願望而完成的。當該作品翻譯成阿拉伯文時，波斯的有一些地區仍然信仰拜火教，這個問題也是在有些故事裏會出現的。在阿拉伯人看來，不信伊斯蘭教的人都算「異教徒」。因此，他們不能接受波斯人的原始宗教。《一千零一夜》在那時很受阿拉伯人這種觀念的影響，這樣在有的故事裏會看到描寫波斯人的時候，對他們沒有好感。

　　蘇萊曼和其他波斯商人到中國的來往，從另一方面影響到中國文學的著作《太平廣記》。「唐時，東萊的波斯商人或商隊，有的獨來獨往，有的同阿拉伯商人或商隊結伴而來。《太平廣記》記載唐代珠寶胡商的豪侈故事數十條，其中著名國籍的大食四條，波斯八條。來華波斯商人有兩類：一類是隨船或押運貨物來華，貿易完後隨船回去；另一類是留而不去，他們在通商口岸設店經營。」〔註156〕

十、《中國印度見聞錄》的歷史價值及其影響

　　《中國印度見聞錄》是值得注意的中國旅行，這種中國旅行記後來得到馬可·波羅和伊本·白圖泰等其他旅行家的發展。這部著作比馬可·波羅早四個半世紀，給我們留下了一部現存的最古的中國遊記。〔註157〕費琅認為《中國印度見聞錄》（包括上卷和下卷）所提供的關於印度和中國的報導，某些情況顯然是不確切的，而東方人有一種特殊的傾向，喜歡把極簡單的東

〔註155〕〔法〕F.B.於格、E.於格著：《海市蜃樓中的帝國》，耿昇譯，喀什維吾爾文出版社，2004年，第167頁。

〔註156〕何躍：《唐宋元明時期的中國伊朗關係》，雲南教育學院學報，第13卷，第6期，1997年，第31頁。

〔註157〕〔法〕素瓦傑：法譯本序言，載於《中國印度見聞錄》，中文版，2001年，第27頁。

西化爲神奇，東方的海員和旅行家又比他們安處鄉里的同胞們更富於幻想。
〔註158〕素瓦傑說：「由於其觀察的豐富、精確、眞實與多樣化，因此在所有
阿拉伯人論述印度及遠東的作品中，我們毫不猶豫地爲這部《見聞錄》保留
一個光榮的地位。他認爲在這方面只有比魯尼的《印度志》才能超過它。但
《印度志》是一位十分博學深思之士的作品，而從見識和思想水平上，都與
《中國印度見聞錄》不同。但比魯尼和馬爾瓦茲都把《中國印度見聞錄》作
爲可信的著作而加以引用。〔註159〕藤本勝次說有關唐末廣州貿易的記載，
桑原騭藏在《蒲壽庚考》一書中，通過對比研究中國史料，就曾證實了本書
記載得准確性，這已是盡人皆知的事實了。〔註160〕雷諾多認爲在所有的阿
拉伯作家中，這兩位（指的是蘇萊曼和阿布·札義德）是「唯一嚴肅認眞地
談論過中國的人」。他認爲該作品有眞實感，而全書洋溢著質樸的氣氛，這
在東方人中是不常見的。但卡特梅爾說：「常去中國的阿拉伯人，也許由於
不懂當地語言，往往對新奇事物引起幻想；他們不大瞭解其眼睛見到的東
西，不懂得他們所聽到的談話，而且每每受到他們在商業活動中不得不雇用
的譯員的欺騙。」但考慮到當時廣州蕃坊的存在，不難看出，到中國來的波
斯和阿拉伯遊客很容易能從定居於中國的穆斯林，拿到各方面準確的信息。
法國學者於格認爲蘇萊曼和阿布·札義德很少抱有文學與學問的奢望。他們
的作品更像一部教科書，而編寫這部教科書的目的，可能只在於向未來的旅
行家們提供實用信息。於格說巴格達的文人們從未重視過他們的作品。但後
來的學者如比魯尼、馬斯歐迪、伊德里西以及那些曾描述過印度和中國的大
部分作家，廣泛地利用過《中國印度見聞錄》的內容。這就證明當時的學術
界很重視該著作。該部作品除了描寫最早關於中國和印度的不少信息之外，
還向我們提供了穆斯林作家關於其他國家最吸引人的形象的描敘。由於《中
國印度見聞錄》的獨立性和時代性，它在阿拉伯文獻的類似作品中處於首
位。它爲印度、印度支那和中國的歷史地理的研究提供了一種可靠而又時間
確切的文獻。〔註161〕

〔註158〕轉引自：素瓦傑：法譯本序言，載於《中國印度見聞錄》，中文版，2001 年，
　　　　　第 16 頁。
〔註159〕素瓦傑：法譯本序言，載於《中國印度見聞錄》，中文版，2001 年，第 17 頁。
〔註160〕〔日〕藤本勝次：日譯本序言，載於《中國印度見聞錄》，中文版，2001 年，
　　　　　第 32 頁。
〔註161〕〔法〕素瓦傑：法譯本序言，載於《中國印度見聞錄》，中文版，2001 年，

　　古代阿拉伯地志作家有時利用過以前所撰寫作品的內容。馬斯歐迪在寫作他的著作《黃金草原與珠璣寶藏》的過程中所用的信息來源於《中國印度見聞錄》續編的作者阿布・札義德。其中還有一些內容只不過是將《中國印度見聞錄》的語言進行了美化而已。〔註162〕因此在《黃金草原與珠璣寶藏》中能看到許多與《中國印度見聞錄》極其相似的段落，如黃巢之亂、中國人的宗教情況、中國美術方面以及一位阿拉伯人與唐朝皇帝見面的細節。學者們認爲馬氏可能與阿布・札義德見過面而互相交換一些信息。伊本・法基繫於公元993年所作的《列國志》（Kitab al-Buldan），自己的書中未經任何改動地抄錄了《中國印度見聞錄》中的大段內容，但均未提及出處。《中國印度見聞錄》與伊本・胡爾達茲比赫在846年寫的《道里邦國志》的內容有一些相似處。由於《道里邦國志》寫的時間比《中國印度見聞錄》要早一些，因此，可能蘇萊曼和阿布・札義德寫《中國印度見聞錄》時，作爲參考文獻引用過伊本・胡爾達茲比赫寫的著作。

結　語

　　文化交流從來都是雙向的和互動的，對雙方都有好處。唐朝在中外交往中也充分地感受到域外的文化傳入。印度佛教文化，阿拉伯的伊斯蘭教，波斯的摩尼教、拜火教、胡舞和胡樂、美術和戲曲以及拜占庭的醫學等，都構成了大唐文化的主要資源。日本學者木宮泰彥注意到：「唐朝的文化，並不單是漢人的文化，而且夾雜著來自四面八方的外國文化，尤其是夾雜著印度系統和伊朗系統的文化，這是很顯著的事實。」〔註163〕

　　《中國印度見聞錄》是一部通俗的南海貿易指南。在該書中能看到從波斯灣經印度和馬六甲海峽到中國的航線上，有哪些地方可以泊港，需要航行多少天，在何地補充淡水；而且還涉及淺灘和礁岩、強風和龍捲風、吃人種族居住的島嶼，等等。這些記載對往來船隻的領航人大有裨益；而關於各地土特產（如龍涎香、麝香等香料藥物）的記載，對前往當地的商人，則是一份於採購大有用處的貨單。書中不止於介紹商品，而且對當地的貨幣和交換

　　　　第26頁。
〔註162〕寧榮：《中國印度見聞錄考釋》，載於《阿拉伯世界研究》，2006年第2期，
　　　　第6頁。
〔註163〕〔日〕木宮泰彥：《日中文化交流史》，胡錫年譯，商務印書館，1980年，第
　　　　214～215頁。

方式的記述有很詳細的記載。〔註164〕《中國印度見聞錄》對當時的阿拉伯和波斯水手和商人們有指導的作用。它以翔實的記載為當時往來於印度洋兩岸的阿拉伯和波斯水手、商人，特別是西拉夫的商人提供了一份相當實用的航海指南，而廣泛地被採用過。〔註165〕「在馬可·波羅的著作問世前，蘇萊曼的《東遊記》與比魯尼的《印度遊記》一起，是歐洲人瞭解和研究遠東地理的最重要的參考書」。〔註166〕

《中國印度見聞錄》的作者，對天下帝國的 200 餘大城市，異國的生活方式以及先進的機構感到很驚訝。蘇萊曼指出的有關中國的很多內容都非常準確。他注意到了中國人的一些古老的習俗，如災荒之年，官府開倉賑濟難民，向窮人發放醫藥；中國政府開辦學校；政府有條不紊、公正地進行管理，官員嚴格劃分等級；所有公務均以書面公文，呈獻官府的公文寫法和語氣均有嚴格限定；通貨使用銅錢而不是金、銀；人死後不應立即下葬，有時停靈達數年之久；對旅行者提供系統保護措施；生產陶瓷；飲用米酒和茶。〔註167〕這些都是早期波斯和阿拉伯人民瞭解中國的有用信息，但西方人到數世紀後對這些問題一無所知。蘇萊曼不只說中國的優點，還指出不能接受的一些習慣。他花費了很大精力試圖提供一個關於中國的社會科學文化狀況和習俗的綜合性描述。他經過深入觀察研究，試圖記錄或暗示在中國的同性戀行為，他寫道：「『中國人對年輕的奴隸進行雞姦』〔註168〕。」〔註169〕關於衛生方面也記錄：「中國人解過大便以後，用紙擦一下」。〔註170〕「對於類似細節、對於衛生觀如剔牙方法、宰殺牲畜方式的關注，則是所有波斯和阿拉伯旅行家遊記中的一種常見現象。」〔註171〕但無論如何，這是西域地區首次介紹過中

〔註164〕〔日〕藤本勝次：日譯本序言，載於《中國印度見聞錄》，中文版，2001 年，第 33 頁。

〔註165〕〔法〕素瓦傑：《中國印度見聞錄》第 24 頁。

〔註166〕許曉光：《天方神韻：伊斯蘭古典文明》，四川人民出版社，2002 年，第 219頁。

〔註167〕〔英〕H.裕爾：《東域紀程錄叢》，張緒山譯，雲南人民出版社，2002 年，第104 頁。

〔註168〕《中國印度見聞錄》，第 22 頁。

〔註169〕〔蘇丹〕加法爾·卡拉爾·阿赫默德：《唐代中國與阿拉伯世界的關係》（下），金波、俞燕譯，新疆師範大學學報（哲學社會科學版），2004 年第 3 期，第57 頁。

〔註170〕《中國印度見聞錄》第 23 頁。

〔註171〕〔法〕F.B.於格、E.於格著：《海市蜃樓中的帝國》，耿昇譯，喀什維吾爾文出版社，2004 年，第 167 頁。

國製造的著名的紙。

　　蘇萊曼在《中國印度見聞錄》對中國的經濟、社會與文化生活進行了精確詳盡的描述。他似乎是一個學者而不僅僅是一名商人那樣瞭解中國的環境。他認爲中國的皇帝公平公正。認爲中國人有自己的藥物，懂得針灸和天文學。蘇萊曼對當時中國獨特的社會經濟系統做了記錄，並提到所有的人都要接受教育的權利，他說無論貧富、無論老幼，所有中國人都學習寫字和讀書。並說：每個城鎮有一學校，學校有教員，對窮人及其子女進行教育。這些教員的費用由國庫支付。〔註172〕《中國印度見聞錄》是唐代波斯和中國文化交流、友好往還的珍貴史料。蘇萊曼和阿布·札義德的記錄，爲中西交通研究留下很有價值的史料。這些世界上最早的航海標記，都是古代波斯人民對航海事業的重大貢獻。

圖5　沙哈魯之像

〔註172〕〔蘇丹〕加法爾·卡拉爾·阿赫默德：《唐代中國與阿拉伯世界的關係》（下），金波、俞燕譯，新疆師範大學學報（哲學社會科學版），2004年第3期，第57頁。

第二章　《沙哈魯遣使中國記》
——明初波斯人筆下的中國

伊中文化交流的發生，是伊朗中國文明相互作用的結果。人類文明的生長和發展過程，也就是人類文明傳播和交流的過程。從古至今，在一個國家和國外文化交流的歷史進程中，使節算是一個主要途徑。使節不但在伊中政治關係的發展過程中發揮著重要作用，而且也是文化傳播的重要媒介。「不過，使節在文化交流雙方上的作用，往往偏重於文化上的接受和引進。這主要是由於使節們肩負著政治使命並在對方客居的時間不長，無法在對方國家承擔文化輸出者的角色。而異域文化的新穎性，卻驅使著使節們給予特別的關注。」〔註1〕他們在回國以後要根據在異域的見聞提交出使報告，從而傳播了很多異域文化的信息並進而影響本國政治對於異域文化的態度。明前期伊朗和中國的往來，是以帖木兒王朝〔註2〕（1370～1507年）為中心來進行的。雙方通過使節的往來，加深了彼此的瞭解與相互之間的文化交流。在明朝，中國隨著君主專制主義的加強，很多宦官常常作為使節出使域外。其中最重要的是明初鄭和與陳誠的使節。明朝初期，明政府20餘次派出使節至帖木兒朝。這些使節中，陳誠是文化水平最高的。這一時期，帖木兒朝出使明朝的

〔註1〕 李喜所：《五千年中外文化交流史》，第一卷，世界知識出版社，2002年，第4頁。

〔註2〕 帖木兒帝國是突厥化的蒙古人帖木兒（又譯貼木爾、鐵木爾、帖穆爾，1370～1405年在位）開創的一個大帝國，以今天的烏茲別克為中心。在其鼎盛時期橫亙從今格魯吉亞到印度的西亞、中亞和南亞。首都為一百多年被成吉思汗的蒙古帝國鐵騎屠城的花剌子模首都撒馬爾罕，後遷都到今阿富汗西部的赫拉特（Herat，又譯哈烈、黑拉特）。

使團則達到幾十次。此間最富代表性的使節，是 1419 年沙哈魯（Shahrukh，帖木兒的兒子，1405～1447 年在位）派遣出使明朝的波斯使團。該使團的成員之一火者·蓋耶速丁寫下了《沙哈魯遣使中國記》，為今天的史學家提供了一個很可靠的史料。本文以研究這篇遊記為基礎，對於這一次的出使進行考察和研究。

圖 6　帖木兒帝國

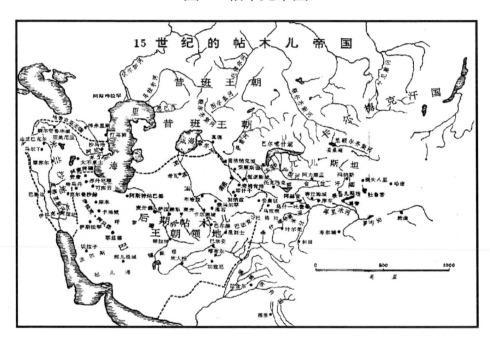

一、明初伊中交流史

從 15 世紀的偉大文明中心赫拉特（Herat）〔註3〕開始，沙哈魯本人就與永樂皇帝維持著卓有成效的文化和經濟關係。帖木兒的兒子誕生於 1377 年 8 月 20 日，當他繼承其父的王位時已不是一個很年輕的人了——這時他 28 歲，在世界政治中已具有豐富的經驗，這一切使得他能夠長達 42 年的時間內臨朝執政。帖木兒帝國自 1387 年（明洪武二十年）通好中國以後，除在 1394 到 1407 年傅安被扣期間，雙方交通受阻，形勢處於對立而外，基本上還是維持著和平關係。〔註4〕按《明史·撒馬兒罕傳》：「洪武中，太祖欲通西域，屢遣

〔註3〕　明代史料中的「哈烈」。
〔註4〕　陳生璽：《明初帖木兒帝國和中國的關係》，《史學月刊》，1957 年第 7 期，第

使招諭，而邇方君長，未有至者。二十年（1387）四月，帖木兒首遣回回滿剌哈非思等來朝，貢馬十五，駝二，……自是頻歲貢馬駝。」此為兩國在明朝發生關係之始。1413 年陳誠由永樂的命令負責跟李達和李暹，護送從波斯來訪問中國的使節回國。「永樂十一年（1413 年）九月，甲午，遣中官李達、吏部員外郎陳誠、戶部主事李暹、指揮金哈伯護送哈烈等處使臣還。」〔註5〕1415 年 11 月 30 日從原地回來之後，陳誠和李暹每個人交了一卷旅行記錄，也就是所謂的《西域行程記》和《西域藩國志》。這兩部作品，對赫拉特等地的地理、風俗習慣、氣候物產、人情及制度等，作了翔實的敘述；在關於西域的知識方面，是明初兩部重要的作品。第二次他又負責護送波斯使節，並且負責給赫拉特的太子沙哈魯、撒馬爾罕的管理者兀魯伯（沙哈魯的兒子）和其他地區的統治者贈送禮物。〔註6〕呼羅珊史學家報導了這一次的哈烈（赫拉特）訪問。據他們記載，中國人在哈烈呆了兩個月（1417 年的 4 月和 5 月），而兀魯伯親自在 5 月份給他們舉行了一次歡宴。〔註7〕這兩部作品，在提供給明朝人的西域知識方面，很有價值。永樂十六年（1418 年），陳誠等第三次出使帖木兒朝，十八年（1420）十一月回京。此次出使主要是送帖木兒王朝的使臣阿兒都沙回國。陳誠等返回時，沙哈魯亦遣使隨之回國。沙哈魯的使團有蓋耶速丁記其事，此即著名的《沙哈魯遣使中國記》。「明朝多次派傅安、阿兒忻臺、李達、陳誠、魯安、郭敬、李貴等使團頻頻出訪撒馬兒罕等地，表明明朝是積極致力於發展雙方友好關係的並通過各種途徑來實現這種關係的正常化。經過雙方近半個世紀的共同努力，使雙方的友好關係大大向前推進了一步。通過雙方的頻繁交往，加深了兩地間政治、經濟、文化等方面的相互溝通，保障了中西絲道的暢通。在這種意義下，可以說，這一時期是雙方歷史上友好關係的鼎盛時期。」〔註8〕

34～38。
〔註5〕《明實錄永樂實錄》卷 89。
〔註6〕 1413 年從波斯來的使節獻給中國皇帝西馬、獅子與文豹。陳誠也派遣他們時，帶走了一些禮物包括：絲綢、薄紗等織品。1416 年從波斯來的使節，是為了貢獻公物而來的，陳誠也再一次派遣他們時，隨身帶走銀、大麻和絲織品。
〔註7〕 L. Carrington Goodrich: " *Dictionary of Ming Biography*", Colombia university press 1976. P.144.
〔註8〕 朱新光：《試論貼木兒帝國與明朝之關係》，《西北民族研究》1996 年第 1 期，第 260～267 頁。

　　美國 20 世紀學者威廉‧伍德維爾‧柔克義〔註9〕認爲東方的很多地區一直從弱國，派送使節到強國去追求他們的保護、貿易特權、協助反抗敵人，貢獻公物。但中國明朝和帖木兒帝國的交流史上，雙方多次派送的使臣，表示他們的來往是爲了加強兩國的友誼關係。中國和帖木兒帝國都算是當時的強國，同時帖木兒帝國很關注科學和藝術；因此，可以說在加強兩國的政治友好關係的目的之外，還要提高科學和藝術方面的交流。

　　談到明代的波中文化交流史，不可不提明初偉大的航海家鄭和。明初，永樂決定給東南亞和印度洋的國家展示一下中國的勢力和財富。他最信任的兩位副官鄭和與陳誠，負責完成他這一次所決定的任務。鄭和是明代的一位穆斯林航海家，他的祖先是 13 世紀初來自波斯東部的伊斯蘭文化名城布哈拉（Bukhara）的賽典赤‧贍思丁（Sayyed Ajall Omar Shams al Din, 1211-1279）。賽典赤‧贍思丁是伊斯蘭先知穆罕默德的後裔。他於 13 世紀蒙古人西征中亞布哈拉時進入中國，1274 年在他 69 歲高齡時，被元世祖忽必烈任命爲朝廷的封疆大史雲南行省平章政事，因此舉家來到雲南落籍定居。〔註10〕鄭和從 1405 年至 1433 年，訪問了 30 餘個國家。他在這 28 年期間，到過很多國家，其中之一就是當時伊朗南部有名的海港忽魯謨斯（今伊朗忽爾木茲甘的阿巴斯港 Bandar Abbas），是從 13 世紀下半葉開始代替在那之前繁榮的西拉夫而興起的波斯灣口最重要的貿易港。1272 年和 1293 年二度途經這座城市的馬可‧波羅，以及於 1331 年來到這裡的伊本‧白圖泰，都記述了對該海港的印象。一位名叫馬歡的人在有一些旅行時作爲鄭和的翻譯陪著他。馬歡跟隨鄭和下西洋，訪問過亞非 20 多個國家和地區，回國後整理撰寫《瀛涯勝覽》。這本書是下西洋原始資料中最重要的一部；包括他在忽魯謨斯所見過或發生過的一部分的事情，以及波斯人的社會風俗習慣，遊樂，食物，動物，寶石等。《瀛涯勝覽》是一部明代人瞭解波斯的主要參考文獻。

　　世界著名的遊記撰寫者馬可‧波羅和伊本‧白圖泰（1304～1377 年），已證明遊記這種介紹異國情況的方式，會吸引很多讀者。這些遊記給世界留下了關於蒙古朝代很多有用的信息。馬可‧波羅的遊記震動了歐洲，他第一次

〔註9〕 William Woodville Rockhill: "*Diplomatic Audiences at the Court of China*", Luzac & Co., 1905.

〔註10〕 姚繼德：《鄭和的家世與功績》，載於《鄭和與回族伊斯蘭文化》，寧夏人民出版社，2005 年，第 151 頁。

向歐洲介紹了中國的驛政、鈔法、印刷、航海和造船等情況，描述了一個東方大國的形形色色，記下了他所見到的亞洲的許多新奇事物。在馬可‧波羅去世以後 20 年，被尊爲「伊斯蘭世界的旅行家」的伊本‧白圖泰，經由海上來到中國。他在 1355 年寫的遊記（Rihla）記錄了他 30 年旅行生涯中積累的世界見聞。伊本‧白圖泰的中國之行，使得阿拉伯和伊斯蘭世界關於中國的瞭解變得更新、更豐富。他很讚賞中國的高超手藝和中國的繪畫，認爲「中國人是各民族中手藝最高明和富有藝術才華的人民。」當時到東方來的西域人，人數最多的是回回人（指的是信伊斯蘭教的人），這些回回人原是居住在葱嶺（今天的帕米爾地區）以西、黑海以東信仰伊斯蘭教的各族人民，進入中國後從事手工業、農業和充當職業軍人，擔任傳教士，或者依靠貿易爲生，少數人在中國當了官。「蒙古的西征和東西交通的暢開，國際關係的空前活躍，使得許多外族，包括波斯和阿拉伯外族在內，僑居中國，而漢人和蒙古人也成批的移民印度和阿拉伯世界，這些民族遷徙和交往的浪潮，有力地推動了中西文化的交融和吸收，開創了人類文化史上一個絢麗、繁榮茁壯的時期。」〔註11〕

二、《沙哈魯遣使中國記》的作者以及他對伊朗繪畫的影響

火者‧蓋耶速丁‧納哈昔〔註12〕（Khajeh Ghiyath al-Din Naqqash）是呼羅珊地區一位有名的宮廷畫家。15 世紀初，他在沙哈魯之子米兒咱‧拜孫忽兒〔註13〕（Mirza Baysunghur）的圖書館裏工作。1419 年，他作爲拜孫忽兒的代表參加了沙哈魯遣使中國的龐大使團。奉拜孫忽兒之命，他負責爲這個半外交、半商業的使臣做非常完整的日記。拜孫忽兒也如同幾乎所有帖木兒朝的人一樣，是一位熱愛科學和藝術的人，熱愛藝術家和文學家。他沒有把代表他出使北京的使團交給一些普通的商人或一般的朝臣，而是委託給了一位享有藝術和文學家頭銜的人，火者‧蓋耶速丁‧納哈昔。蓋耶速丁寫的這部遊記，從他於赫拉特出發一直寫到返程，詳細地描述了道路、城邦、古迹、習俗、王統以及他親眼看到的所有奇迹。他是拜孫忽兒王子的心腹人，並且他不帶任何偏見地記載了這些事實。

〔註11〕沈福偉：《中西文化交流史》，上海人民出版社，2006 年，第 206 頁。
〔註12〕「火者」的波斯語意思爲「大人」而「納哈昔」的波斯語意思爲「畫家」。「蓋耶速丁」就是他的名字。
〔註13〕又叫「貝孫忽兒」，即「拜孫豁兒」。

　　帖木兒王朝在嚮明朝派遣使團時，這位畫家的參與，使得雙方有機會接受和研究對方的繪畫藝術。蓋耶速丁潛心研習中國的繪畫藝術，返回波斯的時候，毫無疑問帶回了一些中國畫以及由他本人繪製的素描和速寫畫，用以補充赫拉特的收藏品。這些收藏品後來啓發了伊朗歷史上最傑出的彩飾畫〔註14〕藝術家貝赫札德（公元 1450～1535 年）。「沙哈魯時代繪畫藝術的成就主要體現在書籍裝幀插圖。這種裝幀插圖往往是著名畫家所作，採用工筆細畫。著名畫家貝赫札德被譽爲『一切時代中最偉大的波斯畫家。』〔《克拉維的東使記》第 129 頁〕年青時他跟隨著名畫家米拉克·阿恰學習，擅長工筆細畫，曾任赫拉特藝術科學院院長，並在蘇丹·胡薩因的宮廷中生活和工作。他爲這位蘇丹畫的兩張肖像特別有名，其傑作還有爲沙拉福·烏德·丁的歷史插圖所繪的一些工筆畫。他在這些畫中描繪了帖木兒在御座上，猛攻要塞，修建清眞寺，以及許多其他的景象。」〔註15〕「彩飾畫藝術在 15、16 世紀達到頂峰，這時，中國繪畫藝術的影響已經完全融化在彩飾畫自身的特點之中，彩飾畫成爲西亞地區繪畫藝術的傑出代表。」〔註16〕蓋耶速丁把帶回的遠東明代藝術家的新鮮觀念，傳播給四十多名畫家、畫插圖者、書法家等，以及圖書館與學院裏資料構圖的裝訂工們。有一些人認爲他之所以到中國去就是希望帶回來中國公園的設計，並且學會中國的美術。專家認爲在紐約博物館保存的一塊絲綢，採取中國繪畫方法的赫拉特派（一種繪畫的風格）很可能是這位畫師留下的作品。現藏於巴黎裝飾藝術博物館中的一幅插圖，作者就是帖木兒帝國的畫家，約作於 1430 年，畫面繪畫了伊朗王子胡美（Homa）來到中國皇宮並受到中國公主接待的情形。這幅畫，「在人物和花卉上，都可愛地混用了中國明代畫的秀麗和波斯畫的優雅。」〔註17〕與此同時，中國繪畫中所固有的龍、鳳等圖案也經常出現在波斯的繪畫中。而帖木兒王朝時出現的「帖木兒畫派」，也以臨摹中國畫而聞名。〔註18〕插

〔註14〕彩飾畫（Miniature）是伊朗藝術的重要門類，它主要是作爲文學作品德插圖出現的。這種類型的繪畫也被稱爲波斯細密畫。

〔註15〕曹兢沙：《帖木兒王朝時期中亞文化的巨大成就及其繁榮的原因》，《求索》，1995 年第 2 期，第 125～128 頁。

〔註16〕吳曉玲：《對伊朗彩飾畫藝術的中國化問題探析》，《甘肅高師學報》，2006 年第 1 期，第 73 頁。

〔註17〕雷奈·格魯塞：《近東與中東的文明》，常任俠、袁音譯，上海人民美術出版社，1981 年，第 135 頁。

〔註18〕李喜所：《五千年中外文化交流史》，第一卷，世界知識出版社，2002 年，第

圖本的《君王歷史彙編》（Majma al-Tawarikh e Sultaniya），是爲了沙哈魯圖書館而編的。這本書的圖畫，是考察伊朗繪畫發展過程，以及中國和伊朗繪畫的共同要素的主要史料。有一些專家認爲，這些畫是中國人畫的；有的認爲這些畫是當時的伊朗畫家使用中國資料或模仿中國繪畫派畫出的；也有的專家認爲這些畫是在蓋耶速丁的主導下畫的。

　　帖木兒王朝時，中國的燦爛文化對伊朗的不同領域有很大的影響。在當時的歷史著作和詩人的作品當中，能找到許多讚美中國、中國畫家與繪畫的作品。當時書法、細密畫風格的繪畫以及陶器製造術等不同藝術形式很流行。中國的陶器和瓷器藝術對伊朗的陶瓷器製造的影響很明顯。在帖木兒帝國的各地，也能找到大量中國製造的陶瓷器。這時候，偉大波斯詩人如菲爾多西和內札米的敘述詩和愛情詩，被寫在寶貴的紙上，並有技術好的畫家給這些作品插圖。因此，在這個時代爲了菲爾多西的敘述詩《列王紀》，以及內札米《蕾莉與馬傑農》與《霍思路與西琳》的愛情詩歌，創造了偉大而美麗的帶著古代伊朗想像和中國影響的圖畫。這個時代留下的很多繪畫作品，反映明代中國在伊朗繪畫藝術上的影響。有一幅畫中，畫過一棵樹，上面有一隻鳥，這是中國明朝的繪畫風格。樹下畫的是內札米著名愛情詩歌中的情人「霍斯魯與西琳」，他們穿的是伊朗式的服裝，但具有中國人的面孔。很難判斷這幅畫是伊朗藝術家畫的，還是由中國畫家創造的。〔註 19〕「伊中兩畫派在基本功夫上雖然有共同之處，但在審美觀點和經營結構等方面還是有不同的傾向。於此可見，伊朗畫派雖然吸收中國化的因素，但把外來的營養資料消化之後，就像在本土生長的花卉一樣，經過外來的肥料培植後，一旦怒放出來，還是具有本地的特殊品質和風味。」〔註 20〕作爲古代伊朗摩尼教創立者的摩尼也是一個非常出色的畫家，他盡量用繪畫把摩尼教的教義傳給人民大眾。這個宗教是在兩漢隋唐時期傳入中國的。隨著摩尼教的傳入，伊朗藝術風格也進入中國境內。在敦煌石窟內所發現的摩尼教文獻和繪畫中，能看到伊朗在中國美術方面的影響。據說文字上插圖的風格，最初是由摩尼創造的。

---

560 頁。
〔註 19〕 本圖由筆者的畫家朋友納思霖・達斯唐提供的，對此表示感謝。
〔註 20〕 朱傑勤：《中國和伊朗關係史稿》，新疆人民出版社，1988 年，第 75 頁。

圖 7　霍斯魯與西琳

三、《沙哈魯遣使中國記》的三種版本及其研究

　　蓋耶速丁這一次寫的遊記內容，保留在三部著作中。他的遊記首先吸引了他的青年朋友哈菲茲·阿布魯〔註21〕。他把這份遊記潤色後，收進他的史書《歷史精華》中。哈菲茲·阿布魯是伊朗帖木兒王朝君主沙哈魯統治時期的著名歷史地理學家，那時，他生活在拜孫忽兒宮廷中的很小的學術圈子中。他生於赫拉特，並在哈馬丹受教育。他的著作《歷史精華》的原名《君王歷史彙編》（Majma al-Tawarikh-e Sultaniya）是一部通史。《君王歷史彙編》全書分四卷，第一至三卷記述從上古至伊利汗時期的各國歷史，第四卷則專門記述帖木兒王朝歷史。哈菲茲·阿布魯將該卷特別獻給沙哈魯之子拜孫忽兒，稱之為《拜孫忽兒的歷史精華》（Zubdat al -Tawarikh-e Baysunghuri），

〔註21〕　（Hafez Abru，？～1430 年）

簡稱《歷史精華》。哈菲茲・阿布魯在選編時，細心地保留了原著中的面貌。

另一個本子，在撒馬爾罕的阿卜德・拉札克〔註 22〕的一部沙哈魯史書內。記載他偉大一生的傳記是用波斯文寫的《雙福星的升起處和雙海之匯合處》〔註 23〕。他寫作的時間比哈菲茲・阿布魯要晚幾十年，他記的沙哈魯遣使中國，實際是從後者的《歷史精華》中摘錄、縮寫而成的。但阿卜德・拉札克的版本，丟掉了不少精彩的內容。

第三本是由米爾洪（1433～1498 年）在其《情人的故事》中所轉載的這位畫家的日記，但其中有不少經過修飾潤色的地方。很顯然，他採用了撒馬爾罕的阿卜德・拉札克的作品。

東方學家安東尼・加朗（Antonie Galland）在 17 世紀末翻譯了這部作品，但沒有發表它。法人卡特梅爾（Quatremere）在他著的《皇室圖書館中手稿的摘錄筆記》中分析了這部歷史著作，發表了兩段有關沙哈魯使者的記述原文和譯文。一個是到中國的使者，另一個是到印度去的。卡特梅爾據阿卜德・拉札克的本子，翻譯了該書。英國人裕爾再據法譯文轉譯為英文，收入《中國及通往中國的道路》第一卷中。1934 年，巴基斯坦的一位波斯語教授麥特列把它譯為英文，對照原波斯文刊出。全題是「一位出使中國的波斯使臣，錄自哈菲茲・阿布魯的《祖布答特——塔瓦里黑》〔註 24〕。1970 年，美國學者富路特（L. Carrington Goodrich）為拯救這個本子，使之流傳於世，特從英國博物館圖書館購買了它的膠捲，由紐約帕拉貢圖書翻印公司影印出版。這個遊記首次在中國出現於張星烺的《中西交通史料彙編》第三冊中，就是從英譯轉為中文的。1981 年何高濟據此英譯本將之譯為中文出版，此本要比前面的本子稍全面一些。1983 年法籍伊朗教授阿里・瑪札海里用法文寫的著作《絲綢之路，中國——波斯文化交流史》，對於《蓋耶速丁行記》進行了十分詳細的考察。該著作在中國於 1993 年由耿昇譯為中文，由中華書局出版。

〔註 22〕Kamal al-Din Abd al-Rrazzaq Samarqandi 1413 年出生於赫拉特（Herat，即《明史》中的哈烈國），1482 年卒於該城。

〔註 23〕又譯《雙福星的升起處和雙海之匯合處》，*Matla' al-sssaadayn wa madjma' al-bahrayn* 共兩本，描述波斯最後蒙古君王阿布・賽義德得的生日（1304～5 年）到 170 年以後的歷史事件。

〔註 24〕*A Persian Embassy to China Being an Extract From Zubdat 'o -Tawarikh–e of Hafez Abru*

四、波斯使節在中國

　　永樂十七年，帖木兒帝國向明朝派遣了一個規模龐大的使團，力求擴大和加強雙方已有的和睦關係。1419 年從赫拉特出發的沙哈魯遣使，被蓋耶速丁·納哈昔或蓋耶速丁畫師給記錄了。這部作品是明朝與中亞地區關係史的重要史料。該使團的首領爲沙哈魯的代表沙狄·火者。使團成員有沙哈魯的代表兩人，兀魯伯（沙哈魯之長子）的代表二人，還有阿布勒法特·伊不剌金（次子），拜孫忽兒（三子），蘇玉爾格特迷失（四子），穆罕默德·術克（五子）的代表參加該使團。使節在 1419 年 12 月 3 日〔註25〕離開赫拉特，通過巴里黑（Balkh）、撒馬爾罕（Samarqand）、塔什干（Tashkend）、賽藍（Sairam）、阿思巴拉（Ashparah）、裕勒都斯（Yulduz）、吐魯番、喀喇和卓（Karakhoja）、阿塔蘇菲（Ata Sufi）、哈密、肅州、甘州和正定府達到北京。〔註26〕1420 年 8 月初使團到達距肅州還有 10 日路程的地方落腳。許多中國官員前來歡迎使節，並爲他們舉行宴會和提供娛樂。蓋耶速丁所記離肅州城十日遠的地方，可能就是長城最西端的嘉峪關。「嘉峪關在明代屬九邊重鎮中的甘肅鎮肅州衛所轄，軍需給養均由肅州衛供給。」「嘉峪關爲中外巨防，西域入貢必由此。」〔註27〕蓋耶速丁走了漢唐時代的北道。按我們一般的說法，絲綢之路在今新疆、中亞境內，主要分爲南北中三道，其南道大致是由河西出敦煌向西南經塔里木盆地南緣，過莎車，越帕米爾高原進入中亞；中道大致由敦煌向西北經哈密、吐魯番，沿著塔里木盆地北緣從喀什越帕米爾高原進入中亞；北道則由敦煌向西北經哈密、吐魯番、吉木薩爾、烏魯木齊沿伊犁河支流鞏乃斯河入伊寧，向西進入七河流域。此外，唐代還有碎葉道、熱海道等，但從當時或歷史上來說，它們均不如以上三道顯得更爲重要。明代的絲綢之路是在漢唐以來的絲路基礎上發展起來的，它在許多地方與漢唐時代的絲路大體相合，但也有許多不同之處。最明顯的一點是漢唐直到元代一直很繁榮的絲路南道中衰了，而在原來的中道和北道之間出現了一條新的

〔註25〕蓋耶速丁所記的日期都是按照伊斯蘭教陰曆。陰曆的一年裏有 354 日，包括 6 個 30 日的月和 6 個 29 日的月。翻譯成英文和法文的人，把日期變成公曆時，都比實在時期，要早 9 天。這個時間錯誤也存在於漢文譯文中。

〔註26〕這幾個城市與地區，有的還存在，但有一些無法確定它們的中文名字的對照以及它們的準確位置。

〔註27〕嘉峪關市文物管理所：《嘉峪關及其附近的長城》，載《中國長城遺迹調查報告集》，文物出版社，1981 年，第 106 頁。

道路，結果又形成了新疆境內新的南中北三道。〔註28〕

圖 8　絲綢之路線路圖

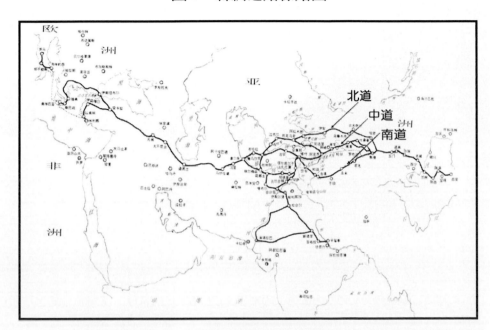

　　之後中國官員們開列各自扈從的人數；一共是 510 人。記下每個波斯人的名字後，他們繼續前行 45 公里到肅州──中國西北角的第一座城市。臨近肅州城，西門外的大驛館遠遠地就映入了眼簾。肅州驛是邊關通向北京驛道上的 99 個驛站中的第一座，從此以後他們的行程就完全由驛傳服務系統負責了，「使者們所需的諸如馬匹、食物、寢具等種種東西，全部從驛館供應。」〔註29〕在到首都的路上，按照他們的等級，在每個驛館，驛館為他們提供食物與飲料；並且在主要城市為他們舉行宴會。「驛傳系統由兵部管轄，為銜命出使的官員、外國使節和攜帶公文進出京城的官府使差提供食宿。在元朝，蒙古人將這通訊制度加以擴展，以便將帝國幅員廣大的領土連接在一起。明朝繼承了這一制度，並使之得到鞏固和加強。驛傳系統藉從國都南京向四周輻射的官方水路驛道得以運轉。」〔註30〕

〔註28〕楊富學：《明代陸路絲綢之路及其貿易》，《中國邊疆史地研究》，1997 年第 2 期，第 16 頁。

〔註29〕〔波斯〕火者‧蓋耶速丁：《沙哈魯遣使中國記》，何高濟譯第 110 頁。

〔註30〕〔加〕卜正民：《縱樂的困惑：明代的商業與文化》，方駿等譯，三聯書店，

在肅州和甘州之間，波斯使團經過八個驛館和一個軍營，大約每隔 45 里
（26 公里）一個，每處都為他們提供服務。每個驛館都要配備 450 騎（馬和
騾）、50 至 60 輛車。「管馬的童子叫馬夫，管騾的叫騾夫，而那些管車的叫車
夫。」〔註31〕所有這三種服務人員是從當地徵發來護送使團從一個驛站到下
一個驛站的。波斯人覺得坐中國的這種轎式車子很好玩。遊記作者這樣描述
拉車的人：「他們把繩子繫在車上；同時這些童子把繩子搭在肩上，拉著車走。
不管是雨天，還是經過山區，那些童子用肩使勁拉車，把車從一個驛館拉到
另一個驛館。每輛車由十二個人拉。童子們都很俊秀，耳上戴著人造的中國
珠子，把頭髮在頭頂上打上一個結。」〔註32〕蓋耶速丁驚訝於驛傳系統護送
他們一行前進的驚人速度。他說，那些馬上的護送者們飛快地從一個驛站跑
到下一個驛站，速度比波斯帝國最快的急差還要快。

圖 9　1587 年明朝驛傳系統的主要路線

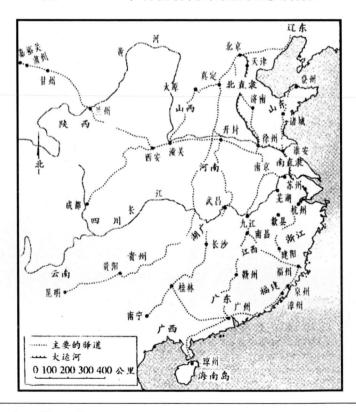

2004 年，第 26 頁。
〔註31〕《沙哈魯遣使中國記》，第 112 頁。
〔註32〕《沙哈魯遣使中國記》，第 112 頁。

　　蓋耶速丁還注意到，他們的行程中除了驛站外還有另一種形式的建置，也由兵部管轄。那就是邊境地區特有的，即烽火臺。每座烽火臺定編十人，他們的職責是在邊境上發現敵情時點燃烽火。一連串的這種烽火臺構成連接邊境和內地的一種初級通訊線路。「依靠這種方式，在一晝夜的時間裏可以得知三個月的旅程外發生的事情。緊跟這烽火點燃之後，所發生的事被記在一封信件中，由騎馬疾駛的急差從一個人的手中交到另一個人的手中。」〔註33〕

　　這些馬背上的急差屬於另一種建置——急遞鋪，它是用來傳遞緊急信息的。急差是「從事耕墾」的鋪兵，「他們惟一的工作是一得到消息就把它送到下一個急遞鋪」。急遞鋪是與驛站不同的一種通訊服務系統，起源較晚（元時才有）。為了在地方政府間迅速地傳遞信息，「鋪」或「急遞鋪」10 里（6 公里）一設，不像驛傳間隔距離那樣遠。鋪馬從一個急遞鋪到下一個急遞鋪的馳行速度定在每晝夜 300 里，大約每一站需時 45 分鐘，以每 24 小時 300 里（170 公里）的高速率遞送郵件。這樣急遞鋪就構成了比空間上分佈稀疏的驛傳網絡更廣泛、高效的通訊系統。在實際操作中，急遞鋪和驛傳的路線和人員配備往往有許多重疊之處，儘管各有不同的嚴格規定。〔註34〕

　　使者中的有一些人，可能還會有一些空閒去逛街；因為蓋耶速丁描寫了中國的房子、寺廟及大門。12 月初使節抵達北京，被授予罕見的立即得見皇帝的榮譽。通常，外來的使節為了與皇帝見面而訓練適當的儀式，大多需要好幾天或好幾個星期才能做好準備。但就在這一使節到達北京的第一天，蓋耶速丁和其他人就被引導到皇宮裏。他們進入皇城時，就看到「約摸三十萬男女聚集在那個廣場中，同時將近兩千樂人，用中國話，按他們的節拍，站著齊聲歌唱，向皇帝致頌詞。」過一會，皇帝和伴隨他的兩個宮女出現；她們負責把皇帝的吩咐和命令記下來。這時使團跟一些囚犯一起被帶到皇帝前。首先他們要求他對囚犯進行裁決，囚犯計約七百人。使節在那兒等到皇帝宣判完幾百個犯罪者之後，才能夠與皇帝見面。伍德維爾認為中國人之所以先完成處理犯罪的事情，而讓使節等候較長的時間，就是要讓波斯使節意識到他們以及他們的事情並不重要。〔註35〕但似乎明廷更是想要在使節的面前，顯示他們的權利和威力；同時想讓他們在停留在中國大陸的時間裏，認

〔註33〕《沙哈魯遣使中國記》，第 112 頁。
〔註34〕《大明會典》，卷 149，第 11 頁，下。
〔註35〕William Woodville Rockhill: *"Diplomatic Audiences at the Court of China"*, Luzac & Co., 1905, P.12.

真地尊重中國的法律。之後，是蓋耶速丁描述使節和皇上見面的情節：

　　……當犯人們離開時，使臣們被領向前去，以致離皇帝的寶座僅十五腕尺〔註36〕遠。那些手捧木牌的官員中，有一個人上前，跪著用中國話讀一篇介紹使臣情況的奏文，其大意是說，使節是作為波斯皇帝陛下及其諸王子的代表，來自一個遙遠的國家，攜有進獻皇帝的禮物，並來至御座下表示臣服。當這篇奏文整個讀畢，判官穆拉納·哈只·玉速甫站在回教徒旁邊，說：「首先下拜，再以你們的頭三次觸地。」因此使臣們下拜，但沒有以他們的前額接觸地面。然後雙手高舉，他們上呈皇帝陛下及王子貝孫忽兒的國書，國書各用一匹黃緞子包著。因為他們的規章是，凡屬御物都要包在一匹黃料子中。〔註37〕

在這兒最有趣的是使節向皇帝下拜時，沒有以他們的前額接觸地面。對於中國人來說，「叩頭」完全是一個普通的儀式。他們每年在一些特殊的日子，對於皇帝以及對於他們祖先的聖祠進行叩頭儀式。外國使節大部分未能接受該儀式，應為對他們來說，叩頭是一種奴性的服從、一種征服的態度。〔註38〕我們的穆斯林使節除此之外還有一個理由，按照伊斯蘭教，人只能在真主（安拉）的面前下拜，而不許給人下拜，也就是說以前額觸地是一種專門用於安拉的崇拜儀式。外國使節在北京大部分拒絕作叩頭。但不作叩頭的話，他們的計劃顯然不能成功的，或許他們趕快從首都被開除。這一次，如果他們根本沒下拜的話，肯定會讓皇帝向他們憤怒；因此，唯一的辦法是下拜，但他們又有小心翼翼地注意不要認真地以前額觸地。

之後，使節把他們帶來的王子的信和禮物交給一個太監，讓他交給明代統治者。然后皇帝向他們詢問國主的情況、以及他們國家中穀物的貴賤。「商業貿易品中明朝政府最關心的是糧食。問題並不在於是不是從事糧食貿易可以掙錢，而是在於糧食歉收會危及到政權的穩定安全。這正是永樂皇帝詢問波斯使節他們國家糧食的貴賤時腦子所想的。當他們告訴他本國穀賤糧豐時，永樂回答說，穀賤糧豐是由於波斯統治者真正心向上天，他的所作所為符合上天的意志。他正是希望自己能成為那樣的一位君主。」〔註39〕交談之

〔註36〕腕尺指由肘至中指尖的長度，約十八至二十二英寸。

〔註37〕《沙哈魯遣使中國記》，第 119～120 頁。

〔註38〕Nigel Cameron: *Barbarians and Mandarins: Thirteen Centuries of Western Travelers in China*, Oxford University Press, New York, 1989.

〔註39〕〔加〕卜正民：《縱樂的困惑：明代的商業與文化》，方駿等譯，三聯書店，

後，皇帝解散他們，使臣們被引導到他們的館舍。使節在這個地方呆了五個月，而中國官員每天給他們提供所需要的食物：

> 在這個館中，每間房都設有一張放著錦緞寢具和枕頭的精美床架，還有縫製極精的緞子拖鞋、蚊帳、椅子、火盆、一把左右有錦緞坐墊和被單的長椅、地毯和長寬兩頭都能卷起而不會弄破的精美席子。每人都被分配給一間這樣擺設的房間，以及烹調器皿、杯子、匙子、茶几。十人一組每天得到一隻羊、一隻鵝、兩隻雞、而每人供給九公斤的麵粉、一大碗米飯、兩大張糖餅、一罐蜂蜜，蒜、蔥、醋、鹽和中國產的各種菜蔬，以及兩壺酒、一盤點心，尚有幾個勤快敏捷的僕人，天生極其俊秀，從早到晚和從晚到早片刻不離左右地總在奔走。〔註40〕

帖木兒朝的使臣是穆斯林，因信仰和風俗的緣故，非常注重飲食。穆斯林人不吃豬肉，也不喝酒。蓋耶速丁對飲食起居記載得很詳細，這說明明朝對貢使的飲食起居有細緻的規定。（在波斯使節留在中國的那段時間裏，只有一次明廷沒有考慮穆斯林人的吃飯規則，而那是因為皇帝對他們憤怒。這個問題，後面再詳細的描述。）從遊記的記載來看，明廷是注意尊重穆斯林的習慣的。在尊重波斯使節的風俗習慣的同時，明廷要求使團也尊敬他們國家的規定。皇帝請波斯使團參與幾個宴會，其一，是春節的歡慶。所有到中國來的外國使節都參加了這一次的宴會。宴會之前，判官閣下遣一名使者對使臣們說：「明天是新年。皇帝要往他的新宮，有詔不許人穿戴白色的頭巾、服裝、帽子或襪，因為在這些人中習慣是服喪時穿白衣服。」也許還能說這表示明朝對於其它國家風俗習慣的瞭解；因為在波斯帝國黑色為喪服的顏色，而婚姻的顏色為白色。蓋耶速丁在他的遊記裏，詳細地記述這些宴會的複雜手續以及過分豐富的娛樂，包括音樂團、雜技團和舞蹈組。他認為「他們每次設宴時，都向使臣顯示超過以前的盛大規模，總是來個新花樣，而演員們則表演充滿奇妙技巧的種種雜技。」

中國人在與西亞的貿易中僅僅偏愛唯一的一種西方產品，即作為阿拉伯馬之先祖的波斯馬。中國天子們一直不停地索求波斯馬，他們採取各種各樣的辦法，但仍然未能在中國繁殖波斯馬。永樂皇帝向呼羅珊的外交使節承認

2004年，第69頁。
〔註40〕《沙哈魯遣使中國記》，第121頁。

他對波斯馬的賞識大大地超過了其它馬匹。〔註 41〕《沙哈魯遣使中國記》記載，明成祖對進貢的馬匹非常重視，不僅詢問八答黑商〔註 42〕是否貢馬，而且還騎了沙哈魯獻的馬，被摔後，又騎了兀魯伯獻的馬。成祖喜歡馬，北征也需要馬匹。「明朝的使臣出使帖木兒朝時，除了帶回敦促帖木兒朝貢馬外，還在當地買馬帶回。如永樂十三年（1415）陳誠回國時，進西馬 7 匹，十六年回京時，進馬 15 匹。可見，永樂時期明廷需要中亞的良馬是明與帖木兒朝交往一大原因。」〔註43〕「在拉比第一月 1 日（1421 年 3 月初）使臣們被召見，這時皇帝叫準備十隻鷹（Shanghar）。他表示，他不會把鷹賜給任何不向他獻名馬的人。他隱晦地露骨地繼續談這些事。」〔註 44〕皇帝把這十隻鷹獻給波斯使節中的幾個人。在撒馬爾罕的阿卜德‧拉札克寫的書《雙福星的升起處和雙海之匯合處》中，保留了永樂給沙哈魯寫的一封信裏，明永樂這樣寫道：「……今朕遣使蘇丹，特別是李達和張扶（Jang-Fw）〔註45〕率其侍從，由伯－不花等使節陪同，以向蘇丹奉送爲他準備的大隼。這都是朕親自試驗過的飛鳥。這些隼非生於大明本地，而是由海外進貢予朕的。朕不乏此物，但在爾邦，如是隼甚罕。朕特獻爾作爲友好之禮。……」〔註 46〕英國學者 H.裕爾在他的書中提到：「Shanghar 是蘇丹皇族獨有的一種鷹，我認爲即馬克‧波羅所說的那種大隼，這種大隼生活在北冰洋海岸。北方韃靼人首領將這種鷹作爲貢品送與大汗。中國皇帝贈送數隻鷹給各使節作爲贈其君主的禮物。…克羅瓦（Croix）地方的佩提斯（Petis）提及這種隼：『這種鷹式貢獻品，根據新定條約，俄羅斯人和克里木韃靼人（Crim Tartars）每年向土耳其帝國貢奉。』

〔註41〕 〔法〕阿里‧瑪札海里：《絲綢之路：中國波斯文化交流史》，耿昇譯，新疆人民出版社，2006 年，第 13 頁。
〔註42〕 地名，位於今阿富汗。
〔註43〕 張文德：《明成祖至孝宗時對帖木兒王朝的外交政策》，《貴州師範大學學報》（社會科學版），2002 年第 04 期，第 88 頁。
〔註44〕 《沙哈魯遣使中國記》，第 128 頁。
〔註45〕 陳誠《居休遺稿》有一首《寄揚州張給事》中寫道：「昔年曾共駕輶車，異域驅馳十餘載。」這位「揚州張給事」當爲與陳誠同行的李達使團的成員。其姓名，漢文史料失載。但據下文所引波斯文史料中永樂皇帝致沙哈魯的第二封國書，似爲張扶（Jang-Fw）。從國書只提「李達和張扶率其侍從」觀之，很可能李達和張扶是這個使團的正、副使。（轉引自：王繼光：《陳誠西使及洪永之際明與帖木兒帝國的關係》，《西域研究》，2004 年，第 1 期，第 19 頁。）
〔註46〕 〔法〕阿里‧瑪札海里：《絲綢之路：中國波斯文化交流史》，耿昇譯，新疆人民出版社，2006 年，第 23 頁。

（H. de Timur Bec,ii,75.）」〔註47〕瑪札海里教授認爲 Shanghar 即指鷹或大隼，這種飛鳥既不存在於波斯，也不存在於波斯中亞。商人們從中國進口鷹，而中國人則在黃海海岸捕捉這種飛鳥。鷹是一種比較大的飛鳥，可以捕獲鶴和孤狸，甚至是野兔。它們低空飛行，以其爪捕獲獵物。〔註48〕

圖10　波斯使節在中國的旅行路線

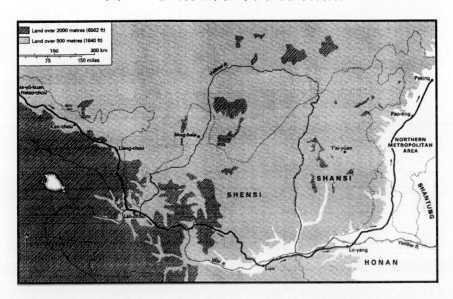

「三月初，使臣們被召見，皇帝對他們說：『我將去狩獵；因此看管你們的鷹，照料它們，如我回來晚了，你們不要等候。』他也幾次責怪他們，說他們得到名鷹，但獻給他劣馬。鷹被交給使臣照管，皇帝自去行獵。」〔註49〕過二十多天，到皇帝從獵場返回時，使節去迎接他。但皇帝那天並沒有回來，確切的消息是皇帝第二天才回來，因此他們回到他們的寓所。但回去之後，就發現皇帝賜給一個使節（算端（蘇丹）·阿合馬）的藍鷹已死。「同時官員再來拜訪，說：『準備上馬，今晚在外等待，你們可以一早見到皇上。』那時正下著雨。當他們正上馬時，他們在驛館門口看見判官閣下和他身邊許多人因憂傷而面帶十分悲感之容。經過詢問，他低聲回答說：『皇上打獵時從君主

〔註47〕〔英〕H. 裕爾：《東域紀程錄叢》，雲南人民出版社，2002 年第，255 頁，校注 50。

〔註48〕瑪札海里：《絲綢之路：中國波斯文化交流史》，耿昇譯，新疆人民出版社，2006 年，第 81 頁。

〔註49〕《沙哈魯遣使中國記》，第 130 頁。

陛下所獻的馬上摔下來，傷了他的足。因此他大爲震怒，命令逮捕使臣，送往中國東部省份去。』」〔註50〕這事件不好說是馬的問題，還是別的問題。但還要注意到，皇上給使節的一位成員贈送的一隻鷹也已經死掉了。然而使臣對這個消息非常不安。但後來李大人、張大人和判官三個人與皇帝談話，並表示這使臣沒做錯什麼，而所獻的禮物，不是他們本身選的，並且如果皇帝對他們進行懲罰的話，在人們的思想上會對皇上產生一種不好的印象。雖說最后皇上改變了決定，但因爲這次事件的緣故，給使節提供的飯，是豬肉和羊肉混在一起的。信仰伊斯蘭教的使臣也沒有使用這一次的飯。然后皇帝騎上了兀魯伯獻給他的一匹前後腿上有白斑的高大黑馬而走。

　　哈菲茲・阿布魯在《拜孫忽兒的歷史精華》這本書裏，提到蓋耶速丁不帶任何宗教態度和偏見地記載了這一事實。雖說蓋耶速丁沒帶任何宗教偏見地編寫了這部遊記，並且具有很高的文化理解，但在遊記的有一些地方，可以看到他對於伊斯蘭教的信仰和忠誠。比如：「在拉札卜月21日，他們抵達柯模里誠（漢文中的哈密）。愛迷兒・法哈魯丁在此城中建築了一座宏偉的清眞寺，面對著它，他們築有一座規模很大的佛寺，其中有一尊大佛……」〔註51〕清眞寺是崇拜眞主的地方，而佛寺是崇拜偶像的（在伊斯蘭教崇拜偶像是不允許的）。這兩個包含不同宗教信仰的建築正面對著，因此，蓋耶速丁感到很驚訝。

　　此書對吐魯番有這樣的描述：「到主馬答第二月末（7月11日），他們到了吐魯番。這個城鎮的大部分居民是異教徒，崇拜偶像。他們有極美麗的大偶像寺廟，其中有很多偶像，一些是新塑的，另一些是舊的。壇前有一尊他們稱爲釋迦牟尼佛的大佛像。」〔註52〕這與明人陳誠、李暹所著《西域番國記》關於「吐魯番城，信佛教」的記載正相合。據16世紀維吾爾歷史學家米兒咱・海達爾（Mirza Heidar）的《拉失德史》記述，「吐魯番地區只是在東察合臺汗黑的兒火者（約公元1383～1399年在位）時代開始全面接受伊斯蘭教」〔註53〕。

　　波斯使節在經過眞定府時，去參觀過著名的大佛寺。蓋耶速丁關於大佛

〔註50〕　《沙哈魯遣使中國記》，第130頁。
〔註51〕　《沙哈魯遣使中國記》，第106頁。
〔註52〕　《沙哈魯遣使中國記》，第6頁。
〔註53〕　米兒咱・馬黑麻・海答兒：《中亞蒙兀兒史》（上編），烏魯木齊：新疆人民出版社，1983，第225頁。

有細緻的描寫，他寫道：「佛寺中豎立一尊佛像，用銅鑄成，全部塗金，看來就像是用實金鑄製，高爲五十腕尺。它的肢體姿態勻稱。在這尊佛像的四肢上有許多隻手，每隻手的掌心中有一隻眼。它叫做千手佛，這在全中國都是馳名的。」這個佛寺的存在已經被確認了：「大佛寺舊名龍興寺，建於隋開皇六年，俗稱大佛寺。宋乾德初在寺北建大悲閣，鑄一尊高七十三尺的銅佛。有四十二隻手臂。遠大德五年重修，明萬曆四年又修大悲閣。蓋耶速丁所見當爲萬曆重修前的情況，他的描述是很確切的。」〔註 54〕

　　通過蓋耶速丁的描敘，可以得知明初仍有使用白瓷建築構件的習慣。據他的記載，永樂十九年（1421 年）新年，明成祖臨御新宮（今北京故宮），其中用於朝見的大殿（應該是奉天殿，即今太和殿），「整個地板是用大塊光滑瓷磚鋪成的，其色澤極似白色大理石。它的面積長寬爲二百或三百腕尺。地板瓷磚的接頭絲毫不顯偏斜，彎曲，致使人們以爲它是用筆畫出來的」。〔註 55〕除了西夏和元明時期的白瓷磚瓦外，迄今爲止尚未發現中國古代以青瓷用作宮殿建築材料的文獻記載或實物例證。〔註 56〕

　　「當使節離開北京時，適逢成祖新建的宮殿失火，這個事件在《明實錄》被記載了。這次火災發生於永樂十九年四月（1421 年）庚子，把奉天、華蓋、謹身三殿焚毀。」〔註 57〕蓋耶速丁這樣敘述這一次的火災：「……這天晚上，由於天意，碰巧發生大火，其起因是空中的雷電擊中了皇帝新建的宮室頂。在那座宮殿中發生的火把它卷沒，以致看起來像裏面點著千萬支添油加蠟的火把。火災最早燒著的那部分宮室，是一座長八十腕尺、寬三十腕尺的大殿，殿是用鎔鑄的青精石製成的光滑柱子支撐，柱粗甚至三人不能合抱。火勢猛烈，乃至全城都被火照亮……。」〔註 58〕按照蓋耶速丁寫的，火災發生之後，成祖悲痛地到寺廟去，極緊迫地祈禱說：天地怒我，故此焚我宮室，雖則我未作惡事，既未不孝父母，又未橫施暴虐！其實在發生火災之前，皇帝的一個寵妃也死了，因此，他感到很悲傷。「永樂十九年宮殿發生火災後，成祖大赦天下，停止四夷差使。此後，儘管仍有帖木兒朝使臣來訪，但終永樂時期，明朝再無使臣到達帖木兒朝。」〔註 59〕

〔註 54〕　《沙哈魯遣使中國記》，中譯者前言。
〔註 55〕　《沙哈魯遣使中國記》，第 126 頁。
〔註 56〕　劉毅：《高麗青瓷的幾項突出成就》，《中原文物》，2004 年第 3 期，第 56 頁。
〔註 57〕　《沙哈魯遣使中國記》，中譯者前言。
〔註 58〕　《沙哈魯遣使中國記》，第 134 頁。
〔註 59〕　張文德：《明成祖至孝宗時對帖木兒王朝的外交政策》，《貴州師範大學學報》

　　總的來看，成祖還是一個具有宗教信仰的皇帝，因爲在另一個地方蓋耶速丁還說明皇帝專門爲了崇拜上帝而到城外去：「……前八天，皇帝離開他的後宮，住在城外的一座綠宮中。這座宮室沒有塑像或佛像。皇帝的習慣是，每年的這幾天中他不茹葷，或御嬪妃，也不接見人。他說他禮拜上帝，忙於作祈禱。」〔註60〕

　　蓋耶速丁記載在返回的路上使節到蘭州前，他們到達一個叫做平陽城的地方。在那裡按照慣例，要打開人們的行李進行檢查，看看是否夾帶了政府禁止出口的物品，比如中國的茶。因爲茶是政府向游牧民族換取馬匹的主要貿易品。但使臣們獲得特許不必檢查行裝。

五、明朝中國與波斯語

　　蒙古人統治中國以後，波斯語在這個國家成爲一種很流行的語言。隨著蒙古人的西征和波斯、中亞等地穆斯林人口大批入華，元代社會的民族構成與分佈呈現出複雜的局面，入華穆斯林的內部需要以及與不同民族的交流，使得族際交際語的生成成爲可能，爲波斯語成爲元代漢地穆斯林間通行的族際語言創造了有利條件。除了文獻記載，考古資料也證明波斯語有廣泛的影響。〔註61〕有一部分的中國人，特別是成爲回教的那一批人都瞭解波斯語。前往中國各地的大量伊朗人，無論在政治、貿易還是宗教方面的影響，無疑都促進了中國當時的波斯語和波斯文學的傳播。伊本・白圖泰在14世紀寫的遊記中提到，有一次杭州市的總督爲他舉行了三天的宴會，其間有穆斯林廚師專門給他們提供清眞餐飲。他還敘述總督的兒子和他們一起上船時，音樂團用漢語、阿拉伯語和波斯語朗誦詩歌；而那位總督的兒子由於特別喜歡波斯語的部分，命令音樂團幾次重複波斯語的詩歌。白圖泰當時沒有指明那些詩歌屬於哪位詩人，但我們今日看他的記載就會發現當時船上所朗誦的詩歌就是波斯偉大的詩人薩迪的作品〔註62〕，而那時就是薩迪去世50年後。從這一點可以看出波斯語在當時中國的影響。由於伊斯蘭教在很大的程度上是通

（社會科學版），2002年第04期，第88頁。

〔註60〕《沙哈魯遣使中國記》，第127頁。

〔註61〕〔俄〕科茲洛夫《蒙古、安多和故城哈拉浩特》稱：「在這裡（黑城）找到了幾片波斯文手稿。」(陳柄應譯：《西夏文物研究》，銀川：寧夏人民出版社1985年版，第485～508頁)

〔註62〕 تا دل به مهرت داده ام، در بحر فکر افتاده ام چون در نماز استاده ام، گویی به محراب اندری.

過波斯穆斯林流傳到中國的，因此，中國回民的伊斯蘭教語言當中，有許多波斯語詞彙。除此之外，明代穆斯林民間經堂教育中使用波斯語，這種教育從元明時期一直持續到今天。明末清初回族學者常志美借用波斯語撰寫過世界上最早的以波斯語、「小經」文字解釋的波斯語法書 Menhaj al-talab〔註63〕，意爲《尋者之路》，爲回族學者所悉知。

波斯語在明初政治生活，尤其在對外交流方面具有重要作用。《沙哈魯遣使中國記》第119頁載：「判官穆拉納・哈吉・玉素甫充任皇帝和使臣之間的翻譯。這個人懂得阿拉伯語、波斯語、突厥語、蒙古語和漢語。翻譯時用漢語上奏，然後翻譯成波斯語。他是萬戶之一，接近皇帝本人的一名官員，也是十二部首腦之一，上前來時，跟隨著幾個通阿拉伯和波斯等語的穆斯林人，他們是他的部下。」這段話表示當時皇帝的周邊有不少懂波斯語的穆斯林人。關於哈只・玉速甫，《明實錄》有兩處提到：一處稱哈只。「永樂四年三月庚子，以其諳通西域言語文字，由鴻臚寺序班進爲鴻臚寺右寺丞。」〔註64〕另一處稱哈的。「自永樂初以翻譯外夷文字召用，後凡西北二虜及南夷之事悉與聞之，以誠確，屢見收用。永樂二十二年十月，由鴻臚寺左少卿升爲指揮僉事。」〔註65〕張文德認爲兩者可能與《沙哈魯遣使中國記》中哈只・玉速甫爲同一人。〔註66〕關於這方面，李德寬認爲上述資料中，哈只、哈的都可能是哈只・玉速甫，因爲哈只・玉速甫全名爲 Cadi Mulana Hagi Jusuf（哈的・穆拉那・哈只・玉速甫）。但從時間上看，永樂十九年哈只即已任鴻臚寺右寺丞，十五年內，完全可以逐步晉升左寺丞、左右少卿乃鴻臚寺卿。而哈的則在沙哈魯使臣離京的三年後才從右寺丞升至左少卿，與「蓋耶速丁行記」的記載不符。因此永樂四年因精通「西域」語言文字而爲鴻臚寺右寺丞的哈只，就是永樂十九年接待沙哈魯時辰的、並被這批使臣大加尊重和讚賞的「哈只・玉速甫」。哈的・穆拉那・哈只・玉速甫，主持明朝負責通譯和禮賓等外交事務的鴻臚寺，爲皇帝御前「通事」接見外國重要使臣。（哈的，則是永樂年間

〔註63〕 Menhaj al-Talab——kohantarin dastur-e-zaban-e- farsi，意爲《尋者之路——最古老的波斯語法》，（伊斯法罕影印出版，1981年）。

〔註64〕《明太宗實錄》，卷52，臺灣中央研究院歷史語言研究所，1962年影印本，第4頁。

〔註65〕《明太宗實錄》，卷3下，臺灣中央研究院歷史語言研究所，1962年影印本，第6頁。

〔註66〕 張文德：《明與帖木兒王朝關係史研究》，中華書局，2006年，第10頁。

另一位顯要的回回翻譯和外交官員）。〔註67〕

　　波斯文學作品也是大大地被波斯穆斯林傳佈到中國，而被回民所接受和利用的。明初至明中期，波斯語在回回人的日常生活和國家對外交流、貿易交流中仍占重要地位。穆斯林民間經堂教育使用的波斯語經典有《古勒塞托呢》〔註68〕、《米而撒特》等。明代還有相當一部分回回人在社會生活中仍使用波斯語。20世紀90年代在山東發現的《賽典赤家譜》就是用波斯語寫的。明代回回人所立碑刻中有些碑文是用波斯語書寫的。1911年在錫蘭島的加勒發現的一塊石碑，就是鄭和下西洋時，在各地建立的碑記之一。碑文是用漢文、泰米爾文和波斯文三國文字書寫的。〔註69〕這碑上的波斯文證明波斯語當時在外交關係中的重要性。「明代爲了同中亞、西亞穆斯林國家打交道，在四夷館和會同館中設回回館，主要教授波斯語。《回回館譯語》就是當時教習波斯語時所用的漢——波斯語分類詞彙對照表。」〔註70〕回回館是明四夷館所屬八館（後改爲十館）之一館，它既是明政府中負責翻譯西北周邊諸番貢表的機構，也是一所官辦波斯語學校。

　　波斯語在回回醫方中有許多使用。成書於明初的《回回藥方》殘卷中保留了許多波斯語。〔註71〕宋峴先生說到：「《回回藥方》字裏行間充滿了波斯文化之痕迹⋯⋯這表明，《回回藥方》的編撰者中有波斯人」〔註72〕。〔註73〕「波斯語也見於明代回迴天文曆法。明洪武十五年（1382）召欽天台郎海達兒、阿答兀丁、回回大師馬沙亦黑、馬哈麻等人翻譯天文陰陽曆象書籍。從明欽天監官員貝琳所修的《七政推步》〔註74〕看，月份和七曜日均有波斯

〔註67〕李德寬：《明代回回譯使考述》，《西北第二民族學院學報》（哲學社會科學版），1997年第1期，第12頁。

〔註68〕參見〔清〕趙燦：《經學繫傳譜》。按「古勒塞托呢」爲13世紀波斯著名抒情詩人薩迪所作《薔薇園》（golestan）的音譯。（西寧：青海人民出版社，1989年，第34頁）

〔註69〕〔日〕寺田隆信：《鄭和——聯結中國與伊斯蘭世界的航海家》，海洋出版社，1988年，第62頁。

〔註70〕馬平：《波斯伊斯蘭文明對中國伊斯蘭文明的貢獻及其深遠影響》，《回族研究》，2004年第3期，第102頁。

〔註71〕宋峴：《回回藥方考釋》（影印），北京：中華書局，2000年，第150頁。

〔註72〕同上，第30頁。

〔註73〕轉引自：韓中義：《文明的本土化及其傳承載體》，《南京大學學報》，2000年第3期，第59頁。

〔註74〕馬明達，陳靜：《中國回回曆法輯叢·明譯天文書·序》蘭州，甘肅民族出版

文音譯〔註 75〕，可知波斯語在明代回迴天文曆法中廣爲使用。」〔註 76〕在明代，波斯語雖然在某種程度上用於政治生活，同時在穆斯林社會生活中也使用，但隨著回族的形成，波斯語作爲穆斯林主要交際語的地位完全喪失。加之，明初統治者採用強行同化政策，規定不得說胡語、穿胡服，使那些仍操波斯語的穆斯林群體加快了改用漢語的步伐。這時回回等民族雖已改用漢語，但其多數，特別是底層百姓仍不會使用漢文。元末明初穆斯林所處的文化、政治、生活環境，爲一種新文字——「小經」文字的出現造就了歷史環境。〔註 77〕「小經」文字是一種阿拉伯字母體系拼音文字，它與穆斯林在華所使用的文字包括唐宋時期阿拉伯文、元明時期波斯文有密切的關聯，這種關聯爲「小經」文字的出現造就了重要的語言文字背景，同時元末明初移入中原的穆斯林已本土化並學習和使用漢語，但未掌握漢文字，這也爲該文字的出現創造了歷史環境。在這種環境下「小經」文字於元末明初產生了，並在碑文、回回藥方、「來文」等「小經」文獻中有所反映。「小經」文字的產生對穆斯林文明傳承發揮了重要作用。

結　語

一個國家，一個民族，只有不斷地、積極地與國外世界進行交流，吸收外國文化的優秀成果，才能使自己在政治、經濟和文化上得到更快的發展，並創造出自己的輝煌文明。帖木兒帝國自沙哈魯時起一直到帝國滅亡的一個多世紀裏，與中國的友好關係經歷了恢復、發展和持續的過程。在這一進程中，雙方不斷互派使臣，加深彼此瞭解。因而促進了雙方經濟、文化的交流。儘管雙方關係在帝國後期曾一度冷淡，但這並不影響雙方的友好關係這一主流。「事實上帖木兒帝國在經沙哈魯和兀魯伯兩朝的共同努力後，波中的關係發生了很大變化，帖木兒帝國已不再視明朝爲『敵寇』，而是利用其所處的地理位置的優勢，積極主動改善雙方的關係，加強彼此的聯繫，開闢了兩

社，1996 年，第 516 頁。
〔註 75〕有關月份與曜日轉寫見劉迎勝：《「小經」文字產生的背景——關於「回族漢語」》，《西北民族研究》，2003 年第 3 期。
〔註 76〕韓中義：《文明的本土化及其傳承載體》，《南京大學學報》，2000 年第 3 期，第 59 頁。
〔註 77〕韓中義：《文明的本土化及其傳承載體》，《南京大學學報》，2000 年第 3 期，第 60 頁。

國友好關係的新局面。據不完全統計，從 1407 到 1448 年的近半個世紀的時間裏，帖木兒帝國派往明朝的使臣多達十一次，其次數之多，規模之大，都是帖木兒時代無法相比的。這說明帖木兒帝國在這一時期與明朝之間的友好關係已達到空前的程度。」〔註 78〕

　　不同文化圈的人們觀察對方的日常活動，飲食方面的差異一定最受關注。《西域番國志》和《沙哈魯遣使中國記》即為我們留下了可以互見的記錄。陳誠提及哈烈城中的畜產時，注意到「人……唯不養豬，亦不食其豬肉，此最忌憚之」〔註 79〕而火者‧蓋耶速丁則為肅州城裏「在他們（指居民）的住宅裏養了很多豬，而且肉鋪裏羊肉和豬肉竟並排掛著售賣」〔註 80〕感到不可思議。表面上這僅反映了農牧業生產方式的不同，實則潛藏著文化誤解和衝突的可能性，這種可能性的根源來自雙方所遵循的宗教文化習俗，伊斯蘭教嚴禁教徒食用豬肉，而儒家文化影響下的漢民族則將豬視為三牲之一，不僅日常食用，尚將其作為奉獻祖先的祭品（「太牢」即包括豬）。〔註 81〕

　　在經濟方面，帖木兒帝國與稅收相關的一些職位通常由商人出身者把持，故而國家的經濟政策也傾向於扶植國內、國際貿易的發展，與明王朝的貿易當然被視為不可或缺的部分，根據火者‧蓋耶速丁的記載，「很多商人為使者們服役，侍侯他們」〔註 82〕，1422 年沙哈魯派往中國的使團中，侍候各王子代表的隨從總計 510 人，如以三分之二為闌入其中的商人計，則三百餘人皆懷有牟利之企圖，可見與明王朝的貿易在整個帖木兒朝經濟活動中所佔比重。〔註 83〕

　　蓋耶速丁使團來華，《明實錄》中沒有明確記載。《明會典》卷一百四‧禮部六十三‧膳羞二‧下程，「沙哈魯，永樂間使臣七十七人，一日一次，羊十二隻，鵝四隻，雞十四隻，酒五十瓶，米一石五斗，果子一石，面一百二

〔註 78〕朱新光：《試論貼木兒帝國與明朝之關係》，《西北民族研究》，1996 年第 1 期，第 260～267 頁。

〔註 79〕陳誠著；周連寬校注：《西域番國志》，見中華書局《西域行程記》《西域番國志》《咸賓錄》合刊本，2000 年，第 72 頁。

〔註 80〕《沙哈魯遣使中國記》，第 116 頁。

〔註 81〕尹磊：《從行記作品看歐亞文明大陸傳統——對十五世紀初外交使節記錄的比較研究》，《西域研究》，2006 年第 3 期，第 19 頁。

〔註 82〕《沙哈魯遣使中國記》，第 114 頁。

〔註 83〕尹磊：《從行記作品看歐亞文明大陸傳統——對十五世紀初外交使節記錄的比較研究》，《西域研究》，2006 年第 3 期，第 17～18 頁。

十斤，燒餅二百個，糖餅一盤，蔬菜廚料。」申時行《明會典》亦有此記載。可能此沙哈魯使團即使不是蓋耶速丁使團，其接待規格也應同於蓋耶速丁使團。據蓋耶速丁的記載，其使團中有七位正使面見皇帝，而七位使臣擁有侍從共 510 人，這 510 人不可能全部隨正使到北京。有一部分人則隨行李一起留在甘州了。蓋耶速丁說，1421 年 8 月 23 日，他們到達了甘州。他們來京的時候在那裡把自己的僕人和坐騎委託給了中國官員精心照管。儘管《明會典》所提供招待數目大於蓋耶速丁的招待數目（這應是正常的，準備的用料一般均會超過食用），但兩者所提供的招待項目大體上是一致的。均有雞、鵝、米、面、糖餅、廚料等。上引文中，蓋耶速丁沒有提到羊，但在隨後的皇帝欽賜宴中提到了熱盤：切成小塊的羔羊肉。另一種可能是，《明會典》收錄的是皇帝對使臣的一次賜宴清單。〔註 84〕

　　陳誠、蓋耶速丁之後，中西關係仍在繼續發展著，雖然發展的速度比較緩慢。在歷史推進了將近兩百年後，絲綢之路上又出現了中西陸路交通史上值得一書的事情：即葡萄牙人鄂本篤不遠萬里，從印度的德里越過帕米爾高原來到了中國。與陳誠、蓋耶速丁使團的出使相比，鄂本篤的出使規模及性質與前二者大不相同。從規模上說，前二者都有數百人之多，隊伍十分龐大，而後者只有其本人和一個僕人亦撒克，其餘的均為路上相遇的同路人；從性質上說，前二者均具有商業性質，此外還肩負著加強中波兩國相聯繫的政治使命，而後者則僅僅是為了傳教。〔註 85〕

　　由於蓋耶速丁在旅行的過程當中就寫了這份遊記，所以他的遊記內容較為可靠，涉及的範圍也相當廣泛，對研究明代的城市建築、警報制度、宮廷典儀，乃至音樂、舞蹈、雜技、飲食、外賓的待遇等方面，都有一定的參考價值，與中國的歷史文獻可相互參照。蓋耶速丁對中國人的慷慨好客的風尚和招待外賓的合理安排，大為讚揚；對於中國的建築技術亦有較高的評價，例如說：「磨石建築，製瓦燒磚諸技術，世界上無人可與中國人竟能。」表達了他對於中國友好熱忱。〔註 86〕他在日記中三番五次地談到中國人精美的手

〔註 84〕 張文德：《中亞帖木兒王朝的來華使臣》，《西域研究》，2002 年第 2 期，第 45 頁。

〔註 85〕 楊富學：《明代陸路絲綢之路及其貿易》，《中國邊疆史地研究》，1997 年第 2 期，第 12 頁。

〔註 86〕 朱傑勤：《中國和伊朗歷史上的友好關係》載《中外關係史論文集》，河南人民出版社，1984 年，第 88 頁。

工製作。蓋耶速丁是一位藝術家。這個問題在他描寫的每一個章節都很明顯。他大部分的敘述都是從美術方面出發的。這包括他對於所有的宴會的情節，音樂團、舞蹈團、雜技團、佛寺的敘述，包括牆上的繪畫、佛像雕刻，其它建築的設計、大門、城牆、中國人的習俗包括他們的婚姻、葬禮、燈節、春節等方面，都是從一種藝術家的角度來進行描寫。他的這種美術眼光，給他的作品一種和活潑的感覺；他生動的敘述，把中國約 600 年前所發生的事情，一件一件地拉到讀者的面前，讓人感覺所發生的事情似乎就在今天，只是科學沒有如此高度發達而已。看他的遊記，能想像到明朝的風情，在城郭的圍繞中，享受「古風」。蓋耶速丁的遊記為明代中國與中亞地區關係史寫下了光輝的一頁。該書以外國人的眼光，提供了永樂年間明朝政治、軍事、司法、外交等方面的情況，它與陳誠的西行記錄相距僅僅七年！中外使臣大約在同一時代記載對方國家的風土人情，這在中外交往史上是十分罕見的，是中亞、西亞各族人民與中國人民友好往來的一段佳話。

第三章　《中國紀行》
——明中期波斯人筆下的中國

　　本章對 16 世紀初波斯商人撰寫的《中國紀行》進行研究。關於作者阿里・阿克巴爾・哈塔伊，波斯語資料中沒有什麼記載，但通過閱讀他撰寫的作品，我們能得知一些信息。《中國紀行》在十九世紀中期，引起了一些歐洲學者的注意，但一直沒有得到學術界的關注。這部作品從時間上講具有獨特的價值，它是瞭解中國明王朝中期的主要參考文獻之一。筆者對《中國紀行》以及著作作者的身份進行考察。在介紹前人的研究狀況之外，盡量糾正其中不準確的觀點。通過阿里・阿克巴爾的描寫，闡述明王朝時穆斯林在中國社會的地位，探討明代中國瓷器與伊斯蘭文化的關係。最後指出《中國紀行》中記載的幾個中國故事和傳說以及學者們對這那些故事的看法，強調《中國紀行》的文學價值。

一、明朝伊中交流史

　　在帖木兒朝代（1370～1507）伊朗和中國的交流頻繁。使節的往來、政治文化和貿易交流都很活躍。雙方之間的友好往來構成了伊中 15 世紀陸路絲綢之路史的重要一頁。明初鄭和曾七下西洋，明王朝的使節也多次到達帖木兒朝的都市撒馬爾罕和赫拉特。帖木兒朝年間，使節來華至少 78 次，而明朝使團訪問帖木兒朝的次數至少也有 20 多次。〔註1〕有些波斯歷史文獻，記載了當時帖木兒國王和中國皇帝間交換的幾封信。克拉維約〔註2〕在他的遊記裏

〔註1〕　張文德：《明與帖木兒王朝關係史研究》，中華書局，2006 年，第 223 頁。
〔註2〕　15 世紀初的西班牙使節，出使帖木兒帝國而後來撰寫一部遊記叫做：《克拉維

記載過他「達到撒馬爾罕之前數月，有大商隊自中國境來此。商隊擁有駱駝八百，載來大宗商貨。」〔註3〕實際上這些遊記在研究明代史的各個方面，起了很重要的作用。明王朝時，陳誠的《西域行程記》、《西域番國志》和馬歡的《瀛涯勝覽》是中國瞭解帖木兒王朝的主要文獻。這期間，波斯人也寫了兩種主要的遊記，其一是帖木兒之子沙哈魯時代火者‧蓋耶速丁在 1419～1421年間寫的《沙哈魯遣使中國記》，這是 15 世紀初波斯人瞭解中國各個方面的主要歷史文獻。其二是 16 世紀初一個名叫阿里‧阿克巴爾的波斯人寫的《中國紀行》，記述了 15 世紀末 16 世紀初明朝社會各個方面的情況。在阿里‧阿克巴爾之前，沙哈魯之子兀魯貝克在阿里‧戈什奇‧希里（1479 年卒於伊斯坦布爾）的領導下，曾派遣使節前往中國。這個事實，阿里‧阿克巴爾在《中國紀行》中也提到過。伊朗籍法國學者瑪札海里教授認為阿里‧阿克巴爾甚至不知道蓋耶速丁的遊記，但他可能很熟悉阿里‧戈什吉‧希里大師的遊記。阿里‧戈什吉是個建築設計師，也和兀魯貝克一樣是個數學家，而他們很長時間在撒馬爾罕的觀象臺共同合作。阿里‧戈什吉曾於 1448～1449 年間作為當時帖木兒朝的君主兀魯貝克的使節前往中國旅行，他可能比較仔細地寫了一部《航海記》，涉及到很多地理、歷史範圍的內容。很不幸這個作品已為佚書。瑪札海里認為阿里‧阿克巴爾顯然是根據這位阿里‧戈什吉的記載講述了當時的「景泰汗」或「景皇帝」的情況。〔註4〕

明初永樂在位期間盡量建築城牆，長城的東部大部分是在明代修建的。作為他的文明和權威最明亮的象徵，永樂留下了波斯資料裏的所謂的「汗八里」，即北京和北京的宮殿。現在的北京面貌大概是永樂年間形成的。明初期，明王朝逃脫一次危機；中亞地區的偉大勝利者帖木兒，佔領了伊朗，抓住了奧斯曼帝國的國王；1404 年他決定打擊中國。那時候，沒有一個城市或國家，能夠順利地防衛這個可怕的挑戰者。帖木兒的軍隊震撼了整個西亞，他的名望在歐洲也保留了很長時間。「帖木兒臨終時在床上說出了終身遺憾是讓伊斯蘭教徒流了血，而不是把軍隊引向西藏、回紇和中國去反對那裡的異教徒。」

約東使記》。該書作者曾親自遊歷君士但丁堡（伊斯坦堡）、小亞細亞、中亞等地區。他的著作便成為這些地區的重要研究文獻。

〔註3〕 《克拉維約東使記》，〔土耳其〕奧瑪李查譯，楊兆鈞漢譯，商務印書館，1957年，第 159 頁。

〔註4〕 瑪札海里：《絲綢之路，中國——波斯文化交流史》，耿昇譯，新疆人民出版社，2006 年，第 107 頁。

〔註5〕《中國紀行》中，阿里‧阿克巴爾大量論述了伊斯蘭教的成就以及它在中國的發展；因爲他很熟悉帖木兒所考慮過的佔領中國、蒙古和吐蕃的計劃，以使這些地區都信伊斯蘭教。西班牙旅行者克拉維約大概是在馬可‧波羅的一個世紀後到亞洲旅遊過。他在自己的遊記裏也提到過帖木兒所想過的佔領中國的計劃。帖木兒甚至爲了準備遠征中國，命令他的軍隊在整個絲綢之路的北道建立了一系列的城堡。《中國紀行》提到過這個城堡。誰都不知道如果永樂和帖木兒軍隊交鋒的話，會發生什麼？但是帖木兒在準備這一次攻擊的時候就去世了，這樣就避免了一次巨大戰爭的爆發。明朝中期，這是第一次，中國文明落後於其它國家特別是歐洲國家，原因更多地在於西方發展的迅速，而不在於明朝時期的中國情況的不變。宋代衰落剛過幾年，馬可‧波羅從中國返回自己的國家時，他給歐洲介紹的中國文明，在很大的程度上，比他的國家文明更爲高貴。但在 1644 年明朝衰落時，歐洲在科學與航海方面，有了很重要的發展，並且瞭解到世界其它地方。另一方面中國與唐代比起來沒有對外開放。然而，兩個文明正在前進，並中國的明朝對於人民文化作出了很有價值的貢獻。〔註6〕

圖 11　克拉維約之像

〔註5〕查理‧謝飛（即謝費）：《關於〈中國紀行〉的三個章節（引言部分）》，張至善譯，見《中國紀行》附錄部分，第 188 頁。

〔註6〕C. P. Fitzgerald: *China A Short Cultural History*, the Cresset press, London. 1935, p.462.

在研究中國和其它國家的交流史，我們就會發現中國人在唐宋時期，對於波斯和阿拉伯人的態度，和他們在明清時期，對西方人的態度，有很明顯的差別。中國前幾個王朝是對外開放的。外籍人不只是住在港口城市，在那兒進行貿易活動，還居住在首都和國內主要的城市裏。明清時期，歐洲人必須住在一個城市或周圍地區，而不允許在帝國進行旅遊或在其它地方住宿。根據留下來的文獻，中國人對歐洲人的限制，來源於有的歐洲人野蠻的態度。第一次葡萄牙人到達中國時，給予他們跟阿拉伯人、波斯人一樣的自由。但葡萄牙人以及後來的荷蘭人所犯的錯誤，使得他們享有的自由非常有限。〔註7〕

阿里‧阿克巴爾是跨越兩個王朝伊朗帖木兒朝和薩法維王朝。他和帖木兒王朝最後一位具有詩人和藝術家雙重才能的統治者蘇丹‧侯賽因‧貝卡拉（1470～1505年），以及修養和造詣很深的高官阿米爾‧阿里‧希兒‧那瓦依，和之後的薩法維王朝的肖‧伊斯馬儀一世（1486～1524年）生活在同一個時代。帖木兒朝代處於明朝初期，而薩法維王朝相當於中國明朝中、後期。當時的伊朗經歷了多年的平安和安全時期。有這個基礎，毫無疑問，會推動伊中兩國使節和商人團的政治、經濟交流，加強兩國友誼。

二、《中國紀行》的抄本和翻譯

《契丹志》或《中國志》或《中國紀行》是伊斯坦布爾市蘇萊曼‧賈努尼圖書館裏的兩個波斯文手抄本的名字；其編號爲 I609 和 I610，第一卷 109 頁，第二卷 128 頁。這個波斯語抄本在開羅瓦魯薩格‧古米耶圖書館裏也有一份。在巴黎國立圖書館也有一份，編號爲 1354，一共有 75 頁。這一份是上世紀末由一位名叫侯賽因‧大不里希‧納撒赫爲東方學家夏爾‧謝飛所抄，其底本是蘇萊曼圖書館中典藏的兩種抄本。《中國紀行》作者阿里‧阿克巴爾‧哈塔伊的親筆原手稿已經不存在了。在 1582 年（明神宗萬曆十年）一個名叫侯賽因‧阿凡提的土耳其大臣把該著作翻譯成土耳其語，命名爲《中國和契丹法典》，並把它奉獻給蘇丹穆拉特第三世（1575～1595 年）。之後大部分的國外學者研究中國 16 世紀情況的時候，採用了這個土耳其文譯本。

《中國紀行》在蘇萊曼尼和巴黎兩個抄本裏是二十章，但在開羅抄本中

〔註7〕 C. P. Fitzgerald: *China A Short Cultural History*, the Cresset press, London. 1935 pp.470&471.

卻爲二十一章。蘇萊曼尼和巴黎抄本也許把其中的兩章合爲一章，或者開羅抄本的描寫人把一章分爲兩章。

　　突厥學者哈吉·哈里發（即哈奇·哈爾法）在 1656～1657 年寫了一部地理著作《世界記述》（即《世界明鑒》），〔註 8〕在 1732 年出版，第 166～189 頁採用了阿里·阿克巴爾寫的《中國紀行》的一部分。很可能他採用了侯賽因·阿凡提的《中國紀行》譯本《中國和契丹法典》的敘述而沒利用波斯語的版本。哈吉·哈里發還在他的巨著《穆斯林書目》（《發明與思考》）〔註 9〕第二卷中，提到了侯賽因·阿凡提的土耳其譯本《中國和契丹法典》，但沒有提到作者的名字。〔註 10〕十九世紀後半葉，《中國紀行》的土耳其文譯本傳至歐洲以後，歐洲學者開始對它進行研究。土耳其文譯本在土耳其和西方有很多手稿，但最後法國東方學家謝飛在伊斯坦布爾找到了波斯文版本。由於他當時不能深入研究這部作品，就在 1883 年在巴黎翻譯並發表了《中國紀行》的第一、七和十五章。過了五十年，這個作品引起了德國波恩大學前東方學院院長保羅·卡萊教授的注意。由於這位教授自己不懂波斯語，因此，他委託一位懂波斯語的印度教授（Muhammad Hamidullah），把伊斯坦布爾的兩個手稿全文譯爲德文和英文（但未印刷出版）。保羅·卡萊在談到謝飛翻譯的那三章時表示，如果它引起人們興趣的話，他將進一步報導此書。但是謝飛的文章發表後沒有引起什麼重視。

　　二十世紀初兩本主要的著作根本沒有提到阿里·阿克巴爾的作品：一本是考迪埃（Cordier）校訂亨利·裕爾（Henry Yule）著的《契丹及通往其路途》〔註 11〕；另一本是費蘭德〔註 12〕（即費瑯）1913 年著的《阿拉伯波斯突厥人東方文獻輯注》。在《伊斯蘭教百科全書》中阿里·阿克巴爾名下，只有八行短記。李約瑟博士認爲《中國紀行》是有關明朝早期情況的「一件重要的文獻」〔註 13〕。季羨林教授也認爲它「是一部非常值得重視、非常重要的書。」〔註 14〕作者在本書中提供的關於 16 世紀中國的情況非常寶貴，有些內容是獨

〔註 8〕　*Jahan Nema*

〔註 9〕　Kashf o Zonon an Asami el Kotobe val Fonon كشف الظنون ان اسامى الكتب والفنون

〔註 10〕瑪札海里：《絲綢之路，中國——波斯文化交流史》，耿昇譯，新疆人民出版
　　　　社 2006 年，第 90 頁。

〔註 11〕（即《東域紀程錄叢》）：*Cathay and the Way Thither*

〔註 12〕Gabriel Ferrand

〔註 13〕李約瑟：《中國紀行》，中文譯本，李約瑟博士序，第 1 頁。

〔註 14〕季羨林：《一部值得重視的書》，《讀書》1987 年，第 7 期，第 6 頁。

一無二的，例如作者自己親眼見到並詳細記載的中國監獄的情況。在馬可·波羅十三世紀及伊本·白圖泰十四世紀寫的遊記之後，十五世紀的蓋耶速丁和十六世紀的阿里·阿克巴爾用波斯文寫的遊記，均有獨特的價值。保羅·卡萊認爲《中國紀行》的價值爲尤如第二本《馬可·波羅遊記》，它涉及面廣，內容詳細而有趣，這一點比《馬可·波羅遊記》有過之而無不及。〔註 15〕此書實質上不是一個遊記，而是一個有關中國的系統敘述。上世紀三十年代張星烺教授寫一篇文章，首次在中國介紹該著作。〔註 16〕卡萊教授建議張氏按照中文史料，把《中國紀行》從德文譯中文，並加上注釋。但由於發生「七七事變」，此事未能完成。1988 年，張星烺教授的兒子張志善先生把《中國紀行》翻譯成中文，並在張星烺誕辰一百週年之際出版。〔註 17〕1993 年，耿昇把阿里·瑪札海里教授寫的《絲綢之路，中國——波斯文化交流史》翻譯成中文，其中一部分是《中國紀行》以及有關這部著作的注釋。

關於阿里·阿克巴爾撰寫這個著作，在《中國紀行》中有這樣的解釋：

> 再說彙集這些奇妙的敘述是因爲每個人，如果要到這位保護宗教、伊斯蘭教的穆斯林王子薩立姆罕·伊本·巴亞茲德·罕的庭院來，會贈送從世界各地隨身帶來的稀貴的禮物。本人，貧窮的小人，也從秦和瑪秦、契丹及和闐帶來了一部關於奇風異俗、奇特儀式的敘述。

接著他寫一行詩歌：

> 帝王們要以厚禮來呈獻，不贈禮物的人，就是吝嗇鬼。

但是阿里·阿克巴爾沒有機會把他的著作呈獻給蘇丹薩利姆。他在序章中把蘇丹薩利姆的名字換成了他兒子的名字蘇萊曼。並在末尾獻上了一段頌辭，歌頌他的寬宏大量。

阿里·阿克巴爾按照內容把自己的書來分成以下 21 章（按照開羅波斯文抄本）：

1. 中國的邊境及到中國的道路
2. 宗教和信仰
3. 中國城市建築、設施和居民、民政管理、郵政和外賓接待

〔註 15〕 轉引自張至善：《中國紀行》，三聯書店，1988 年，第 11 頁。

〔註 16〕 張星烺：《德文譯本愛梨艾柯伯爾之中國志（Khitayname）之介紹》，《地學雜誌》，1936 年，第 2 期，第 91～101 頁。

〔註 17〕 阿里·阿克巴爾：《中國紀行》張至善譯，三聯書店，1988 年。

4. 軍隊

5. 財庫和倉庫

6. 皇宮

7. 國家監獄

8. 公共節日

9. 國家的行政區劃分

10. 宴會的設計和布置

11. 妓女和妓院，妓女禱雨的情況

12. 科學、藝術、遊戲、天文學

13. 中國國家和社會的法律起源

14. 學院、高級和初級學校

15. 和西域人的往來

16. 和西域草原民族的關係，西藏人，印度人

17. 農業；飢饉和火災時的處理機構

18. 苦行者及高級宗教啓示

19. 錢幣、紙幣、花炮

20. 法律的維護，懲罰罪人經過交互審理

21. 繪畫、藝術、宴會

　　雖然在著作中，有些章節有重複的內容，但每一章裏，他詳細地敘述了中國各個方面的情況。阿里·阿克巴爾雖然沒有帶很高的研究敏銳，但記錄了在中國地區的所見所聞，包括道路、宗教、城市建築、軍隊、王朝之藏庫、國家的符號和印章、可怕的監獄、新年、管理部、宴會和食品、妓女和妓院、遊戲和娛樂、法律和管理國家的本領系統、各種普通和宗教學校、寺廟、流行貨幣以及遊客和所帶來的貢物象：布料、寶石、馬、獅子、豹、山貓等。這一切使他的作品成爲研究明朝中期的一部十分豐富的資料。

　　《中國紀行》的土耳其文譯本《中國法典》，把原著者說成是阿里·戈什吉。譯者誤認原著者就是帖木兒王朝君主兀魯貝克的弟子。保羅·卡萊認爲謝飛翻譯的《中國紀行》的三章，沒有引起人們進一步的注意，原因之一可以說是土耳其文譯本對眞正研究此書是不夠的。在波斯文本中出現難點時，譯者就進行了刪節或做了不正確的改寫，譯本中不僅刪節了許多詩，還刪掉了著者經歷中的特殊描述。例如著者訪問中國妓院的敘述，它對土耳其人來

說或許被認爲是不體面的，因而予以刪去，另外也出現一些在波斯文版中並不存在，或明顯錯誤的年代數字。對原本的年代也沒有說清楚。所以土耳其文譯本與原本在一起時，就顯得沒有獨立價值了。〔註 18〕張星烺教授也認爲「其因或由於土耳其文譯本之不良。不足以引起人作眞正深切之研究也。土文譯本將波斯文原書節略，或翻譯不眞確者，各處可以見之。波斯文原書有詩甚多，土文譯本悉行刪除。作書者個人經閱行爲，亦極有興趣。例如阿克巴爾曾往妓館一遊，敘述其所見。土人以爲不道德之事，全節刪除。土文譯本中，又增入幾個年代，波斯原書皆無之。」〔註 19〕

三、《中國紀行》的研究

目前關於《中國紀行》的研究狀況如下：

1851 年德國伏萊舍（H.L. Fleischer）在《薩克遜皇家科學院報告》中首次發表文章宣佈在德累斯頓和柏林圖書館中發現《中國紀行》土耳其文手抄本。文章介紹《中國紀行》的主要內容，並將第四章《中國城市的衛戍軍隊》譯爲德文。〔註 20〕他還錯誤地認爲本書是源於蒙古統治時代（1279～1368 年），並和那時的馬可·波羅和伊本·白圖泰的中國遊記有關。（這篇文章於 1888 年又被收入萊比錫的《短文》刊物中。）

1855 年史萊希塔·瓦思爾德（Schlechta-Wasehrd）在《維也納科學院會議報告》中指出，在伊斯坦布爾有波斯文《中國紀行》的手抄本，即上述 I609 手稿。

1861 年德國學者岑克在德國《東方雜誌》，第 15 卷上發表了一篇論述和他對《中國紀行》的土耳其文譯本中若干章節的簡述。岑克還綜述了伏萊舍的有關該書作者及時代的見解。〔註 21〕

〔註 18〕保羅·卡萊：《有關 1500 年前後中國情況的伊斯蘭歷史材料》，《東方學會》，萊頓，1933 年，第 12 版，第 91～101 頁。（載阿里·阿克巴爾《中國紀行》附文，張至善譯，第 194 頁）

〔註 19〕張星烺：《德文譯本愛梨艾柯伯爾之中國志（Khitayname）之介紹》，《地學雜誌》，1936 年第 2 期，第 95 頁。

〔註 20〕H. L. Fleischer: *Über das turkische Chatai–name*-Breichte Uber die Verhandlungen der kgl. Sächsischen Geselschaft der Wissenschaften zu Leipzig. Bd. III. Leipzig. SS. 317-327. H.L. Fleischer. *Über das turkische Chatai–name. Keleinere Schriften.* Leipzig, 1888. Band III. SS.214-225.

〔註 21〕J. Fr. Zenker:*Das Chinesische Reich nach dem türkischen Khatainame. ZDMG.* 15

1883 年法國東方學家夏爾・謝飛把《中國紀行》的三章譯爲法文，並加前言。他所用的腳本是他請人從伊斯坦堡圖書館照 I609 號抄本仔細轉抄下來的。他以爲那就是阿里・阿克巴爾的親筆原手稿，而正明本作品由公元 1516 年成書的。謝飛不同意伏萊舍認爲《中國紀行》是按照舊聞現在 15 世紀末寫出來的說法。他認爲土耳其譯文不如原波斯文完整。謝飛指出《中國紀行》是關於中國十六世紀初的一個很重要的文獻。他還分析《中國紀行》的時代背景，也解釋書前給國王獻辭更改的原因。〔註22〕

1905 年法國布洛曬在《國立圖書館波斯文手稿目錄》中介紹《中國紀行》。〔註23〕

1910 年俄國學者佈雷特施奈德在他出版的書《中世紀研究》裏介紹了《中國紀行》，並列出了岑克和謝飛的文獻。〔註24〕

1923 年泰施納爾在德國《東方雜誌》上發表論文《奧斯曼地理學文獻》。〔註25〕文中介紹了哈吉・哈里發的著作《世界記述》，也指出《中國紀行》的土文譯本性質，但他幾乎無視《世界記述》中引用《中國紀行》的事實。

1928 年德國學者沙赫特（J.Schacht）在《柏林科學院論文集》上指出阿西爾・阿凡提圖書館中還有兩個波斯文《中國紀行》手抄本，即 I610 及 II249 號手稿。

1933 年德國波恩大學東方學院院長保爾・卡萊寫了一篇很學術的論文，發表於德國的《東方學報》上。〔註26〕他仔細地研究所存在的手抄本而發現它們並不是阿里・阿克巴爾的親筆手稿。他也不同意作者只是在閱讀古籍的基礎上，而沒有達到中國就著成此書的說法。他還發現土耳其文譯本存在著很多不準確的地方，而對研究《中國紀行》是不夠的。卡萊通過中國瓷器的研究，證明當時中國的穆斯林宦官對國家的影響很大。

1936 年斯圖利寫了一篇文章介紹波斯文的三種抄本以及土文的兩種抄

(1851): 785-805.

〔註22〕 Ch. Schefer: *Trois chapitres du Khitay Nameh, texte Persane et traduction Francaise*, Mélanges Orientaux. Paris, 1883. Pp 29-84.

〔註23〕 E. Blochet: *Catalogue des manuuscrits persans de la bibliothèque Nationale*. Vol. 1 1905. Pp.318-9

〔註24〕 E. Bretschneider, M. D.:*Mediavel Researches From Eastern Asiatic Sources*. Kegan Paul, Trench Trübner & CO. London. 1910. Vol.II. p.154.

〔註25〕 F. Taeschner: *Geographische Literature der osmanen*. ZDMG. 77 (1923): 31-80, 144.

〔註26〕 P. E. Kahle: *Eine islamische Quelle Über China um 1500. Das Khitay Name des Ali Ekber*. Acta Orientalia. 12 (1933): p.91-110.

本。〔註27〕

　　1936 年中國學者張星烺教授在中國《地學雜誌》上發表了一篇文章，首次用中文介紹了《中國紀行》的要點。〔註 28〕他在介紹卡萊的文章和他和卡萊合作的經過之外，指出了書中的內容十之八九是眞實的，也有一些是道聽途說的材料。

　　1940 年卡萊在第 2 輯《伊朗學會文集》中，發表了另一篇文章，題爲《土耳其地理學家按照伊朗資料描述的中國》。〔註29〕在本文章中他強調《中國紀行》從時間上的獨特價值。他還結識哈吉‧哈里發怎麼在他的著作《世界記述》中，引用了《中國紀行》內容的一部分。後來另一個地理學家阿布‧貝克爾在他的著作中《地理學》中也引用了《世界記述》的內容。

　　1950 年托幹在土耳其文版《伊斯蘭大百科全書》阿里‧阿克巴爾的詞條下論及《中國紀行》的部分內容。〔註30〕

　　1954 年，英國學者李約瑟在他的巨著《中國科學技術史》中，把《中國紀行》一書作爲十六世紀西亞和中國文化交流的早期文獻。但他把阿里‧阿克巴爾當作一個阿拉伯人，而把《中國紀行》列入中國和阿拉伯之間的文化和科學的接觸中的材料。

　　1956 年，艾倫（A.Cevat Eren）把卡萊在 1940 年做的報告譯爲土耳其文，登在伊斯蘭研究所的刊物上。〔註31〕

　　1956 年卡萊在 1940 年寫的文章再一次被發表於《卡萊文集》中。〔註32〕

　　1962 年 Brill 新編的英文版《伊斯蘭百科全書》中，列有阿里‧阿克巴爾的詞條，撰寫人爲托幹。〔註33〕

　　1967 年中國（臺北）林義民以土耳其文寫成他的博士論文《關於〈中國紀行〉與中國資料的比較評論》。〔註34〕他把論文分成兩大部分：第一部分爲

〔註27〕 C. A. Storey: *Persian Literature*. London, Vol.I, 1936, p.431-432.
〔註28〕 張星烺：《德文譯本阿梨愛克伯爾之中國志（Khitayname）之介紹》，《地學雜誌》，1936 年第 2 期，第 91～101 頁。
〔註29〕 P. E. Kahle: *China as described by Turkish Geographers from Iranian Sources*. Proceeding of the Iran Society. Vol. 2. London. 1940.
〔註30〕 Zeki Valedi Togan: *Tarihde usul*. Istanbul. 1950. P.269.
〔註31〕 P. Kahle: *Türk Cografyacilarinin Tasvirne Göre Cin*. Islam Tetkikleri Enstitusu Dergin: Vol.II, Part I (1956): 89-96.
〔註32〕 *Opera Minora*, Leiden ,1956. P.312-324.
〔註33〕 Z. V. Togan: Ali Ekbar. Islam Ansiklppedisi. I (1962). Pp.318-319.
〔註34〕 Lin Yih-Min:*Ali Ekber'in Hitayname-edli esersnin Cin kaynaklari ile mukaycse ve*

新土耳其文的《中國紀行》本文、譯注與版本比較；第二部分為瓦剌人和蒙古人的中國史料。全書附有地圖資料。他為了取得謝飛所使用過的抄本的原始手稿，選擇蘇萊曼尼 I610 號的波斯文抄本，從頭至尾把它翻譯過來。在翻譯這個手抄本的同時，林義民把它與其它手抄本進行比較。在研究中，他採取了考證方法，並說到「仔細搜集阿里‧阿克巴爾遊歷時期的中國資料，並且研究其著作中對情況介紹的真偽，是他論文的基本目的。」在他論文的第二部分，他按照中國古籍資料，來研究阿里‧阿克巴爾有關瓦剌人和蒙古人寫的史料。他對《中國紀行》進行考察，證明阿里‧阿克巴爾的描寫很多都是事實，但最後他得出結論說很可能阿里‧阿克巴爾根本就沒有親自到過中國，而是從別人聽到過的關於中國的情況寫下來的。這顯然不準確，因為林義民不能證明阿里‧阿克巴爾到底採用了哪些作品編了自己的書。還有林義民自己證明了著作中的很多敘述符合中國當時的真實情況。其次，阿里‧阿克巴爾把他的著作獻給當時奧斯曼帝國的國王。這樣的情況下，他不可能沒有到過中國領土。

1969 年，日本京都大學小田收典在日本《史林》上發表《十六世紀初有關中國的伊斯蘭史料──對阿里‧阿克巴爾著〈中國記〉的重新評價》一文〔註35〕。這是日本第一次介紹阿里‧阿克巴爾的資料。他使用了《中國紀行》的土文譯版，並和中國史料進行對照研究。他對此書有很高度的評價。

1973 年，伊朗學者伊拉志‧阿夫沙爾編輯出版了開羅抄本的波斯文與奧斯曼土耳其文的《中國紀行》印刷版全文。〔註36〕本書在 1993 年被第二次印刷，這一次阿夫沙爾教授把書奉獻給張志善先生。

1983 年林義民在美國《中亞雜誌》上發表了他論文引言的英文譯文。〔註37〕

1983 年法籍伊朗教授阿里‧瑪札海里用法文寫的著作《絲綢之路，中國──波斯文化交流史》，對於《中國紀行》和《蓋耶速丁行記》進行了十分詳細的考察。該著作在中國於 1993 年由耿昇譯為中文，出版於中華書局。2006

　　　　tenkidi. Doktora cabsmasi. Tai-Pei, 1967.351p.

〔註35〕 Juten Oda: *A note on the historical materials of Khitay-name by Ali Ekbar*. The Shirin (Journal of History) .52(1969): 858-879, 908- 909.

〔註36〕 خطای نامه، شرح مشاهدات سید علی اکبر خطائی در سرزمین چین به پیوست سفرنامه غیاث الدین نقاش ، به کوشش ایرج افشار، مرکز اسناد فرهنگی آسیا ، تهران ، 1372.

〔註37〕 *A Comparative and critical study of Ali Akbar's Khatay- nama with references to Chinese Sources*. Central Asiatic Journal . 27 (1983). 1-4. P.58-78.

年新疆人民出版社再一次印刷此書。

1984 年德國中亞史家施布勒針對伊朗阿夫沙爾教授著的《中國紀行》發表了一篇文章。〔註38〕

1985 年季羨林教授在《世界歷史》雜誌上發表了《原始社會風俗殘餘——關於妓女禱雨的問題》，對於阿里・阿克巴爾著作中所描寫的求雨場面進行考察。〔註39〕

1988 年張志善在中國出版了《中國紀行》的中文譯本，出版於三聯書店，附錄中還搜集了幾篇歐美學者關於《中國紀行》的研究譯本。

1989 年張志善在發表於《世界史研究動態》雜誌的《一本有待深入研究的古籍——〈中國紀行〉中文譯本問世》〔註40〕這篇文章裏，再一次強調這部著作的重要性。

1991 年伊朗學者阿布・塔里布・米爾・阿貝丁尼先生發表了關於《中國紀行》的一篇文章。〔註41〕在論文中他解釋前往中國的道路，而證明阿里・阿克巴爾通過哪一條路去過中國。米爾・阿貝丁尼排除林義民認爲由於阿里・阿克巴爾沒有解釋從哪一條路到過中國，因此能得知他根本沒去過中國的看法。該論文的作者認爲阿里・阿克巴爾在 1506 年春天到過北京，親自參加過皇帝春天舉行的穀雨儀式。

2004 年鍾焓先生寫了一篇文章，考釋出《中國紀行》中的「wjwd」是指當時的兀良哈三衛蒙古人。〔註42〕

2001 年，維也納中國研究專業的一位學生愷利斯丁・貝克曼的畢業論文的題目是關於《中國紀行》。本書目前未出版。〔註43〕（筆者沒見過該論文）

〔註38〕 *Khatai, Ali Akbar: Khatay- Namih. A Persian Text describing a voyage to China in 1516~1517*, ed. By I. Afshar. Tehran: Asian Cultural Documents *for UNESCO*. 266 S. arab. Text, gr. 8=Cultural Bibliographies and Documents Series, 9.-. Angezeigt von B. Spuler, Hamburg.

〔註39〕 季羨林：《原始社會風俗殘餘——關於妓女禱雨的問題》，《世界歷史》，1985 年第 10 期，第 17～20 頁。

〔註40〕 張志善：《一本有待深入研究的古籍——〈中國紀行〉中文譯本問世》，《世界史研究動態》，1989 年第 12 期，第 59～60 頁。

〔註41〕 دکتر ابوطالب میر عابدینی، خطای نامه، مجله آینده سال شانزدهم ،سال 1369 صفحات 707-718.

〔註42〕 鍾焓：《阿里・阿克巴〈中國紀行〉中的「wjwd」考釋》，《滿語研究》，2004 年第 1 期，第 98～101 頁。

〔註43〕 Christine Beckmann: "*China in derislamischen Historiographie: Ausdem Hitâynâme des 'Alî Ekber unter Berücksichtigung chinesischer undwestlicher Quellen.*" Unpublished diploma thesis, Wien, 2001.

2007 年鍾焓先生在發表於《西域研究》的文章裏，對照了《中國紀行》中的中國傳說故事與民間信仰。〔註44〕

除了以上的研究之外，在中國、伊朗和其它國家的一些學者的論文當中，還零碎地提到過阿里‧阿克巴爾和他的《中國紀行》。

四、《中國紀行》的作者

關於薩義德‧阿里‧阿克巴爾‧哈塔伊（Sayyed Ali Akbar Khataei）的國籍，學者們有不同的看法。德國學者 J.Th.岑克關於阿里‧阿克巴爾有這樣的看法：「此書著者的姓名尚無人知道，從哈吉‧哈里發提出的說法看，可能是一個商人給蘇丹薩立姆（Soltan Salim），〔薩立姆王〕寫的，也許是薩立姆一世（執政期爲公元 1512～1520 年）。另一種說法認爲作者是一個由撒馬爾罕博學的兀魯貝克（執政年代爲公元 1449 年）派往中國去的天文學家。」〔註45〕岑克的意思是阿里‧戈什吉，而我們知道這個問題是土耳其文譯者侯賽因‧阿凡提造成的。對阿里‧阿克巴爾，阿里‧瑪札海里指出：他是布哈拉的商人，青年時代曾在中國度過了數年。作爲大商人，曾被撒馬爾罕的某一王子選中作爲使節出使明朝。他不止一次往返於絲綢之路。他很可能原籍爲布哈拉，在撒馬爾罕度過了青年時代，而撒馬爾罕正是前往中國的代表團的啓程地和從中國返回的所有商隊的到站地。

關於阿里‧阿克巴爾的國籍，甚至存在著一些不準確的觀點。例如張志善在《中國紀行》附文，發表了伊敬華給他的私人通信，伊敬華以爲阿里‧阿克巴爾的父親或母親肯定無疑是位華裔。他或她在世時，在中國曾躋身於宮廷權貴之列或係皇上的至爲親近的寵臣，抑或係皇親國戚。後來，要麼是他（她）犯了什麼錯誤，要麼是他的仇敵或覬覦他（她）的權勢者們的妒忌和讒言，以至激怒了皇上；他（她）知道自己必死無疑。爲此，在處死的命令下達之前，他（她）便逃往伊朗。抵達伊朗之後，隨著時光的消逝，他或她與一位伊朗人成了親，阿里‧阿克巴爾便是其子。他或她在伊朗生活的時間裏向自己的兒子阿里‧阿克巴爾以講故事的形式敘述了自己在中國時所經歷的各種事情……以後阿里‧阿克巴爾以自己的名義，用自己的口氣和觀點

〔註44〕 鍾焓：《一位中亞穆斯林筆下的中國傳說故事與民間信仰》，《西域研究》，2007 年第 3 期，第 98～105 頁。

〔註45〕 《土耳其文〈中國志〉中所述的中國》，德國《東方雜誌》，1861 年第 15 卷，第 768～805 頁，載《中國紀行》張至善譯，三聯書店，1988 年，第 162 頁。

把所有這些見聞編撰成一本名爲《中國紀行》的書；並在該書中添加了一些必要的修飾和補充。〔註 46〕很顯然這個故事完全是按照想像來編的，也是很不合理的。在《中國紀行》中不能找到一個句子來證明以上的說法。在伊朗，從古至今，有時候在名後，作爲一個稱號，加上人的工作或跟那人的生活狀況很接近的一個意思的稱號。「哈塔伊」的意思爲「契丹」，就是中國的意思。但我們不能說哈塔伊是一個中國人。在這個地方，哈塔伊不代表作者的父籍或出生地。瑪札海里教授認爲阿里·阿克巴爾年輕時，多次通過他在作品中提到的那條路到過中國；如果他只有一次到過中國的話，不會有「哈塔伊」（前往中國北方旅行的人）這個綽號。這一稱號很可能具有商業起源。〔註 47〕這位學者認爲，由於阿里·阿克巴爾曾不止一次地穿越過這段路程，這無疑就是導致他撰寫一部《中國紀行》並將之奉獻給一位蘇丹的原因，在蘇丹的京城可以計算到不止一名「中國旅行家」。〔註 48〕伊朗教授阿夫沙爾認爲從阿里·阿克巴爾的語言表達方式可以判斷他是兩河流域上游的人，有些用詞可以證明。這位教授用阿里·阿克巴爾書中所使用的 14 種兩河流域的專用詞彙，來證明作者屬於那個地區。〔註 49〕日本教授小田壽典認爲阿里·阿克巴爾不一定是商人，而是能引用古詩寫作的讀書人，也可能就是使節之一。阿夫沙爾教授還認爲阿里·阿克巴爾提到伊朗的薩法維王朝的軍隊時，口氣稍微不友好。由於薩法維王朝屬於伊斯蘭教什葉派，因此，可以斷定阿里·阿克巴爾屬於伊斯蘭教的遜尼派。這個原因使他投奔奧斯曼宮廷，並獻書給蘇萊曼國王。也可能由於另一個原因，即當他從中國回來之後，伊朗全境由於戰爭（土耳其伊朗戰爭）處於不穩定的狀況，他認爲呆在伊朗無益，就到了伊斯坦布爾。在本作品中，他幾次對土耳其國王表示敬意。〔註 50〕

《中國紀行》關於瓷器生產有很詳細的記載，這一點表示作者的貿易活動的一部分是中國瓷器。除了瓷器以外，我們在《中國紀行》中會找到一些藥物的名字。伊中的醫藥交流史始於兩千年前左右。公元 103 年，安息王開

〔註46〕 伊敬華：《我對阿里·阿克巴爾著〈中國紀行〉一書的看法》，載《中國紀行》附文，張至善譯，三聯書店，1988 年，第 307～308 頁。
〔註47〕 瑪札海里：《絲綢之路：中國波斯文化交流史》，耿昇譯，新疆人民出版社，2006 年，第 97 頁。
〔註48〕 瑪札海里：《絲綢之路：中國波斯文化交流史》，耿昇譯，新疆人民出版社，2006 年，第 97 頁。
〔註49〕 阿夫沙爾：《中國紀行》，（波斯文本）第 16 頁。
〔註50〕 阿夫沙爾：《中國紀行》，（波斯文本）第 15 頁。

始向中國進獻禮品，從此兩國間有了正式交往。種類繁多的伊朗藥物如波斯眼藥（Tutiya）、波斯解毒成藥——底也迦（Teriaca）等傳入中國。13 世紀波斯醫生像阿維森納（980～1037）、拉齊（Razi）和 Majusi 等人的醫書也傳入中國，其中部分方劑被收錄在明代的《普濟方》、《回回藥方》和《本草綱目》中，豐富了中國醫藥學。在第九章中，阿里·阿克巴爾在介紹中國的十二個省份時，說明了每個地區的特產。比如，在解釋中國陝西省的不同地區之名時，提到在「Zhulanfu」（可能是莊浪府，張志善以爲是蘭州）、古浪府和河南府這些地區盛產高質量大黃，別處少見。阿布·滿速兒是最先談到中國大黃的波斯作者。1154 年愛德里西說大黃是中國的產品。伊本·沙義德和伊本·拜塔爾也提到過中國大黃。〔註51〕馬可·波羅說：「肅州群山中大量產大黃，商人到那裡去採購，再運往世界各地。」〔註52〕阿里·阿克巴爾還提到生薑、山藥（墮胎草藥）、蓽澄茄等藥物在汗八里都找得到。在介紹中國另一個地區時，書中提到一個名叫「Hiza」的地方。張志善認爲從內容看指貴州省。作者說它的城市爲貴州和「Salarfu」（思南府）。這個地區的藥材特別豐富，如長形胡椒、丁香等等。那裡的人咀嚼檳榔葉和檳榔核。他還提到穆斯林間最貴重的香料和藥物，就是陝西省的京兆府（今西安）、甘州（今張掖）、肅州（今酒泉）和定州這幾個城市盛產的麝香。麝香是取自那些地區野生的麝。果然阿里·阿克巴爾在藥物領域裏也作過貿易活動。除了藥物之外，他很瞭解中國每個地方的特產和具體的價格。像汗八里的銀子，福建省的麻、絲綢、彩緞，雲南省的珍珠和各種珠寶，高麗省的黃金和絲綢以及和闐的白、黑玉石。他還提到中國有三件東西，只有天堂才能找到與其比美的物品。那就是又大又甜的蜜棗，和兩種花，一是罌粟花，二是蓮花。這些不只證明阿里·阿克巴爾的職業，也說明他貿易活動的領域和範圍。當時許多隨使團來華的商人轉變爲使臣的奴僕。對此，阿里·阿克巴爾解釋說，從中國鄰邦來的人都是作爲遣使來的，否則不准入境。

　　有些學者認爲阿里·阿克巴爾寫書的目的是想激起奧斯曼帝國的君主們去征服中國，並使它轉而信奉伊斯蘭教。但是看他的作品，我們會發現他對中國文化有很深的理解，也很讚美中國的各個方面。除此之外，他在伊斯蘭教宗教信仰方面，不顯示很嚴格的態度。正如在其著作中所反應的，作者崇

〔註51〕請參看勞費爾著《中國伊朗遍》，商務印書館，2001 年，第 379～383 頁。
〔註52〕Yule: *Marco Polo*, Vol. I, p.217.

拜世俗生活，對於酒精飲料、宴會、戲劇、舞蹈、音樂和美女表現出明顯的愛慕。作品中的一章是描繪中國的妓院和妓女。這樣的人的心目中，不會抱著向中國傳播伊斯蘭教的觀念。關於中國美女，作者在前言中寫了一首如下的詩歌：

> 我已開講《中國紀行》，我打開重要寶庫之門。
>
> 我先講中國的美女們，她們的技藝使人心醉。
>
> 人人皮膚像白銀一樣白，性情溫善，個個潔淨，身材嬌纖。
>
> 水仙般的眼睛，玫瑰般的臉蛋。全是苗條細腰，都有烏髮紅顏。
>
> 像似仙女下凡，不是原出人間。
>
> 她們口蜜唇甜，儀態優雅，有如鸚鵡弄舌，情意綿綿。〔註53〕

五、《中國紀行》與明代伊斯蘭教文化

明朝時伊斯蘭教在中國的傳播已經有 700 年的歷史，當時中國的回民發生變化，從與其他中國人保持距離的狀態，變爲和漢人一致的，完全融入他們的狀態。明代之前，伊斯蘭教在傳播中保持其教義、儀式及組織上的獨立性與原教旨特點，不與中國傳統文化相融合。回民作爲社會的一個特殊階層，保留了自己的語言和風俗習慣。「進入明代以來，伊斯蘭教在其內容與形式上都發生了一系列的變異，主要表現爲伊斯蘭教從自我封閉狀態進入與中國傳統文化相結合的階段，伊斯蘭教中國化的特徵明顯起來。」〔註54〕在明代伴隨著鎖國的政策，中國回民也把自己當作本地人，他們的整個生活習慣逐漸地變爲中式的。大部分的回民接受了漢族人的姓。他們的服裝也變了樣。他們的孩子開始學中文書、講漢語。在一個很短的時間之內，除了保護宗教方面的基本原則和觀念之外，穆斯林人的其它風俗習慣變爲中式的。甚至回民和其它民族都分不清。因此，穆斯林得到了中國人的尊敬。現代穆斯林作家把當時叫做「中國伊斯蘭教的黃金時代」。〔註55〕有人認爲明朝洪武皇帝是回族，他的皇后姓馬，按照明史記載，也是一位回族。〔註56〕在永樂皇帝年間，

〔註53〕張至善譯：《中國紀行》，第 32 頁。

〔註54〕爲了瞭解明清時期的中國伊斯蘭教情況，請參看：南文淵《試論回族等少數民族伊斯蘭教在中國的發展特徵》，寧夏社會科學，1990 年第 1 期，第 49 頁。

〔註55〕Davood Ting: *Islamic Culture in China*, in K. Morgan, (Ed.) *Islam: the straight path*, N.Y. 1958.Quoted by Raphael Israeli: *Islam and Jusaeism in China*, reprinted from Asian Profile, Vol.5, No.1, 1977, p.35.

〔註56〕馬明道：《明朝皇家信仰靠初稿》，中國回教文化教育基金會出版，第 5、11 頁。

作爲一個回民政治家的鄭和，被指定到印度洋和太平洋的各國去進行政治、經濟和文化交流。在推動伊斯蘭教在中國發展方面，波斯穆斯林毫無疑問起了很重要的作用。「自北魏起至明代，在中國境內的古代波斯人是推動中外人民相互聯繫交往的重要因素之一，他們是在中國較有影響的外國人。」〔註57〕「中國伊斯蘭文明體系是多元文明的綜合產物，波斯伊斯蘭文明是其重要來源之一。伊斯蘭教傳入中國最早始於公元 7 世紀。唐宋、五代至元代，除了阿拉伯人外，波斯的商人、工匠、軍士、傳教士也發揮了很大作用。」〔註58〕「迄今爲止的中外歷史學家、人類學家也已證明：中國回族穆斯林身體裏流淌著波斯人的血液，文化裏蘊涵著古老的波斯文明。」〔註59〕

阿里・阿克巴爾的《中國紀行》中，有不少關於明朝皇家和伊斯蘭教之關係的記載，給國內外伊斯蘭教學者提供了這方面的重要史料。從明朝初期到明中葉這一段時間，由於明政府對伊斯蘭教採取保護政策，伊斯蘭教在這一時期得到迅速發展。中國政府在各地修建了不少清眞寺。很多清眞寺也是回民自籌資金修建的。關於這方面，阿里・阿克巴爾在第二章裏有所說明：中國皇帝在汗八里（北京市）爲穆斯林建造了四座清眞寺；中國境內共有九十座清眞寺，都是政府爲穆斯林建造的。〔註60〕「據史料記載，北京經明皇帝提名敕賜的禮拜寺有牛街禮拜寺，東四牌樓的清眞寺，錦什坊街的普壽寺，安定門二條的法明寺，被稱爲明代北京『四大官寺』。」〔註61〕這正好與阿里・阿克巴爾的說法相統一。中國元明代和伊朗的帖木兒時代，波斯人與中國的往來很廣泛，多次在中國進行修建、重修清眞寺的活動。代表人物之一就是這個時期進行重修杭州清眞寺的波斯人阿老丁（Fakhr-al Din Shahab-al Din Ibn Ala-al Din Tarmazi）。這個清眞寺還留下了一個波斯文碑刻。

阿里・阿克巴爾在各章簡介的第二章解釋說：「默罕默德宗教對他們（中國人）來說是最好的宗教，他們雖然不信這個宗教，但很喜歡默罕默德的宗教，而把他叫做『人中最好的』」。他在第二章中，在解釋中國人的各種宗教

〔註57〕葉奕良：《古代中國伊朗文化關係略論》載《中外關係史論叢》，第 4 輯，天津古籍出版社，1994 年，第 84 頁。
〔註58〕馬平：《波斯伊斯蘭文明對中國伊斯蘭文明的貢獻及其深遠影響》，《回族研究》，2004 年第 3 期，第 100 頁。
〔註59〕姚繼德：《雲南回族與波斯文化》，《回族研究》，2000 年第 4 期，第 15 頁。
〔註60〕張志善譯：《中國紀行》，第 46 頁。
〔註61〕丁明俊：《明前期伊斯蘭教政策簡論》，《寧夏社會科學》，1993 年第 4 期，第 26 頁。

時說：「中國皇帝在汗八里城外修建了一座清真寺〔註62〕，主要作為他自己祈禱之地。他每年在處決殺人犯的前夕都到那邊去，以便在那裡祭天。清真寺裏面沒有神像。在朝麥加方向的牆上有古蘭經和真主的名字，有迴文和中文的解釋。他要去清真寺禮拜時，幾天前就進行把齋。還在齋戒期間，他就乘坐轎子前往。」〔註63〕關於這段話，瑪札海里教授認為很難斷言阿里·阿克巴爾是親眼見過這些用阿拉伯文字寫成的文獻，還是僅僅據傳聞而論述的。無論如何，他相信並認為大明王朝秘密地信仰伊斯蘭教。此外，當時帖木兒朝人寫法的阿拉伯文在中國非常流行。〔註64〕接著阿里·阿克巴爾介紹伴隨皇帝的軍隊布置、音樂團和豪華的手續。這裡他還提到：「在這些侍從中，有兩個穆斯林太監騎著高頭大馬，走在皇座的前面引路。這表示對穆斯林的極端崇敬和尊重。」〔註65〕後面他解釋皇帝怎樣在那裡進行祈禱，和作完了這些宗教活動，他怎麼返回自己的皇宮。

看起來當時在中國留居的外籍穆斯林也不少，並且明王朝對他們的政策是很友好的。阿里·阿克巴爾指出在一個名叫「鞏昌府」〔註66〕的地方，具有三萬定居的穆斯林，而中國人對他們都不收稅；相反，朝廷還給他職務和薪俸。〔註67〕下面作者講的故事也表示皇帝對於穆斯林的友好態度：

> 中國大臣們向皇帝稟報，有幾千定居的穆斯林混雜在人民中間，如加麥田裏叢生的雜草，〔無法把他們分清〕。不該把他們清除嗎？因為他們也不交稅。皇帝作了三條回答：一、我們的父輩沒有管過這些事，我們怎麼好管呢？二、我們應從其外表（即他們明顯行為）來判斷穆斯林。為什麼要加入他們內心的信仰呢？三、希望我們也有機會，能變成象穆斯林一樣的。

〔註62〕 張星烺教授認為這裡指的是牛街清真寺，但阿里·瑪札海里認為他的意思是天壇。

〔註63〕 阿里·阿克巴爾·哈塔伊著《中國紀行》，張至善譯，三聯書店，1988年，第41頁。

〔註64〕 瑪札海里：《絲綢之路，中國──波斯文化交流史》，新疆人民出版社，2006年，第136頁，第6校注。

〔註65〕 阿里·阿克巴爾·哈塔伊著：《中國紀行》，張至善譯，三聯書店，1988年，第45頁。

〔註66〕 「鞏昌府」是張星烺的譯名，但張志善認為有可能阿里·阿克巴爾的意思為「京兆府」，即今西安。

〔註67〕 張志善譯《中國紀行》第46頁。

這一切都證明明王朝對伊斯蘭教採取了一種團結和保護的政策。接著阿里‧阿克巴爾說到：「從皇帝的某些行為看，他秘密地轉變為一個穆斯林，然而由於害怕國家之衰落，他不能對此公開宣佈。這是因為他的國家風俗和法規所決定的。這位皇帝成化的父親景泰汗，他對穆斯林非常友好，曾任命了七位穆斯林以大臣的職位，直到現在，而且將繼續下去。」《明會典》卷一百二《各國額設通事》：「成化五年回回通事七員，成華十九年添一名。」〔註68〕阿里‧阿克巴爾的記載是與《明會典》的記載相符的。「阿里‧阿克巴爾的描述是他親眼所見，與中國民間的傳說基本吻合。不過阿里‧阿克巴爾沒有考察過朱氏家族的歷史，實際上朱氏家族不是後期信奉伊斯蘭教的，而是他原本信伊斯蘭教的回族。」〔註69〕接著，關於這些大臣他這樣描述：「這些大臣的殿堂比中國大臣的要靠前些，並且使用著一批穆斯林太監，使他們一天在他面前作五次宣禮。他們穿著穆斯林式長袍，繫著頭巾，在中國皇帝的眼前集合五次作禮拜。皇帝非常喜歡這種祈禱者。中國話稱伊斯蘭為『清真』，意即純潔的信仰。中國人，甚至東方的所有異教徒都很大程度上傾向於伊斯蘭教和保護中國的那些規則。」〔註70〕關於皇帝信奉伊斯蘭教一事，雖然史料上並沒有記載，但由於阿里‧阿克巴爾所描述的皇宮內穆斯林太監的情況大部分符合於明朝史料，並且當時皇宮內的穆斯林太監相當多，因此，關於明皇帝的伊斯蘭教信仰也需要更多的考慮。雖然皇帝沒有正式宣佈他信奉伊斯蘭教，但從他周圍的穆斯林太監，以及其他穆斯林大臣情況來看，不難斷定他們對於伊斯蘭教的尊敬和信仰。皇帝選用那麼多穆斯林太監，應該有某些原因。比如「太監的重要職責之一就是伺侯皇帝的飲食與起居，而穆斯林的飲食習慣與非穆斯林有很大區別。」〔註71〕除此之外，阿里‧阿克巴爾還提到中國宮內宴會上專門為穆斯林備有廚師和廚房。關於這方面，蓋耶速丁在他的遊記裏也指出，宴會時或在驛館中給穆斯林提供清真飲食。這個問題證明中國明朝的穆斯林比其它宗教信仰的人得到了更多的尊敬。「明朝皇帝優待

〔註68〕　（明）徐溥等奉敕撰、李東陽等重修：《明會典》，《景印文淵閣四庫全書》，第 617 冊，第 932 頁。

〔註69〕　張志華：《伊斯蘭文化要略》，寧夏人民出版社，2010 年，第 15 頁。

〔註70〕　阿里‧阿克巴爾‧哈塔伊 著《中國紀行》，張至善譯，三聯書店，1988 年，第 45 頁。

〔註71〕　丁明俊：《明前期伊斯蘭教政策簡論》，《寧夏社會科學》，1993 年第 4 期，第 28 頁。

穆斯林是可以肯定的，來自帖木兒朝進貢使臣的歸附對伊斯蘭教以及回迴文化在中國的傳播也起了重要作用。」〔註72〕「這種親伊斯蘭教情緒的最終目的似乎是企圖使穆斯林教徒們奉大明爲整個亞洲的『蘇丹』。大明很可能夢想實現伊斯蘭和理學向結合的一種形式。」〔註73〕

阿里·阿克巴爾的描寫除了他所見的還有許多是他聽說的，從顯然十分瞭解中國情況的人那裡聽到的。卡萊教授說：「我有理由設想，這些見證人主要是一些太監宦官，他們當時對中國有巨大影響而且其中顯然有許多穆斯林，他們對阿里·阿克巴爾這個穆斯林當然樂於提供各種消息。阿里·阿克巴爾對這些中國太監的狀況進行了詳盡的敘述。他細緻入微地描寫他們的出身，如何進入宮廷，如何在那裡一步步地向上爬，最後成爲對中國有決定影響的人物。使人得到這些太監掌權下管理國家的一幅非常清楚的圖象。」〔註74〕他在第三章中說：「中國之所以能夠使人民安居樂業，就是因爲有這一些太監宦官，他們是中國皇帝親身的委託人，皇帝把他們當作自己兒子對待，他們大多數都是穆斯林。」通過阿里·阿克巴爾的描寫能夠看出，這些穆斯林坐在宮廷中最高、最富有影響的位子，而皇帝本人就在他們身邊。阿里·阿克巴爾甚至談到穆斯林在中國的軍隊成就。

按照阿里·阿克巴爾的描寫，要和皇帝見面的使臣會被事先安排好位置，而穆斯林使臣比其他國家的使臣，會得到特殊的優先。關於這方面，在《中國紀行》的第六章有這樣的描述：「皇帝在金龍寶座裏就位以後，等候在屏門外的文武官員和從世界各地來的使節才得到許可進入殿內。他們迅速按等級集合進宮，每個人有固定的位置。從地球這邊，也就是從穆斯林國家來的人比其他人得到優先照顧。他們站在離皇帝兩三步遠的地方。穆斯林的身份比其他人都高，穆斯林以下的是西藏人，然後是韃靼人，其次是維吾爾人，再其次是烏吉德和朱爾吉特人，在這些人之後還有各種不同的印度人。」爲了和外國使節進行交流，明王朝制定了幾個翻譯；阿里·阿克巴爾指出「有些大臣懂得各種部族的語言，懂穆斯林語言的大臣有七人。」但好像不是所

〔註72〕張文德：《明與帖木兒王朝關係史研究》，中華書局，2006年，第237頁。

〔註73〕瑪札海里：《絲綢之路，中國——波斯文化交流史》，新疆人民出版社，2006年，第103頁。

〔註74〕保羅·卡萊：《有關1500年前後中國情況的伊斯蘭歷史材料》，東方學會，萊頓，1933年，第12版，第91～101頁。（載阿里·阿克巴爾《中國紀行》附文，張至善譯，第200頁）

有的使節能夠直接和明王朝皇帝見面。阿里·阿克巴爾指出，有時，使節不能直接見到皇帝，而有幾個官員被制定出來接見人。」〔註75〕托梅·皮雷斯〔註76〕的著作《東方諸國記》中關於中國皇帝如何接見使臣的解釋，證明阿里·阿克巴爾說的十分準確。托梅·皮雷斯這樣寫道：「使臣們覲見皇帝時，只能隔著一道帷幕窺視皇帝那模糊不清的射影。皇帝在帷幕後答話，此時，有七名抄寫員將他的話記錄下來。朝廷官員在記錄上簽名，然後退朝。他們既不將記錄交給皇帝，也不給皇帝過目。如果使臣們獻給皇帝的禮物值一千，那麼皇帝便會加倍地賜還。使臣們留下行賄的物品後離去，既未瞻仰到皇帝的儀容，亦未親睹皇帝本人。」〔註77〕

六、《中國紀行》與明代瓷器伊斯蘭文化之關係

阿里·阿克巴爾的敘述中，那些有關伊斯蘭教在中國當時有明顯影響的材料非常引人注目。這個影響是逐漸發展起來的。同時，當時中國製造的瓷器上，也有穆斯林在中國影響的證據。明代江西省的景德鎮，是中國瓷器工業的中心。據藍浦在《景德鎮陶系》所說的，這個地方的名字來源於宋代的真宗景德（1004～1007 年）皇帝。從那時候開始，專門給皇帝製造的瓷器底部都有皇帝的名字。阿里·阿克巴爾關於專門給中國皇家製造的瓷器的特點和價格這樣寫道：「皇家瓷器在它的底部有一個印章，這是在燒結前就蓋上的。有些瓷器即使在中國也可以一千第拉姆白銀的價格出售。這種瓷器禁止出口，有的瓷器賣的價格和黃金價錢是同等的。」「當時在雲南省居住了許多穆斯林，而其中的一位高級官吏從國外獲得了伊斯蘭青色，可以用來模仿寶石。也非常適合裝飾皇室瓷器。」〔註78〕這一時期中國製造的有些瓷器上帶

〔註75〕阿里·阿克巴爾·哈塔伊著《中國紀行》，張至善譯，三聯書店，1988 年，第80 頁。

〔註76〕（Tomè Pires）是十六世紀初葡萄牙殖民帝國進行海外殖民擴張的代表人物之一。1511 年，他在葡萄牙阿方索親王的保存下，以藥材代理商的身份來到印度；翌年 4 月又至馬六甲，在總督亞伯奎手下任商館秘書、會計師兼藥材管理官。1516 年 2 月，他以葡萄牙第一位赴華使節的身份出使中國，上京朝觀明武宗朱厚照，後幾經周折，於 1524 年 5 月死於廣州獄中。他在馬六甲時曾四處搜集東方各國的情報，並於 1515 年編寫出《東方諸國記》一書，呈獻給葡萄牙國王。

〔註77〕夏茂譯自阿爾曼多·科特桑輯譯：《托梅·皮雷斯的東方諸國記》，倫敦，1944年，第 1 卷，第 116～128 頁，載《中外關係史譯叢》第 4 輯，上海譯文出版社，1988 年，第 278 頁。

〔註78〕保羅·卡萊：《有關 1500 年前後中國情況的伊斯蘭歷史材料》，《東方學會》，

阿拉伯文字和波斯圖飾。〔註79〕「故回教對於明瓷之貢獻，在質料上則有回青，在裝飾上則有回迴文字，其質地高尚，至今尤傳爲珍品。」〔註80〕這些瓷器是爲穆斯林製造的。這個時期，瓷器上畫的花紋，用的主要材料是青金石。這種顏料的主要生產地位於伊朗卡山市的南部。這顏料後來被帶到中國來，被命名爲「哈吉・默罕默迪」。這種顏料在中國十分受歡迎，因此，它的價錢達到了黃金的價格。後來在明代，這種顏料被用來在瓷器上畫波斯文和阿拉伯文的詞彙。現在北京故宮博物館、上海博物館收藏的瓷器當中，有幾件反映明代這種青花瓷的特點。「伊朗歷代帝王也都大宗地向中國購買瓷器，其中薩法維王朝（1502～1735 年）最爲突出。至今在伊朗仍保存著大量中國明代瓷器。

　　十六世紀末，薩法維王朝聘請了數百名中國瓷器工人去伊朗。」〔註81〕

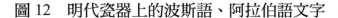

圖12　明代瓷器上的波斯語、阿拉伯語文字

　　阿里・阿克巴爾很關注中國美術方面。他在《中國紀行》的最後一章中關於中國的畫院說：「在中國各地，每個城市或街道都有一個大的畫院，陳列著奇特的畫幅和作品。各小城鎮也有適合自己特點的繪畫展覽館。」〔註82〕瓷器作爲中國最爲代表性的藝術品，也大大地引起了阿里・阿克巴爾德注意。他在第九章，在介紹中國當時的十二個省份時，提到一個叫「Lamsin」（即龍

　　　　　萊頓，1933 年，第 12 版，第 91～101 頁。（載阿里・阿克巴爾《中國紀行》附文，張至善譯，第 203 頁）。

〔註79〕霍布遜（R. L. Hobson）：《中國陶器及瓷器》，倫敦，1915，II，第 31 頁， 及《明代器皿》，倫敦，1923， 第 89 頁。

〔註80〕傅統先：《中國回教史》，寧夏人民出版社，2000 年，第 72 頁。

〔註81〕葉奕良：《古代中國和伊朗的友好交往》，載《中國與亞非國家關係史論叢》，江西人民出版社，1984 年，第 183 頁。

〔註82〕《中國紀行》，中文譯本，第 130 頁。

興，爲南昌古名，這裡指江西省）的省。他解釋在龍興出產中國瓷器。後面他開始描寫中國生產瓷器的細節：「瓷器是一種石頭，非常潔白，有光澤。他們把這種石頭磨成細粉並過篩。用石塊壘成水池，把石粉放在池內用木棍攪拌，像畫家調顏料那樣。然後加水攪拌溶勻，引入另一池中，再攪拌引入第三池中，等水乾後，剩下細軟的瓷料，然後用手揉腳搓，整日整周地搓合。這一段時間要延續很多年，而且陶瓷工似乎是父子相承工作的，父親把瓷料做好了，兒子才把它完成。」關於中國瓷器，波斯詩人薩迪在他著名的作品《玫瑰園》中，把中國瓷工用來完成一件瓷器的時間，估計爲「40 年」：「我風聞在遠東要用 40 年，才能完成一件中國瓷杯，但在西方，他們一日間可以製作百餘件。我們由此而看到了價格之巨差。」「薩迪把 40 年意爲『一個時期』；他把中國創造代表作的緩慢藝術工作過程與波斯工人很快結束工作的那種地道的西方式匆忙風格對立起來。」〔註 83〕阿里・阿克巴爾繼續：「冬天生產的瓷器用冬季的花卉裝飾，如竹葉等，春季的產品用春天的花卉作圖樣。這樣，一年四季生產的瓷器有四種不同的花色圖案，從不混淆。據朱琰《陶說》所列隆萬器，上有回回花紋者有幾種，其中之一爲：「外穿雲龍鸞鳳纏枝寶相松竹梅，裏朵朵四季花回回樣結帶如意松竹梅邊竹葉靈芝盤。」〔註 84〕

　　阿里・阿克巴爾很熟悉中國瓷器的不同質量。關於這方面他這樣敘述：「如上所述，瓷器原料有三個澄清池，從第一個池中取出的品味最低，做出的瓷器帶有斑點，屬劣等。中間的爲中等標準，最後的品位最高，質量最好。」關於瓷器的價錢以及商人們的瓷器採購方法，他這樣解釋：「他們把十個毛坯作一組放在鐵盒裏送入窯中去燒。每窯可賣一萬西爾（Sir）〔註 85〕，即十萬第拉姆白銀。買者整窯地買下瓷器，至於是否有破碎損壞的情況，就要看他們的運氣了。」接著阿里・阿克巴爾說明中國瓷器的主要特點：「瓷器有三大特點，除玉石以外，其它物質都不具備這些特點：一是把任何物質倒入瓷器中時，混濁的部分就沈到底部，上面部分得到澄清。二是它不會用舊。三是它不留下劃痕，除非用金剛石才會劃它。因此可用來驗試金剛石。用瓷器吃飯喝水可以增進食欲。瓷器上不論有多麼小的污點，在燈火或陽光下，都從裏面可以看到外壁上的圖案。」阿里・阿克巴爾關於瓷器生產的描寫十

〔註 83〕瑪札海里：《絲綢之路，中國——波斯文化交流史》耿昇譯，新疆人民出版社
　　　　2006 年，第 224 頁。
〔註 84〕轉引自傅統先：《中國回教史》，寧夏人民出版社，2000 年，第 72 頁。
〔註 85〕古代伊朗重量度量，等於 75 克。

分詳細。我們能肯定他是親眼見過中國製造瓷器的每一個細節的。同時，我們可以得知作為一個到中國來的商人，他在中國瓷器貿易方面有所活動。在他之前，伊本·胡爾達茲比赫在 846 年寫的《省道志》、查希茲（al-Jahiz 約779～869 年）所著的《生財之道》中提到過中國瓷器。阿布·法德爾·貝哈基（Abu'l-Fazl Beihaghi）在 1059 年寫的著作中也提到過早期中國瓷器運往巴格達的情景。很多阿拉伯和波斯人提到中國瓷器。但最早到中國遊歷，親眼見到瓷器製造過程的是商人蘇萊曼，他在 851 年寫的《中國印度見聞錄》中說：「中國人能用一種優質陶土，製造出各種器皿，透明可比玻璃，裏面加酒，外頭可以看見。」〔註 86〕另外，波斯穆斯林作家塔利比（死於 1038年）在關於珍寶的著作裏這樣敘述中國瓷器：「有名的中國瓷器是些透明的器皿，能製煮食物的罐、煎食物的鍋，也能做盛食物的碗。以杏色的為上，胎薄、色淨、音脆，奶白色的次之。」雖然阿里·阿克巴爾不是描寫中國瓷器的第一位波斯人，但他的描寫比其他人要更為完整。他詳細地描敘瓷器的製造階段、瓷器的特點和詳細的出售價。馬健春認為這些所謂『入貢』國家的使節回程時，往往懇求購買明瓷回國貿易，這在洪武時期是違禁的，但成祖卻認為：「遠方之人，知求利而已，安知禁令」。〔註 87〕因而後來這些名義上的貢使，也即變相的貿易商人便更多地往來於西域與中國之間，進行瓷器交易，直至明代後期，這些所謂的貢使，仍絡繹不絕。」〔註 88〕

圖 13　中國瓷器上的伊斯蘭銘文

〔註 86〕 E. Renaudot, *Ancient Accounts of India and China by Two Mohammedan Travellers*, London, 1733, p.21.

〔註 87〕 《明史》三百二十三卷，《外國四·琉球·呂宋……》，中州古籍出版社，第1518 頁。

〔註 88〕 馬健春：《明代瓷器與伊斯蘭文化》，《西北民族研究》，1994 年第 1 期，第 103 頁。

　　「在陶瓷業方面，伊朗早在十二世紀時便已盛行五彩以及用金屬鹽彩繪的技法。而類似的工藝出現在中國的瓷器上則在十四世紀後，看來中國瓷器也受了伊朗陶瓷技術的影響。」〔註 89〕傅統先認爲：「明代藝術品以陶瓷銅器爲最著，而回教促成此種上品之力量尤多。」〔註 90〕明代瓷器工藝能達到一個很高的頂峰，與明代中外文化的廣泛交流，特別是與波斯和阿拉伯伊斯蘭文化交流，有著很密切的關係。「明代中國瓷器業，因中伊文化間的交流由廣大的伊斯蘭地區獲取了諸多的益處。就物質上講，其彩繪色料多來自伊斯蘭地區。」〔註 91〕「如青花，初用蘇泥、勃青，至成化時，因蘇泥、勃青用盡，乃用回青；紅色，則有三佛齊之紫，渤泥之紫礦、胭脂石。」〔註 92〕吳仁敬和辛安潮都認爲：「明人對於瓷業，無論在意匠上，形式上，其技術均漸臻至完成之頂點。而永樂以降，因波斯、阿拉伯藝術之東漸，與我國原有之藝術相溶合，於瓷業上，更發生一種異樣之精彩。」〔註 93〕「從工藝上看，有『大食窯』掐絲琺瑯之精湛技藝的鑒賞。論藝術來說，更有秀麗的阿拉伯文、波斯文及精美的幾何、植物圖案裝飾的運用。而大量穆斯林投入明瓷的輸出貿易，使得中國瓷器更多、更廣泛地接受了伊斯蘭文化的影響，其意義是深遠的。」〔註 94〕保爾·卡萊認爲倫敦英國博物館所收藏的五件正德印記的瓷器，除一件外，全部帶有阿拉伯文爲內容的圓形伊斯蘭圖飾。而在最後的一件上，中國式龍旁邊的繪飾也明顯地看出是來自伊斯蘭的樣式，因此他認爲這些帶有阿拉伯字的瓷器是爲穆斯林製造的。他說到：「我可以證明，在這個時期（正德年間）的中國瓷器中有明顯的伊斯蘭影響。」他在 1933 年在《東方學誌》（Acta Orientalia, Vol. XII, 萊頓）上的一篇文章中發表的幾件中國瓷器的圖片，上面有伊斯蘭圖案和伊斯蘭銘文。有一幅圖片是慕尼黑收藏的一個十六世紀初（約正德時期）帶有阿拉伯銘文的中國瓷缸的照片。銘文是：a. 眞主是神權；b. 眞主是仁慈的；c. 眞主是力量。〔註 95〕（圖 13）

〔註 89〕葉奕良：《古代中國和伊朗的友好交往》，載《中國與亞非國家關係史論叢》，江西人民出版社，1984 年，第 183 頁。

〔註 90〕傅統先：《中國回教史》商務印書館，1941 年，第 107 頁。

〔註 91〕馬健春：《明代瓷器與伊斯蘭文化》，《西北民族研究》，1994 年第 1 期，第 105 頁。

〔註 92〕吳仁敬、辛安潮：《中國陶瓷史》，商務印書館，1937 年，第 51 頁。

〔註 93〕吳仁敬、辛安潮：《中國陶瓷史》，商務印書館，1937 年，第 50 頁。

〔註 94〕馬健春：《明代瓷器與伊斯蘭文化》，《西北民族研究》，1994 年，第 1 期第 105 ～106 頁。

〔註 95〕Paul Kahle: *China as Described by Turkish Geographers From Iranian Sources,*

關於明代輸出貿易中穆斯林的作用及其影響，馬健春認爲，明代瓷器輸出的主要對象是亞非廣大的伊斯蘭地區，故回回穆斯林在其中佔有重要的地位。那時的瓷器貿易是通過三個途徑來進行的：一、明朝政府對外國的贈予及各「入貢」國家使節回程的貿易；二、永樂、宣德年間鄭和大規模的遠征貿易；三、民間的貿易交往。而穆斯林商人與以上瓷器輸出的各種途徑均有著密切的聯繫。他還提到：「明王朝初立，太祖洪武年間一度實行海禁，外國商人不能自由出入國境，這使元代原本較爲發達的瓷器海外貿易受到一定程度的打擊，但是，即使在此時，中國的瓷器輸出也在進行，這是因爲朱元璋對各國進貢的使臣實施優待政策。至十五世紀初，成祖永樂開始比較重視同國外的聯繫，成書於十六世紀的《中國紀行》第 119 頁稱：『外國人最先是從陸路到中國的，只有穆斯林國家的人方可作爲使節來。』」〔註96〕他認爲伊斯蘭國家「使節」的大量來華是可信的。因據《明史》載，成祖「欲遠方萬國無不臣服，故西域之使歲歲不絕。」〔註 97〕伊朗薩法維王朝的商人都很熟悉貿易海路，而主要貨物象調料、瓷器和絲織品是他們在很長時間內的貿易對象。由於當時瓷器的貿易比較流行，因此在伊朗各地幾乎都有中國歷代瓷器出土。至今伊朗人仍把瓷器叫作『秦尼』（波斯語，意爲中國的或中國生產的）。「有些專家認爲，中國陶瓷製作工藝在某一些方面也受了伊朗的影響，例如，在釉裏加琺瑯質的技術。據說中國是從伊朗學來的。」〔註98〕

七、《中國紀行》的文學價值

雖然有些學者認爲阿里・阿克巴爾的文學水平不太高，而純粹是一名普通的商人，但他在《中國紀行》中，不斷引用一些波斯古詩，如阿塔爾、薩迪、以及其他的神秘主義詩人像《秘密花園》的作者沙巴斯塔裏（卒於 1317

The Iran Society, London, 1940, p.57-58.

〔註96〕 馬健春：《明代瓷器與伊斯蘭文化》，《西北民族研究》，1994 年第 1 期，第 102～103 頁。

〔註97〕 《明史》第 1519 頁，卷三百二十三，《外國四・琉球・呂宋……》：帝曰：「番人以貿易爲利，此二物取之何用，其番還之，著爲令。」使者奏：「本國陪臣冠服，皆國初所賜，歲久敝壞，乞再給。」又言：「小邦遵奉正朔，海道險遠，受曆之使，或半歲一歲始返，常懼後時。」帝曰：「冠服令本邦自製。《大統曆》，福建布政司給予之。」

〔註98〕 葉奕良：《古代中國伊朗文化關係略論》載《中外關係史論叢》，第 4 輯，天津古籍出版社，1994 年，第 91 頁。

年）和阿拉基（卒於 1290 年）等人的詩。伊朗教授阿夫沙爾認爲阿里‧阿克巴爾所引用的大多數詩的內容都表達了他的宗教信仰和神學思想。〔註 99〕其實阿里‧阿克巴爾本人不是一個典型的神秘主義者。他捍衛伊斯蘭教而反對中國佛教的主要原因是他的文化理解，而不是宗教信仰。他甚至在某種程度上高度評價儒教的寬容精神，而在信仰方面則認爲無足輕重。阿夫沙爾教授認爲《中國紀行》的作者穿插於文中的詩歌鬆散而淺薄，不論在文學還是史料上均無價值，只是表面上模仿古人的方法，在散文中夾雜詩歌，使文章更加華麗。但筆者認爲能寫詩的人，就能感覺詩歌，而能感覺詩歌的人，則有文學感情而屬於文學界。他一邊自己寫詩，一邊應用過去詩人的詩。這表示阿里‧阿克巴爾很熟悉詩歌世界。考慮到他關於中國 16 世紀的社會情況和各個方面，給後人留下了這麼一個系統化的作品，並仍然在作品中加上了詩歌，我們就不能把他當作一個普通的商人。他是個商人但不是普通的，而是個「文人商人」。那麼這位文人商人的著作中，還保留著不少關於中國小故事和傳說。他所記載的文學方面的資料，使《中國紀行》具有一種文學價值。

1. 妓女們禱雨的描寫

　　阿里‧阿克巴爾在第十一章：《妓院和妓女》裏說妓女除了供人尋歡取樂以外，還要爲公眾禱雨。如久不下雨，官員呈報皇帝，皇帝就命令妓女禱雨。如果這些妓女們通過她們的特殊儀式，求不下雨來，則統統斬首。禱雨在他們的廟宇中進行。關於她們的禱雨儀式作者解釋：「她們禱雨的做法是成組的坐下，開始唱歌和奏樂，然後一組人起來在十二個地點跳舞，還做一些奇特的表演。這組人表演完了退出，由另一組人進來，在菩薩前跳舞演戲。她們還敲打自己的腦袋和痛哭著。這一批人走後，下一批又進來，這樣輪流很長時間。她們擔心自己的生命，不吃，不睡，也不休息。不論白天黑夜都一直在傷心痛哭，發出心碎的哭聲。……她們萬分痛苦，因而老天爺受感動而下雨。」〔註 100〕在解釋這種儀式時，阿里‧阿克巴爾說明：「中國聖賢認爲傷心痛哭的眼淚能帶來下雨水。所以他們恫嚇這批妓女，說要殺她們的頭。當她們發自恐懼和眞誠而痛哭時，老天爺憐恤她們，接受她們的祈禱而落下大雨。」〔註 101〕季羨林教授寫了一篇文章，專門考察了這種儀式。他

〔註 99〕阿夫沙爾：《中國紀行》，（波斯文本）第 16 頁。
〔註 100〕阿里‧阿克巴爾：《中國紀行》，張至善譯，第 108 頁。
〔註 101〕阿里‧阿克巴爾：《中國紀行》，張至善譯，第 108 頁。

認爲書中講的可能是中國元代或明代前期的眞實情況，而這樣的儀式有印度的來源。據他敘述，「印度有一個鹿角仙人（Rsyasrnga）或（Ekasrnga）的故事，內容主要就是利用妓女來祈禱下雨。這個故事在印度傳播得非常廣泛，兩大史詩中都有這個故事。」〔註 102〕這個印度故事和佛教文獻中出現的獨角仙人故事有密切的關係。玄奘在《大唐西域記》中也記載了這個故事：「仙廬西北行百餘里，越易小山，至大山，山南有伽藍，僧徒尠少，並學大乘。其側窣堵波，無憂王之所迷也，昔獨角仙人所居之處。仙人爲淫女誘亂，退失神通，淫女乃駕其肩而還城邑。（卷二）季羨林教授提到，這大概是玄奘在跋虜沙親耳聽到的。只是這裡沒有求雨。他認爲這種利用妓女禱雨的辦法不會是中國的發明創造，而是有所因襲，有所模仿，而因襲、模仿的對象就是印度。印度的佛典傳入中國，這個故事跟著佛典傳了進來，這是順理成章的。」〔註 103〕他解釋因爲印度寓言故事傳遍全世界，因此，不能認爲漢譯佛典是傳播這個故事的唯一途徑。

董乃強認爲《中國紀行》中關於求雨的描寫反映元代前期妓女求雨的情況，它告訴我們：一、中國史籍上沒有記載事不等於沒有這件事，其原因可能是該事過於普遍，因司空見慣而覺不必記，……二、女巫的職責一變而爲妓女職責，禱雨的做法與雩祭連細節都是相同的。〔註 104〕「中國、印度還有其它國家利用妓女求雨這種活動的根源是在原始迷信中。最初這個任務要由女巫去完成。到了後代，女巫沒有了，就轉到了妓女身上。《中國紀行》中描繪的妓女的活動實際上就是原始巫術的繼承。她們分組坐下，唱歌，奏樂，這同巫術沒有什麼區別。所謂『奇怪的表演』，不就是古代巫婆們的搗鬼的行動嗎？」〔註 105〕但是楊琳認爲「中國的妓女祈雨習慣是遠古時期神女祈雨習慣的變性的延續，體現了文化觀念和習俗的頑固性，是自源的，而不是從印度傳過來的。」〔註 106〕

這裡出現的一個問題是，張至善先生翻譯這一段「巫人說：傷心痛哭的

〔註102〕季羨林：《原始社會芬蘇殘餘：關於妓女禱雨的問題》，《世界歷史》，1985 年第 10 期，第 17 頁。
〔註103〕同上，第 19 頁。
〔註104〕董乃強：《女巫和妓女的起源，兼向武舟先生求教》，《中國文學研究》，1996 年第 2 期，第 92 頁。
〔註105〕季羨林：《原始社會芬蘇殘餘：關於妓女禱雨的問題》，《世界歷史》，1985 年第 10 期，第 20 頁。
〔註106〕楊琳：《巫山神女原型新探》，文藝研究，1993 年第 4 期，第 62 頁。

眼淚能帶來雨水」的時候，把「中國聖賢」錯誤地翻譯爲「巫人」，而其他學者在研究這個故事的起源時，都是按照這兩個字「巫人」進行自己的考察的。張氏翻譯這一段時，沒有採用波斯版本，也沒有用土耳其版本，因爲土耳其譯文的這一段，是和波斯版完全一樣的。很可能這個誤解是在把《中國紀行》翻譯成其它語言時所造成的。

2. 魔鬼和女人

阿里·阿克巴爾在《中國紀行》的第十一章中，記載了中國的神靈如何善於附著人體的，並具體講述了一個神鬼附體者的經歷：

> 在這些地區（中國），魔鬼的邪惡是通過征服來達到的。有一個女人裸身在水裏，當她把頭伸出來時，發現衣服不在原地了。她起來追時，出現了一個影子，向她說：「我是魔鬼，愛上了你，假如你放棄你的丈夫，我就還你的衣服，並讓你致富。」這女人很害怕，於是答應了鬼。然後鬼和那個女人一起到她的家裏去，女人把這一切告訴她的丈夫以後，他也很害怕，而離開了妻子。這女人在汗八里（北京）有一所房子，人們到她家裏的往來很多，而這個魔鬼給人們報導他們不可見的事物。人們只聽到很模糊的響聲，但誰都聽不懂說什麼，要通過這女人說給眾人聽。人們用木板給那個魔鬼作了居住，還掛上了一些簾子，而這個魔鬼從簾子後面，就據前面所說的，和人們說話。這女人很快就積累起許多銀子。人們警告她，這魔鬼如果有一天向你發怒的話，你會很不幸的，他（魔鬼）會把你的錢都拿走，最好買一些房地產和不動產。因此，她就購買了很多房地產和財產。有一天魔鬼真的發了怒，拿走了她全部東西，毀了她所有房子和房地產的門和牆，而連根拔掉了（女人買過的）花園和草地上的樹，而在土地上落下了石塊，把它變得不可種的。那裡魔鬼禍害人的情況竟是如此。除此之外，其它的還未聽到。〔註107〕

文中出現的對中國鬼神的描述可能具有一定的現實信仰依據。根據鍾焓

〔註107〕阿里·阿克巴爾·哈塔伊 著《中國紀行》，張至善譯，三聯書店，1988年，第112頁；瑪札海里《絲綢之路，中國——波斯文化交流史》，耿昇譯，新疆人民出版社2006年，第240～241頁。（有些地方，由於兩個中文翻譯都不準確，按照波斯語版本，再進行所改動。）

先生的解釋，我們首先可以總結出這種鬼神所具有的三個特徵：一、他喜歡
引誘佔有女子，並能使人神奇地致富；二、鬼怪性格暴戾，一旦對人發怒，
就常常收回其原先所給的財物，其破壞手段往往是落下石塊；三、它還能以
受其誘惑的女子爲媒介，附體於其上，甚至開口講話。根據這些特徵，我們
將其與有關的漢文材料相對照，結果發現它們與文獻中對當時受到民間大眾
尊奉的『五通』邪神的記載完全吻合。〔註108〕上面所列的這些鬼怪的特徵，
較早也見於南宋人洪邁（1123～1202 年）的《夷堅志》中，該書丁志卷一九
『江南木客』條作：

> 大江以南，地多山而俗禨鬼，其神怪甚詭異，多依岩石樹木爲
> 叢祠，村村有之，而浙江東曰「五通」，江西閩中曰「木下三郎」，
> 又曰「木客」，一足者曰「獨腳五通」，名雖不同，其實則一。考之
> 傳記，所謂木石之怪夔罔兩及山犬巢是也。李善注《東京賦》云：「野
> 仲遊光，兄弟八人，常在人間作怪害。」皆是物云。變幻妖惑，大
> 抵與北方狐魅相似。或能使人乍富，故小人好迎致奉事，以祈無災
> 之福。若微忤其意，則又移奪而之他。遇盛夏，多販易材木於江湖
> 間，隱見不常，人絕畏懼，至不敢斥言，祀賽惟謹。尤喜淫，或爲
> 士大夫美男，或隨人心所喜，慕而化形；或止見本形：至者如猴猱、
> 如□、如蝦蟇〔或蝦蟇〕，體相下一，皆勁健，冷若冰鐵，陽道壯偉。
> 婦女遭之者，率厭若不堪，羸無色，精神奄然。有轉而巫者，人指
> 以爲仙，謂逢忤而病者爲仙病。又有三五日至旬月，僵臥不起，如
> 死而復蘇者自言，身在華屋洞戶，與貴人歡狎，亦有攝藏挾去，累
> 日方出這，亦有相遇，即發狂易性理乖亂，不可療者。（下略）

《中國紀行》這一情節包含了對信奉五通神的女子入巫過程的記述。阿
里·阿克巴爾來華前後正是五通崇拜非常流行的時期，因此，他才會在《中
國紀行》中，對這種民間信仰有如此細緻生動的描述，並把五通神視爲中國
鬼神的代表。鍾焓先生認爲《中國紀行》中提到那位爲五通所惑的女子在北
京置有家宅，似乎反映出五通信仰已由江南傳入北京。據顧希佳所說，「在宋
代有關山魈的記載越來越詳細，一方面固然是因爲這個時期的典籍增多，文
人獵奇，記得比前朝詳細；另一方面也可以認爲是民間的口頭講述活動在這

〔註108〕參看鍾焓：《一位中亞穆斯林筆下的中國傳說故事與民間信仰》，《西域研究》，
　　　　2007 年第 03 期，第 103 頁。

個時期裏也愈趨活潑。」〔註109〕看起來這種民間的口頭講述在明朝中期，就是阿里·阿克巴爾到中國來的時候，仍然是被受歡迎的。

3.「布政人」和孩子們

《中國紀行》的第13章解釋「中國有一個立法者，名叫布政人。〔註110〕布政人是一位善於管理公共財會的專家。他在達到了治國藝術的完美程度之後，便向皇帝呈奏要求治理國家，從而得到權力並制定了一些政治禮儀以管理國家。」〔註111〕接著他記載一個有關布政人（孔夫子）的故事：「布政人及其屬僚們爲此乘車而跑遍了整個國家，到處都確立了他們據以治理帝國的法律。然而，某一天，孩子們正在道路中央玩耍，他們用泥土蓋了一所房子。賢哲對他們說：『啊！孩子們，取回你們的玩具吧，我的車子要過去。』孩子們嘲笑他並對他說：『這可是一位大聖人啊！他不是在一座房子前退回自己的車子，而是要求別人將其車前面的一所房子收回。』無論他是一位名氣有多大的哲學家，他也絲毫不能無視稚童們的這種意見，而相反卻是長期地思考之。」鍾焓先生認爲孔子和孩子們的對話，實際上完全是一個漢地民間故事的變體。據他所說，與之基本相似的故事較早見於敦煌藏經洞中所出的唐代變文《孔子項橐相問書》中，其文如下：

> 項橐有相，隨擁土做城，在內而坐。夫子語小兒曰：「何不避車？」小兒答曰：「昔聞聖人有言，上知天文，下知地理，中知人情。從昔至今，只聞車避城，豈聞城避車？」夫子當時無言而對，逐乃車避城下道。〔註112〕

「例如與上述變文內容基本一致的對話在明本《李朝故事》卷九的《小兒論》中，甚至民國期間北京打磨常寶文堂同記書鋪鉛印發行的《新編小兒難孔子》中也收有此類孔子與小兒辯難性質的對話。」〔註113〕雖然阿里·阿

〔註109〕顧希佳：《山魈故事的追蹤研究：一浙江爲例》，《民族文學研究》，2005年第01期，第43頁。

〔註110〕張志善把這個字翻譯成「包金星」。瑪札海里在他的書《絲綢之路：中國波斯文化交流史》裏認爲「布政人（或布政使）這幾個字指立法人，也就是中國司法的指定者。這是穆斯林人對「孔聖人」的稱呼。瑪札海里這方面有很詳細的解釋，請參看第258～260頁）

〔註111〕阿里·阿克巴爾·哈塔伊 著《中國紀行》，張至善譯，三聯書店，1988年，第115頁。

〔註112〕王重民等編：《敦煌變文集》上集，人民文學出版社，1984年，第231頁。

〔註113〕王重民等編：《敦煌變文集》上集，人民文學出版社，1984年，第240～241頁。

克巴爾所講的故事和漢地故事的內容有一些差別，但是總的來看是大同小異。而這證明阿里‧阿克巴爾的描寫在中國本地是有所根據的；並且《中國紀行》的事實直接反映了該故事在明代中國的流行程度之廣泛。

4. 吐蕃人的祖先

《中國紀行》在第十六章，講了一個關於吐蕃人祖先的故事。

> 吐蕃人（西藏人）居住在契丹的山區。他們是沙漠異教徒。中國古代的皇帝把這些山區封賞給他們。贈地的緣由是這樣的：有一個中國皇帝面臨一股強敵，當雙方擺開陣勢準備交戰時，出現一個威武如獅的犬，對中國皇帝說：如果你肯把你女兒給我，我可以把敵王的頭獻給你。皇帝答應下來了。據說這隻犬有兩個像盾牌的耳朵。據傳說那隻犬跳到敵人的軍隊，把敵王的頭從軀干上扯下來，送到中國皇帝面前，扔在地上。皇帝於是履行諾言，把女兒交給他了。他帶著她向大山走去。皇帝的女兒和他生兒育女，最後他死了，皇帝的女兒把孩子們叫過來，讓他們帶著一封信去見中國皇帝，告知那裡的情況，並向皇帝解釋這些是我的孩子，父親有什麼看法？那些孩子把那封信交給皇帝時，皇帝就明白他們是誰，而給他們貢物，並且把中國那裡的山區交給他們，並對他們說：你們是我們的□□，□□年來，我就給你們貢物。

恩格斯指出：「人在自己的發展中，得到了其它實體的支持，但這些實體不是高級的實體，不是天使，而是低級的實體，是動物，由此就產生了動物崇拜。」〔註114〕根據漢文的記載，藏族起源的傳說，直接與遠古氏族的獼猴圖騰崇拜聯繫起來，合二為一。藏文史書中有一個叫『獼猴和女魔』的故事傳說，內容為藏族的祖先是由一個獼猴和一個女魔的交婚產生的。這個故事的內容大大地受到了佛教影響。在這裡，雖然故事裏的藏族祖先是一個動物，但不是犬。有的學者認為中國其它民族的來源傳說當中有這種人犬交婚，但藏族不包括在裏面。瑪札海里在解釋這種與犬有關的祖先時這樣認為：「漢文古史料中就已經提到了吐蕃人的犬類親系也促使我們於此想到了伊朗塞種人的親系問題。『塞人』一名的意義就是『犬』。…他們視『犬』為『忠實的武士』，與『狼』（意為『不忠實的武士』）相對應。吐蕃人自稱起源於犬類，而突厥人的祖先匈奴人則奉『狼』為祖先。這一事實似乎說明吐

〔註114〕《馬克思恩格斯全集》第 2 卷，第 63 頁。

蕃人採納了其鄰居塞人的宗教，這與他們那較遠的毗鄰匈奴人相反。犬在《阿吠陀》中獲得了一位祖先的榮譽。」〔註115〕關於這方面，王秀文認爲「『狗通人性』是表示狗之靈性的代表性俗語，也說明狗依附於人的天性；同時，對於古代人類來說，狗也是生產、生活中不可或缺的夥伴。人犬互爲依存的親昵關係派生出許多怪誕的故事傳說，在日本尤其體現爲人犬交婚傳承。…犬祖傳說主要分佈於東亞，尤其是東亞的南北兩端，例如蒙古、中國的東北部、南部、臺灣、海南島、及印度尼西亞等地區。這種人犬交婚來源於一種原始信仰。」〔註116〕鍾焓先生認爲這段記載實質上反映的是華南山地民族的槃瓠傳說，而與藏族沒有關係；《後漢書》卷86《南蠻西南夷列傳》的傳說內容，與阿里·阿克巴爾描寫的故事幾乎是相似的：

> 昔高辛氏有犬戎之寇，帝患其侵暴，而征伐不克，乃訪募天下有能得犬戎之將吳將軍之頭者，購黃金千鎰，邑萬家，又妻以少女。時帝有畜狗，其毛五彩，名曰槃瓠。下令之後，槃瓠逐銜人頭造闕下，群臣怪檽診之，乃吳將軍首也。帝大喜，而計槃瓠不可妻之以女，又無封爵之道，議欲有報而未知所宜。女聞之，以爲帝皇下令，不可違信，因請行。帝不得已，乃以女配槃瓠。槃瓠得女，負而走入南山，止石室中，所處險絕，人迹不至……經三年，生一十二人，六男六女，槃瓠死後，因自相夫妻……其母后歸，以狀白帝，於是使迎致諸子。衣裳班蘭，語言侏離，好入山壑，不樂平曠。帝順其意，賜以名山廣澤，其後滋蔓，號曰蠻夷……今長沙武陵蠻是也。〔註117〕

鍾敬文在《種族起源神化》一文中證明槃瓠原是南方少數民族的動物祖先——自認爲是血統所由來的「圖騰」。〔註118〕這種人與動物的結合神話傳說，在美洲綽頭人（Indian's Chotows）的傳說中也存在，那些蛇氏族、鷹氏

〔註115〕瑪札海里《絲綢之路，中國～波斯文化交流史》，耿昇譯，新疆人民出版社2006年，第285頁。

〔註116〕王秀文：《日本『犬』民俗的傳承及其文化內涵》，《湖北教育學院學報》，2006年第12期，第35～36頁。

〔註117〕轉引自鍾焓：《一位中亞穆斯林筆下的中國傳說故事與民間信仰》，《西域研究》，2007年第3期，第102頁。

〔註118〕鍾敬文：《種族起源神話》，《民眾教育期刊》，第三卷第一號。請參看鍾敬文的《槃瓠神話的考察》的文章，載於《中國神話學文論選萃》上編，馬昌儀主編，中國廣播電視出版社，1994年，第299～326頁。

族，便是蛇、鷹和人類的女子結合而發祥的。〔註119〕我們可以肯定，《中國紀行》中所謂吐蕃祖先的傳說實際只是槃瓠傳說的梗概而已。事實上，這一傳說（含其變體）在華南各族中流傳甚廣，民族學家在瑤族，佘族，苗族，黎族的傳說中都有發現。〔註120〕鍾焓先生認為「哈塔伊把這一在華南民族中普遍流行的犬祖傳說與歷史上確實與漢地有過通婚關係的吐蕃混淆到了一起，因此才出現了吐蕃人係犬祖與漢地公主之後裔的訛誤。」〔註121〕但阿里・阿克巴爾記載了他在中國所聽說過的故事。不能肯定到底是作者把這兩個傳說混淆到一起還是當時向他講故事的人這樣做的。但我們能肯定的是，阿里・阿克巴爾給 500 多年前的外國人，展示了中國文學的豐富多彩的神話傳說，加強了當時波斯人對中國文學的瞭解。

八、《中國紀行》之影響

　　關於《中國紀行》在當時的社會上所做的影響，需要再檢查阿里・阿克巴爾的時代背景。阿里・阿克巴爾在《中國紀行》中多次提到過大不里士的名字，有時還把它與北京比起來。大不里士是當時伊斯蘭國家的最大市場和商業中心。當時統治伊朗地區的肖・伊斯馬儀一世（1486～1524 年）也是一位著名的突厥詩人，而是在詩句中也喜歡自我以「哈塔伊」（意為「契丹人」或「中國人」）之名。他也非常珍視中國產品並對那些為他帶來這種產品的商人表示寵愛。在他臨朝年間，大不里士「八樂園」皇宮中的中國搜集品又由赫拉特和失剌思（設拉子）攜來的其他特藏所補充。但是那些波斯遺產以及中國和波斯的財富引起了當是奧斯曼帝國的蘇丹薩利姆的注意。結果在1514 年蘇丹薩利姆攻擊大不里士，而在一周之內搶劫該市的「八樂園」宮中珍貴的波斯文抄本著作以及大批波斯和中國的奢侈品特藏，其中有今日在伊斯坦堡能欣賞的大批明朝瓷。蘇丹薩利姆回去的時候，劫掠了所有具有科學才華的人、學者、藝術家、瓷器匠、青銅器匠、鑄鐵工、鐵匠、畫師、醫師、草藥藥劑師、化學家等人。因此，我們可以想像阿里・阿克巴爾和其他有才

〔註119〕Crawford H. Toy: *Introduction to the history of religion*, Boston :ginn, 1913, 5th chapter.

〔註120〕岑家梧：《槃瓠傳說與瑤佘的圖騰制度》載《中國神話學文論選萃》馬昌儀主編，第 533～553 頁。

〔註121〕鍾焓：《一位中亞穆斯林筆下的中國傳說故事與民間信仰》，《西域研究》，2007年第 3 期，第 103 頁。

華的上層人物跟隨蘇丹薩利姆到過伊斯坦堡。因此能得知《中國紀行》中的篇幅長短不一致的原因，可能是比較長一點的章節是阿里‧阿克巴爾在大不里士安定的環境下寫成的，而短一點的章節是在他被「囚禁」期間草草寫成的，也是他隨得勝蘇丹被從一個營地帶到另一個營地期間寫成的。因此有這樣的可能性：阿里‧阿克巴爾把《中國紀行》專門爲了奉獻給當時住在大不里士的伊朗國王肖‧伊斯馬儀一世而寫的，但由於政治情況發生變化，他決定把自己的著作獻給蘇丹薩利姆。可是由於蘇丹薩利姆去世的原因，阿里‧阿克巴爾把《中國紀行》獻給蘇丹薩利姆的繼承者蘇萊曼。顯然他的波斯語著作在一個土耳其語國家沒能夠引起什麼作用。他把《中國紀行》奉獻給蘇萊曼以後，過了 60 多年，《中國紀行》才被一個突厥人翻譯成土耳其語。這表示本作品在當時的社會沒有找到應該找到的地位。有一些人認爲由於阿里‧阿克巴爾與伊朗薩法維王朝的關係不好，他的著作在當時的伊朗社會中，沒引起人們的注意。但看到阿里‧阿克巴爾寫書時的政治情況，我們就能瞭解他不是「與薩法維王朝的關係不好」而是在那種政治環境下，他「不敢」對他們表示友好的態度。因此，可能薩法維人沒有機會看到《中國紀行》。同時，當時薩法維王朝的君王對於西方各國，採取了積極的友好政策，但與中國的交流，遠遠不如與西方國家交流的廣泛程度。原因之一也許是當時伊朗西、東北邊境的戰爭混亂免得薩法維君王在與中國的交流方面，給予足夠的注意。至此，本著作不只是在當時的社會上沒有作什麼影響，而在 19 世紀歐洲人逐漸地開始注意《中國紀行》以後也仍然沒有變成一種很流行的瞭解明代情況的著作。雖然本著作具有很多關於明朝時期的重要內容，但在很多關於明朝外交寫的著作中，沒注意到過它。在 1988 年編的《劍橋中國明代史》中，也沒有人提到過本作品的名字。在這方面本作品追求更多學者的關注和更多學術性的研究。

在阿里‧阿克巴爾之後，有的學者在他們的歷史地理著作中，間接地引用了《中國紀行》的內容。有一本著作叫《世界記述》，是在 1656～1657 年由哈吉‧哈立發（即卡蒂‧柴萊比）執筆，1732 年刊行的。他關於中國的描述，是按照兩個著作來完成的。第一是蓋耶速丁的中國遊記；第二是《中國紀行》的土耳其文譯本《中國法典》。除了這些資料以外，他還引用了一些西文資料。《世界記述》中，有關中國內容的描述，三分之二來自《中國紀行》的土耳其文譯本。蓋耶速丁的遊記首先記載於哈菲茲‧阿布魯的《歷史精華》

中。後來洪米爾所著的《情人故事》中也引用了蓋耶速丁的記錄，但不少內容經過修飾潤色。後來撒馬爾罕的阿卜德・拉札克在他的著作《兩棵福星的升起和兩大海洋的匯合》中也採用了洪米爾所引用的蓋耶速丁遊記。最後哈吉・哈立發採用了阿卜德・拉札克的著作而完成自己的《世界記述》。之後阿布・貝克爾在自己的著作中《地理學》引用了《世界記述》的內容。這樣他間接地採用了《中國紀行》內容的有關部分。〔註122〕

結　語

在阿里・阿克巴爾之前，很多穆斯林和商人通過海路和陸路到過中國，其中有部分人留下了一些關於中國的作品。比如，波斯地理學家伊本・胡爾達茲比赫在844～848年間到過中國而撰寫《道里邦國志》，851年蘇萊曼以及916年阿布・札義德寫了《中國印度見聞錄》。988年阿布・法拉克，1345年伊本・白圖泰和1419年蓋耶速丁到過中國，並寫了一部旅行見聞。但是阿里・阿克巴爾的遊記，是穆斯林著作中描寫中國最豐富最詳盡的本子。「阿里・阿克巴爾著《中國紀行》向西亞穆斯林世界傳播了中國的整體情況，把長期存在的秦和摩訶秦，契丹和蠻子國的概念統一爲中國整體，在這一點上阿里・阿克巴爾已做了貢獻，也是《中國紀行》所起過的歷史作用。」〔註123〕除此之外，《中國紀行》還填補了明朝初期蓋耶速丁以後到明朝後期，即十七世紀下半葉開始的基督教傳教士報導中國之間這一時期的空白。這個事實使《中國紀行》顯得特別富有意義，因爲這時期，沒有中國以外的較詳細的材料描述中國。由於1500年前後是明代對外交往的下降時期，這也使《中國紀行》時間上的高度價值得到突顯。看阿里・阿克巴爾的描寫，就會發現當時中國鎖國政策的出現。他在第二章說到：「中國皇帝和他的臣民都以爲他是統治世界的。中國人以爲除了他們的國家，世界上沒有其它城市。在中國，沒有人知道外國國家的名字。因爲他們沒有習慣走出中國，看看在他們國家之外，世界上還有其它國家和城市。他們還相信，除了他們的國家，世界上都是荒地，並受中國皇帝管轄。由於大多數到過中國的人和中國的敵人，都來自那

〔註122〕卡萊教授關於這方面有很詳細的文章：Paul Kahle: *China as Described by Turkish Geographers From Iranian Sources*, The Iran Society, London, 1940, pp.48-59.

〔註123〕張志善譯：《中國紀行》，第 152 頁。

些荒蕪之地，所以他們認爲整個世界上都是荒地和荒地的人。」〔註 124〕「這反映了歐亞商道關閉若干年代後，中國人對世界的無知狀況。」〔註 125〕阿里‧阿克巴爾對中國各方面的闡述，像軍階的敘述、中國領土的結構、中國監獄、法律、金銀貨幣及紙幣、各地的產物等等解釋得十分詳細。特別值得注意的是，阿里‧阿克巴爾親眼見過中國明王朝的監獄，而在遊記裏很詳細地闡述當時監獄的特點，以及中國政府對於犯罪的人的態度。這一點是在以前的穆斯林作家的遊記裏沒見過的。這一切使他的作品從內容方面來說非常豐富，而具有很高價值。阿夫沙爾教授曾經說過「伊朗學者對伊朗中國交通史料過去研究得很不夠。」他說的的確很有道理，而這樣像阿里‧阿克巴爾留下來的著作，恰好是研究這方面的主要參考文獻。他不只是給 500 年前的波斯人，也是給全世界包括中國人在內，提供了關於明朝很可靠的資料。

關於伊中使節交流，瑪札海里認爲「來自穆斯林一方的使節——商隊要比來自中國一側的多得多。因爲主要是伊朗—伊斯蘭世界需要中國產品，而中國則可以離開『西域』。」〔註 126〕但值得注意的是所謂絲綢之路怎麼會具有那麼深淵的文化底蘊？絲綢之路最明顯的影響是文化傳播，而宗教和美術，作爲文化的主要部分，在政治、經濟和科學交流之外，也大大地影響了中國。中國大部分外來宗教，包括瑣羅亞斯德教、摩尼教、景教和伊斯蘭教都是通過波斯人流傳到中國的。隨著摩尼教和其它伊朗宗教的傳入，與它們有關的藝術，特別是宗教藝術也輸入中國。今日吐魯番和敦煌石窟裏留下來的繪畫和文獻，都證明伊朗藝術風格對中國的影響。因此，所謂學術研究，不能強調某方的影響或地位更爲突出；因爲歷史和文化是互相補充、互相推動而發展過來的。

《中國紀行》中，每個章節的描寫，都表現出阿里‧阿克巴爾對中國文化的高度理解。他對中國評價如此之高：「在世界上除了中國以外，誰也不會表現出那樣一種井井有條的秩序來。毫無疑問，如果穆斯林們能這樣恪守他們的教規——雖然這兩件事無共同之處——他們無疑地都能按眞主的良願成

〔註 124〕阿里‧阿克巴爾‧哈塔伊 著《中國紀行》，張至善譯，三聯書店，1988 年，第 44 頁。
〔註 125〕張至善譯《中國紀行》，前言，第 12 頁。
〔註 126〕瑪札海里：《絲綢之路，中國——波斯文化交流史》，耿昇譯，新疆人民出版社，2006 年，第 19～20 頁。

為聖人。」〔註127〕「整個中國人，從平民到貴族都培養得懂禮貌。在表示尊敬、榮譽和沿守禮節方面，世界上沒有人能和他們相比。」〔註128〕他的描寫很自然、很可信，給讀者提供想像中國明王朝社會的一種清晰圖景的機會。我們看《中國紀行》時，在白紙和黑字間，會看到一個波斯男性商人，白天忙於工作，晚上則在自己的房間裏，拿著筆，安靜地、深思著最近的所見所聞，而逐漸地把它們記錄下來。看他的著作時，就會聽到明朝皇宮宴會時的美妙音樂的聲音，就會感覺到當時的熱鬧和激動。街道上的轎子、正在做買賣的中國男女和阿里‧阿克巴爾從來忘不掉的中國美女。他描寫的是政治和經濟、是歷史、文化和美術。他描寫的是中國明王朝社會狀況的一種活躍的、永恒的圖案。

〔註127〕阿里‧阿克巴爾：《中國紀行》，張志善譯，第 57 頁。
〔註128〕同上，第 74 頁。

第四章　《麥加遊記》
——晚清波斯人筆下的中國

　　1903 年，伊朗前任首相阿塔貝克決定開始一次環球旅遊，旅行小組包括阿塔貝克與他的兒子，赫達雅特與他的兒子，吳蘇戈（Vosuq Hozur）以及兩個服務員。他們從德黑蘭出發，途經俄國、中國、日本、美國、歐洲，伊斯坦布爾和大馬士革，最後到達麥加。這次的旅行整整一年。途中的旅遊見聞，由政治家同時也是阿塔貝克的同事和朋友，馬赫迪・古里・汗・赫達雅特（Mehdi Quli Khan Hedayat，1863～1955 年）記錄，赫達雅特後來將這部作品命名為《麥加遊記》。他們在中國停留了大概兩個月的時間，因此，該遊記的部分內容是關於中國的。二十世紀伊始的中國，與前幾個世紀「黃金時代」有著巨大差異。在《麥加遊記》中，赫達雅特指出了當時中國的問題，並且提出了種種解決的方法。在赫達雅特看來，當時中國所面臨的困境，在某種程度上也正是當時伊朗正在面對的問題，因此，他非常認真地試圖尋求出問題的癥結所在，拯救走向現代化道路的傳統社會。本章打算先簡介赫達雅特的生平思想及其中國見聞，然後敘述赫達雅特眼中的中國問題，以及作為一位思想家與政治家所提出的解決之道。

一、關於《麥加遊記》

　　19 世紀的伊朗，經歷了走向現代化、西方化與國際化的劇烈變革。改革思想成為整個世紀的主要思潮。最重要的是，這個關於現代化的討論所產生的後果，包括了讓人們對傳統、歷史和宗教所扮演的角色產生了根本性的

重新思考。這次的討論所涉及的，還包括了對身份、文化，甚至語言的再形成；以及對現有的知識基礎、社會精英、還有君主制的合法性的直接挑戰。〔註1〕

　　阿塔貝克〔註2〕於 1903 年辭去首相職務後，就他踏上了經由俄羅斯，中國，日本，美國，歐洲到麥加的朝聖之旅。爲了得到伊朗國王莫札法爾丁‧沙赫（Muzaffar al-Din Shah, 公元 1853～1907 年）的國外旅行許可，阿塔貝克把他們的旅遊冠以麥加朝聖之旅。國王允許阿塔貝克去旅行，但這一次出國時間總共不能超過七個月。阿塔貝克事先沒有把旅程計劃告訴別人，甚至連赫達雅特都不知道。直到臨行之前，阿塔貝克才告訴赫達雅特此次旅行要途經俄羅斯，到達中國和日本，但他要求到達莫斯科之前，不要讓別人知曉行程。在當時，中國和日本對他們來說是兩個很不熟悉的國度。爲了能在這兩個國家得到幫助和支持，在莫斯科時，他們給俄國外交部長寫信，告訴他將去這兩個東方國家旅行，並要求把旅行計劃通知俄國駐中國和日本的大使館，以避免遇到什麼問題。後來旅程相當順利，並最終到達了麥加。

　　在阿塔貝克的旅途同伴中，其中一位就是《麥加遊記》的作者赫達雅特，他用波斯文寫作了這本遊記。赫達雅特的個人經歷相當傳奇：他是一位具有改革思想、受人尊敬的的朝臣，是一位教育家、科學部長、參與過修訂憲法草案的委員會成員。他畢業於近代伊朗第一所學校「科學所」（Dar al-Funun），這個學校既是學習西方的一扇窗口，又以培養未來國家管理人才爲宗旨。在當時被送往歐洲的伊朗學生中，赫達雅特是爲數不多的留下著作的一位。〔註3〕《麥加遊記》記載了環球旅途見聞，是當時的重要遊記之一。

　　18 世紀末 19 世紀初，爲了探究歐洲強大與進步的原因，伊朗人走出國門，遊歷各國，特別是出訪歐洲，成爲一種普遍的潮流。「遊記」——尤其是歐洲遊記盛行一時。當時的伊朗人很關注歐洲的「進步」來源和高速發展的動因。

〔註1〕　Monica Ringer: *Education, Religion and the Discourse of Cultural Reform in Qajar Iran*, Costa Mesa , CA: Mazda, 2001.

〔註2〕　米爾札‧阿里‧阿斯戈爾‧汗‧阿明‧蘇丹‧阿塔貝克，Mirza Ali Asqar Khan Amin al-Sultan Atabak（公元 1858～1907 年），是近代伊朗著名的政治家，在 30 年左右的時間裏，他在伊朗國內外的政治作出了重要貢獻；阿塔貝克意爲國師。

〔註3〕　Keramatollah Rasekh: Das Politische Denken der Reformisten im Iran 1811-1906: Eine Untersuchung über das Politische Denken der iranischen Intellektuallen, Published by LIT Verlag Berlin-Hamburg-Münster, 2000. P.118～119.

由於當時伊朗正在考慮走現代化的道路，一批到過歐洲的伊朗知識分子認爲現代化目標的實現，只有通過學習西方新知識、採納西方先進技術，並且建立有序的、具有繁榮可能性的政府才能完成。作爲一種歷史調查的工具，「遊記」是含蓄對照伊朗與外國差異的探索筆記，甚至可以說是探究本國缺陷的筆記。分析這些「遊記」，需要解讀它們所包含的信息，並參照當時伊朗人對海外世界的理解程度和文學想像。這個時代的遊記文學，是身份、文化和傳統觀念具體化的初步路線。〔註4〕由於旅遊者意識到伊朗和其他文化的異同，因此這一國際間的文化之旅，產生了一種嶄新的文化自覺和集體的自我意識。

　　與19世紀的旅行者相比，20世紀遊記作者一般沒有懷抱執行公務的目的。這些旅行海外的人物，往往具有改革思想，他們積極參與社會與文化探索，足迹遍及歐洲之外的亞洲國家（例如中國和日本），但像阿塔貝克的團隊那樣到美國在當時尚屬首次。因此，20世紀初的伊朗遊記一般沒有官方色彩，基本上是記述私人旅程。這些遊記往往充分地表露了作者的個人情緒和思想，依照作者的個人態度來展現對於不同社會和文化的理解，並融入了對於自然風光的文學敘述。〔註5〕

二、《麥加遊記》的作者

　　馬赫迪‧古里‧汗‧赫達雅特出身於貴族家庭，他的家族出過多位晚期愷加王朝和早期巴列維王朝的高官，他的祖先李薩‧古里‧汗‧赫達雅特是一位歷史學家，也是一位文官。他的父親阿里‧古里‧汗‧穆赫貝勒多雷是電報總局局長，也在納賽爾丁‧沙赫（Naser al-Din Shah,公元1831～1896年）時期的內閣供職。

　　赫達雅特1863年出生於德黑蘭。他在德黑蘭接受了小學教育。孩提時代，他就對於音樂產生了濃厚的興趣。關於音樂，赫達雅特曾寫道：「中國聖人孔子說，每個民族的音樂，表示那民族的禮儀與優勢程度。」〔註6〕當

〔註4〕 Monica M. Ringer: The Quest for the Secret of Strength in Iranian Nineteenth Century Travel Literature : Rethinking Traditions in Safarnameh. *IRAN AND THE SURROUNDING WORLD*: Interactions in Culture and Cultural Politics, Nikki R. Keddie and Rudi Matthee, eds University of Washington Press, Seattle, 2002, p.147.

〔註5〕 Monica M. Ringer: The Quest for the Secret of Strength in Iranian Nineteenth Century Travel Literature : Rethinking Traditions in Safarnameh. *IRAN AND THE SURROUNDING WORLD*: Interactions in Culture and Cultural Politics, Nikki R. Keddie and Rudi Matthee, eds University of Washington Press, Seattle, 2002, P.155.

〔註6〕 《記憶與危險》，第37頁；《麥加遊記》，第133頁。

時他還向一位家庭教師學習法語。讀完小學，他和哥哥到德國柏林去留學。
他在那邊學習了德語，五年後返回伊朗。他被雇傭爲高級公務員。1879 年
他開始在他父親單位的電報處工作，同時在當時最有名的學校「科學所」學
習波斯文學和阿拉伯語。1884 年他與哥哥擔任當時國王納賽爾丁‧沙赫的
管理人。1885 年他又在「科學所」教了幾個月的德語，當時他偶而還會給
國王翻譯一些德文資料。後來他擔任科學、軍事學校的主任，並且在莫札法
爾丁‧沙赫第二次出歐旅遊時，作爲他的德語翻譯陪伴他。1903 年，他和
阿塔貝克一起開始環球旅遊。赫達雅特在《麥加遊記》中提到：我之所以接
受阿塔貝克的邀請，就是因爲要讓他直接看到歐洲以後，來支持改革議程。
〔註7〕他此次旅行的目的是想在旅行期間影響阿塔貝克，並且爲了將來的改
革做準備」〔註8〕赫達雅特和莫札法爾丁‧沙赫的關係一直很好。莫札法爾‧
沙赫特別喜愛赫達雅特給他講解的日本議會的制定情況。

圖 14　馬赫迪‧古里‧汗‧赫達雅特

　　赫達雅特曾參與立憲運動〔註9〕，世界第一大戰時期，他曾任法爾斯和阿

〔註7〕　赫達雅特：《記憶與危險》，波斯文本，德黑蘭，1996 年，第 135 頁。
〔註8〕　赫達雅特：《麥加遊記》，波斯文本，德黑蘭，1989 年，第 3 頁。
〔註9〕　1905～1911 年伊朗爆發了席卷全國的立憲運動，這是一次資產階級反帝反封
　　　　建的民主主義革命。運動的領導者是資產階級（主要是商人）、開明的宗教人

塞拜疆地區的總督，巴列維初期他曾擔任總理。他擔任阿塞拜疆和法爾斯地區總督期間，施展了自己的政治才華。他在治理這兩個地區時，強有力的國外政權覬覦過該地區。立憲運動初期，赫達雅特扮演了國王和運動者的中間角色。他瞭解法國革命，雖然他喜歡那革命的自由、平等和兄弟會口號，但從根本上並不認同法國革命。他也比較懷疑共和主義的觀念，他認為那更像一個沒有校長的學校〔註10〕。當時伊朗採用比利時的憲法，但赫達雅特認為英國政府國會系統更適合伊朗。〔註11〕

　　赫達雅特負責管理選舉第一國會的德黑蘭代表，他還參照法國的報刊法，起草一條保證報刊自由的法律交給國會，但並未得到實施。因為政府要求一個包括所有人的普通申請書的定律，因而赫達雅特向國會推薦的禁止政府官員獲取賄賂的草稿，也未獲通過。在赫達雅特看來，國會大部分的代表，都不瞭解立憲政府的真正含義，只知追逐個人私利。他認為國會中有發言權的代表，或是與皇家有秘密關係，或是接受國外政權的指示。

　　立憲運動期間赫達雅特在內閣擔任多個職務。他在政府不同的幾個部門工作過，包括 1896 年的教育與捐助部；1906 年至 1926 年正義部的審判長（1907～1908，1914，1918 年）；1908 年的教育部；1920 年財政部；1923 和 1926 年的公共福利、貿易與農業部部長，內政部等。1906 年的「革命」〔註12〕之後，他成為議會議員，後來擔任了幾個政府部門的部長，並最終做了七年的總理。

　　在伊朗第四國會中，赫達雅特被選為德黑蘭代表，但這一次國會的持續時間很短。1927 年 6 月，赫達雅特當選為伊朗新國王李薩·沙赫·巴列維（Reza Shah Pahlavi, 1878～1944 年）的總理。李薩·沙赫決定走現代化道路，並要建立一個具有堅固管理的集中政府。年過中年的赫達雅特，被選為並無太大實權的傀儡總理。每個政策的建議，必須在內閣發佈先得到國王的認可。赫達雅特被選為總理時，在 1927 年至 1933 年之間建立了四個內閣。

士和具有民主主義思想的知識分子。運動的基本要求是實行君主立憲，召開國會，進行民主改革。人民大眾普遍參加了這一運動，高潮時期爆發了全國性的示威遊行、商人罷市，社會經濟活動陷於停頓。

〔註10〕赫達雅特：《記憶與危險》，波斯文本，德黑蘭，1996 年，第 21、385～388 頁。

〔註11〕《記憶與危險》，第 188～190、193 頁。

〔註12〕1906 年伊朗的一批商人，政治家，知識分子和宗教人物反對愷加王朝治理國家的政策，而提出「自由而正義社會」的要求。

這段時間裏國家經歷了行政、教育、財政和社會改革，在很多方面徹底地改變了國家的面貌。赫達雅特任期，最重要的事情是 1932 年 9 月伊朗政府照李薩・沙赫的直接的命令，取消單邊搭爾斯石油的特許〔註13〕。取消該特許之後，又簽訂一個新的協議。1933 年 9 月，李薩・沙赫命令赫達雅特辭職。

　　人們原本期待，有著如此經歷的人會是一個進步的「現代化」政治家。然而，在他的著作和傳記資料中，人們恰恰遇到一個完全相反的形象：即一個保守的，與傳統緊密結合的人。〔註 14〕赫達雅特是一位傳統穆斯林，他對於李薩・沙赫殘忍地、過於激進的現代化措施表示過不滿。他認為後來的失敗是由於未經適當的學習和仔細的計劃方才功虧一簣。在他看來，一方面，伊朗當時盲目吸收西方價值觀念與生活方式，並將其強加給民眾，未曾充分考慮到宗教價值對於這個國家的重要意義；另一方面，卻徒然學習西方化的外表而忽略了真正的西方文明。他最銳利的批評，是關於 1936 年除去面紗的全體運動，他認為該做法最終導致魯莽地忽視家庭生活，並增加了賣淫。〔註15〕對於西方體制，他抱有懷疑和不迷信的態度。與西方的鬥爭中，赫達雅特贊同宗教的戰略地位，但同時又不篤信宗教。他持有「東方化」的意識，支持東方各國聯盟以針對西方。據赫達雅特的著作內容及其思維方式，我們可以發現「改良主義者時代」的結束和向「現代主義者時代」過渡的開端。〔註 16〕赫達雅特雖然反對除去伊朗女性的面紗，但也不同意女性不參加社會活動。在《記憶與危險》中他提到：「40 年前到中國時，在街上沒見到一個婦女；女性只有在轎子裏；也有自己專門的屋子。」〔註 17〕赫達雅特覺得這樣的做法是不公正的：男女的社會地位應當是平等的，應當保持一種平衡。赫達雅特在遊記中討論了女子教育、婚姻、不同社會中女性的傳統服裝。這些關於婦女的社會學討論，跟當時其他遊記的敘述角度很不一

〔註13〕 （D'Arcy Oil Concession）1901 年，伊朗石油的發現和利用特權到 60 年以後，交給一個名叫搭爾斯的英國人。1908 年英國人能夠在伊朗南邊地區發現石油。那是幾十年英國對伊朗殖民主義的開始。

〔註14〕 Keramatollah Rasekh: Das Politische Denken der Reformisten im Iran 1811-1906: Eine Untersuchung über das Politische Denken der iranischen Intellektuallen, Published by LIT Verlag Berlin-Hamburg-Münster,2000. P.119.

〔註15〕 赫達雅特：《記憶與危險》，波斯文本，德黑蘭，1996 年，第 405-8、412-13、472-73、476、481、492-93 頁。

〔註16〕 Keramatollah Rasekh: Das Politische Denken der Reformisten im Iran 1811-1906: Eine Untersuchung über das Politische Denken der iranischen Intellektuallen, Published by LIT Verlag Berlin-Hamburg-Münster, 2000. P.119.

〔註17〕 《記憶與危險》，第 405 頁。

樣。其他人往往是從宗教角度來看待女性，特別是歐洲女性的，認爲歐洲婦女是無法控制的，這也折射出伊朗旅行者對於歐洲社會自由狀態的看法。一批同意吸收歐洲體現和立憲政治思想的人，往往在筆下積極地敘述歐洲社會；而另一批擔心伊朗的歐洲化以及失去文化和宗教傳統的人，則消極地認爲歐洲式的自由、男女關係，將會是一種文明的威脅。〔註 18〕

　　赫達雅特有一些區別於 19 世紀其他傳統的「改良主義者」的特點。在他身上可以透視出各種政治思想的萌芽，而這些往往被描述爲「現代主義者」的政治思想。他主張改革，希望以伊斯蘭教作爲政治武器，同時仿傚西方。他對伊斯蘭教的理解是伊斯蘭教本可以佔領世界，因爲它是地球上最好的宗教。但是世界強國阻礙了這種進程。〔註 19〕伊斯蘭教向我們展示了正確的道路，並且使我們明白，一個人應當如何理性思考並且正確行動。〔註 20〕應該調動大眾使用伊斯蘭教的儀式和習俗，而不是從西方引進體制。議會應行使職權，使得周五的祈禱取代協會和每年的麥加朝聖。爲了反對西方的「壟斷性的剝削者」，他提出了穆斯林的壟斷。〔註 21〕在此他可能忘記了，他曾如何教導中國人說人無法在幻想的天下生活。所以他必須確定距離麥加幾步遠的妓院的存在。〔註 22〕當得知在朝聖期間有人飲用科涅克（一種法國白蘭地酒）的時候，他非常驚訝。〔註 23〕阿拉伯人對此不良現象負有罪責。是人們凌辱了伊斯蘭教教祖穆罕默德〔註 24〕。〔註 25〕在一定程度上他自降身份而爲人簡樸，他是愛國主義者，是一個共濟會會員分會的成員，並且憎惡生活的物質方面；——簡而言之：他體現了傳統的「現代主義者」所具有的一系列矛盾。〔註 26〕

〔註 18〕　Monica M. Ringer: The Quest for the Secret of Strength in Iranian Nineteenth Century Travel Literature : Rethinking Traditions in Safarnameh. *IRAN AND THE SURROUNDING WORLD*: Interactions in Culture and Cultural Politics, Nikki R. Keddie and Rudi Matthee, eds University of Washington Press, Seattle, 2002, P.159.

〔註 19〕　《麥加遊記》，第 75 頁。

〔註 20〕　《麥加遊記》，第 201 頁。

〔註 21〕　《麥加遊記》，第 254 頁。

〔註 22〕　《麥加遊記》，第 18 頁。

〔註 23〕　《麥加遊記》，第 261 頁。

〔註 24〕　《麥加遊記》，第 260 頁。

〔註 25〕　Keramatollah Rasekh: Das Politische Denken der Reformisten im Iran 1811-1906: Eine Untersuchung über das Politische Denken der iranischen Intellektuallen, Published by LIT Verlag Berlin-Hamburg-Münster, 2000. P.121-122.

〔註 26〕　Keramatollah Rasekh: Das Politische Denken der Reformisten im Iran 1811-1906:

三、赫達雅特的作品

　　赫達雅特不僅是伊朗史上一位重要的政治家，也是一位多產的學者和音樂家。他留下了包括文學、音樂和歷史等多個領域的著作。他的政治回憶錄《記憶與危險》（Khaterat o Khatarat，1950 年）是他作爲一位敏銳的歷史見證者，對當時處在國家獨立的危急關頭，即現代伊朗最狂暴的時期的詳細記錄。他的環球旅遊的見聞錄即《麥加遊記》（Safarname ye Makka, 1951 年）。此外，還有《伊朗史》共四冊（1938～1954 年），該作品涉及到對立憲運動和愷加王朝最後幾年的記錄。這些作品均用流利的波斯語寫成，沒有傳統的詞藻裝飾，甚至在談論複雜話題時仍採用了接近口語的語言。赫達雅特還著有：《民族思想》（Afkar e Omam, 1946 年），涉及宗教問題；《世界禮物》（Tohfat al Afaq），談論了歐洲旅行見聞與歐洲的歷史、地理；《天空禮物》（Tohfat al Aflak）討論到宇宙學、插圖和地圖；《翻譯規則》（Ghavaed al Tarjoman）是一本法文教科書；《詞法》（Dastur e Sokhan）涉及波斯語語法。他給孩子們寫的一本書曾被全國小學採用爲教科書。他的文學作品有：《文學花園》（Bostan e Adab），包括詩歌選集、小詩集（Tohfeye Mokhberi ya Kare Bikari）和詩體論（Tohfat al Arib）。這些作品展現出他的詩歌才華，在他的遊記與日記中也經常錄有他的詩作，但赫達雅特所肩負的多種職責沒給他更多施展創作才華的機會。

四、赫達雅特在中國

　　1903 年 10 月 22 日，赫達雅特和他的幾位同胞，經由中東鐵路到達滿洲里。他在 21 日的筆記中，先介紹滿洲的地理、民族、礦物、宗教、食物和特產情況之後，介紹了中東鐵路的相關信息。他對中俄雙方投入建設滿洲鐵路的協議做出了評價，並對中國的未來表示擔憂，他說到：

　　　　滿洲里的鐵路（中東鐵路），是俄國在八十年後歸屬權歸中國的條件下，在 1896 年 8 月 27 日修建的（如果到那時候他們留下什麼『中國』的話），鐵路已經沒有什麼利益了。36 年以後，中國有權利把它購買，當然如果虛報帳目允許的話！爲了解決問題，要組織一個包括一位中國隊長以及九位公司人的組團，……。

Eine Untersuchung über das Politische Denken der iranischen Intellektuallen, Published by LIT Verlag Berlin-Hamburg-Münster, 2000. P.120-121.

可以說，赫達雅特剛踏上中國的土地，便敏銳地看到了外國人在中國的影響。中東鐵路是 1896 年清朝政府與沙俄簽訂《中俄密約》後，由俄國在中國東北地區修築和經營的一條鐵路，原稱東清鐵路或東省鐵路。以哈爾濱爲中心，西至滿洲里，南至大連。按照《中俄密約》的規定，1896 年 9 月 8 日清政府駐俄公使許景澄與華俄道勝銀行總辦羅啓泰在柏林簽訂《中俄合辦東省鐵路合同章程》。合同的主要內容是：由華俄道勝銀行組建中東省鐵路（亦稱中東鐵路）公司，建造、經理東省鐵路，公司章程應照俄國鐵路公司成規辦理；自路程開車之日起，以 80 年爲期，其內所有鐵路收益全歸該公司專有；期滿之日，所有鐵路及其一切產業全歸中國政府，並從開車之日起，36 年後，中國政府有權給價收回。〔註 27〕日俄戰爭以後，南段（長春至大連）爲日本所佔，稱南滿鐵路。十月革命後，北段由中蘇合辦。抗戰勝利，全線合稱中國長春鐵路。赫達雅特在 10 月 8 日的筆記裏提到：「今天爲俄曆 10 月 8 日，按照日本的最後通牒，俄國人必須今天離開滿洲里。」

圖 15　赫達雅特小組與旅順口海軍上將的愛人和女兒合影

10 月 24 日赫達雅特和同伴到達旅順口。在路上，他們碰上了旅順口海軍上將的妻子和女兒。據赫達雅特說，他們一直非常熱情地照顧她倆，但一到

〔註 27〕尹鐵：《晚清鐵路與晚清社會變遷研究》，經濟科學出版社，2005 年，第 73 頁。

達目的地，看到海軍上將在豪華的馬車裏等他的夫人和女兒，她們便徑直乘車離去，甚至都沒有感謝一路所受到的照顧。赫達雅特心想，看起來誰都不知道阿塔貝克的到來！〔註28〕他們在旅順口待了一兩天，但那裡的情況讓他們很不滿意。因此，他們決定買票到煙臺（Chee Fo）去。在船上赫達雅特看到一位英國婦女，她懂法語、德語和漢語。她在中國住了很多年。雖然在旅順口拍照是被禁止的，但這位婦人仍然認真地拍攝相關照片，相當關注這一帶的地理形勢。赫達雅特由此懷疑她是一位間諜。

10 月 28 日他們的船到達煙臺市。在這個城市他們欣賞到了京劇。赫達雅特看到大部分觀眾是男人，只有劇院的一角有間屋子，裏面有幾位女性，顯然當時男女是分席而坐的。〔註29〕在煙臺時，他們和俄國領事官見面。兩天後他們要離開煙臺時（10 月 31 日），有一位日本記者要求見面並詢問幾個問題。記者的提問直接跟俄日戰爭的準備有關：比如問到在滿洲里看到俄國有哪些軍需品，這是赫達雅特首先不願回答的問題，於是他便答道並不關注此事，再說，軍需品也不是一般人就能一目了然觀察到的。但由於記者的堅持，赫達雅特就說到俄軍大概有 10 萬人左右。赫達雅特隨後反問了一個問題：考慮到日本與中國之間的海上距離，如何能和俄國進行一場大戰呢？記者回答說，我們知道得很清楚，俄國軍隊不會超過 4 萬人，並且在這麼短的時間內也無法派遣更多的軍隊了；俄國的軍需供應存在缺陷。日本肯定會打敗俄國，我們日本人很希望發動這場戰爭，但俄國則採取逃避政策。〔註30〕

11 月 1 日到達天津後，赫達雅特一行來到英租界的一間酒店預訂房間。俄國領事官到酒店和他們見面，請他們那天晚上一起吃飯。赫達雅特記錄了當晚與俄國領事官的談話內容：包括領事官所提到的中國情況、西方人的思想及其日本狀況；領事官在談到日本時，把他們的皇帝叫做「忘恩負義的反叛者」。在天津，赫達雅特看到很多外國人修建自己的租界，包括英租界、德租界、法租界、美租界和日租界。俄國人當時剛拿到一塊土地，正在修建俄租界。赫達雅特說外國人在天津過得相當休閒，有足夠的時間，於是便用運動來打發時間。俄國領事官就特別喜歡賽馬，他請阿塔貝克第二天去看賽馬。他們本來打算早點離開天津，到北京去，但由於俄國領事官的好客，他們便

〔註28〕《麥加遊記》，第 33 頁。
〔註29〕《麥加遊記》，第 44 頁。
〔註30〕《麥加遊記》，第 45 頁。

在天津多待了幾天。

11 月 7 日到北京。赫達雅特對於他所看到的城市面貌的第一印象感到很驚訝。他本來以為具有 4 億人口的政府之地、「中間國家」天下治理之地、以及歷史上忽必烈的治理之處——「汗巴里」，應該具有震撼人心的壯觀景象，但實際看到的與想像中的情形相差很遠。街道上充滿臭味，塵土多得讓人張不開眼睛，土壤是深色。〔註 31〕在赫達雅特看來，天津很熱鬧，而北京則很沉默，乏善可陳。

11 月 8 號他們先與俄國大使（Lsar 抬）見面。之後去拜訪英國大使（Sir Sato 抬）。在英國大使館，他們見到了在伊朗曾與阿塔貝克見過面的現任一等秘書的圖奈里（Sir Walter Townley）先生。後來在 1912 年 7 月初，赫達雅特又一次在伊朗與圖奈里見面。赫達雅特很欣賞他的禮貌態度。〔註 32〕

11 月 11 日他們到前門清真寺去參觀。在那兒與清真寺的布哈拉籍阿訇〔註 33〕、莫拉·努爾丁（Mulla Nur al-Din）見面。他懂阿拉伯語，藏有《古蘭經》、法理和宗教書籍，屬於伊斯蘭教漢巴里（Hanbali）學派。由於清真寺需要重修，阿塔貝克就捐助了兩百美元。後來赫達雅特一行要離開北京時，莫拉·努爾丁與他兒子一起來送行。這位清真寺的阿訇贈送了阿塔貝克一塊皇后題字的絲綢，並說這個禮物是為了感謝阿塔貝克對清真寺重修的幫助和支持。他還解釋道，皇后手寫的那兩個字的意為「健康」和「長壽」，這塊題字的絲綢起初是士兵們洗劫酋長們的房子時獲取的，後來莫拉·努爾丁花一兩美元從士兵手裏買來。赫達雅特說在中國要特別感謝某人的時候，常以手書條幅贈送對方。

11 月 16 日，赫達雅特、阿塔貝克等與俄國大使館的翻譯去參觀幾個學校〔註 34〕。第一個學校是在 1899 年建立的，專門教授外語，特別是英語。在另一個學校的校長是美國人，一位日本老師給中國青年學生講民族法律。老師

〔註 31〕　《麥加遊記》，第 56～57 頁。

〔註 32〕　《記憶與危險》，第 243 頁。

〔註 33〕　阿訇：波斯語的原意是有知識的人、教師，中國伊斯蘭教用來稱謂主持清真寺教務和講授古蘭經的教職人員。

〔註 34〕　11 月 16 日是星期一，但赫達雅特說那天是星期日。一般星期日學校都放假，但是他們所參觀的一個學校裏，學生正在上課。因此很可能赫達雅特記錯了日子。但之後所記錄的日子和實際日期都有一天的差別。比如他提到 11 月 17 日星期一（應該是星期二）去拜訪日本大使；還有他說 11 月 18 日星期二（應該是星期三）他們離開北京。

除了中國人，還有來自英國、法國、德國和俄國各國教師，課程有醫學、數學、物理學和化學。赫達雅特說雖然中文很不好學，但學過的人也相當多；要當官的人都必須有足夠的知識。這些學校的教育基本不受政府約束，但考試則由政府來主持。政府只管理所謂的「翰林」學校。〔註35〕「19世紀末，迫於西方諸國的多種打擊，清政府創辦洋務教育，意在培養人才，抗衡列強，進而走上富強自立之路。在此過程中，西方語言文字作爲借鑒世界先進只是與科技的橋梁備受重視，成爲洋務教育的先導與核心。」〔註36〕「1900年，日本和西方軍隊佔領首都北京之後，建立以強調現代科學的新高等教育學校就增加了。義和團之亂以及西方強國對這一次起義的支持，造成首都的勢力結構受到嚴重的影響；在這樣的情況下，外國人就給治理國家的領導們帶來相當的壓力。其他國家對改革和西方教育的支持，加強了省市反對義和團之亂的改革主義者如袁世凱和張之洞的政治財富。」〔註37〕當然傳統教育的轉折，以及現代科學在中國的上昇事情，不只是轉讓經典而上昇現代教育，造成經典服從科學；並且需要首先解開一系列問題如：經典文學的價值與社會政治、文化的關係、朝代的皇室勢力，以及精華上等階級的狀態。〔註38〕

　　11月17日上午他們去拜訪日本大使，他們原來在俄國使館見過面。日本大使對他們的到來表示熱烈的歡迎，並說日本外交部通知他們一行可以進入日本。赫達雅特說本來伊朗駐荷蘭大使已經通知日本大使，阿塔貝克將前往遠東的決定；日本大使也已經通知他們的政府。日本大使讓他們前往日本時，打電報通知一下他們所要到達的港口。

　　11月18日赫達雅特一行拜訪了中國外交部部長〔註39〕。安排這一次會晤的是俄國使館。此前他們盡可能多地瞭解了中國人見面時的一般儀式。在赫達雅特看來，這位部長是一位熱忱的人，儘管他對伊朗一無所知，僅限於史

〔註35〕《麥加遊記》，第90～91頁。

〔註36〕高曉芳：《晚清洋務學堂的外語教育研究》，商務印書館，2007年，《內容摘要》部分。

〔註37〕Stephen R. MacKinnon: *Power and Politics in Late Imperial China : Yuan Shi kai In Beijing and Tianjin, 1901-1908*, Berkeley, University of California Press, 1980. P.3-4, 216-17.

〔註38〕Benjamin A. Elman: *From Pre-Modern Chinese Natural Studies to Modern Science in China*, printed in: *Mapping Meanings : The Field of New Learning in Late Qing China*, Edited by: Michael Lackner &Natasha Vittinghoff, Brill, 2004, P.57.

〔註39〕赫達雅特說他們11月18日、星期二離開北京，實際上1903年的11月18日是星期三；因此他們拜訪部長不會是11月18日。

書上的地名。據赫達雅特所說同，當外國人來到中國以後，革命和起義越加頻繁，政府力量變弱。中國人也把赫達雅特他們當成「老外」看待。

圖 16　赫達雅特小組在中國

11 月 18 日下午他們坐火車回到天津。本來打算一兩天之內就離開中國，但由於沒有船，他們在天津足足待了九天，直至 11 月 25 日方才乘船離津。對於天津的俄國領事官的熱情態度、酒店服務人員的溫和，以及天津城市的熱鬧氛圍，赫達雅特留下了深刻的印象，並抱有深厚的興趣，而這些都與北京形成鮮明對比。11 月 28 日早上，他們的船到達煙臺；當天下午兩點多即前往青島。11 月 29 日下午達到青島；第二天又前往上海，12 月 1 日到達上海。

到達上海的第一天，他們便訪問了俄國領事官員。晚上有幾位伊朗人來拜訪他們，他們是通過報紙知曉赫達雅特和阿塔貝克到滬消息的，俄國領事館也曾通知過他們。他們均為商人代表，大多數是茶商。赫達雅特一行還被一位伊朗商人邀請到上海福州路去喝茶。在那裡，他們看到一位纏足的女歌手，這一情景讓他們驚訝萬分。赫達雅特寫道：「中國人的一個很奇怪的習慣，是裹女性的腳，她們走路不方便；看起來也不漂亮。聽說他們要放棄該習慣的。這個習慣與西方人的塑腰習慣是一樣的。」早在 1897 年，梁啟超便與譚嗣同、康廣仁等男性啟蒙家在上海成立了「不纏足會」，反對纏足傳統；在中

國男性啓蒙家的眼中，婦女們解除了纏足的束縛，就開始獲得了一定的現代知識和文化。赫達雅特還談到了中國婦女，他說長時間住在中國的人都表示中國婦女很貞潔，一般和男性沒有接觸。但當時社會中好像存在著一種奇特的習俗，即丈夫有權將妻妾賣給其他的男子：一般來說，需要徵求女子同意，方才執行；但假使丈夫對她的貞潔產生懷疑的話，不需她本人許可也可照做。對比其他國家的女性不喜歡她們的年齡超過 25、35 歲，赫達雅特發現在中國女性年紀越大，她們也越喜歡。另外，中國人非常孝敬父母。

12 月 7 日他們乘船離滬前往日本長崎。

五、《麥加遊記》中的晚清外國人形象

從十六世紀外國人逐漸來到中土開始，中國人把他們當作蠻夷對待。除了俄國人之外，其他外商不能隨便進入北京，外商代表只能在廣東和中國人進行貿易活動。19 世紀初，中國人多次告訴外商代表不願使用洋貨，主要原因在於，所有的洋貨中國本土均能出產，而外國人一般不能提供在中國大陸找不到的貨物，因此清朝初期中國對於外國政權的抵抗較強。爲了能夠在中國產生影響，西方人終於找到一種能夠打入中國市場的貨物——鴉片。由於鴉片的商業利潤很高，因此西方各國，甚至美國都參與了這種貨物的買賣。1839 年林則徐奉旨來到廣東禁煙，飭令不准外商代表在廣東交易鴉片。林則徐強迫外商把鴉片倉庫交給中國政府，最後在廣東燒毀了所有的鴉片。這件事讓英國很震怒，並向中國要求賠償。1889 年，世界強國控制了中國的主要港口。他們簽訂了不少條約，條約中規定很長一段時期內（如 25 年或 99 年）中國主要港口都屬於他們。這些條約在鴉片戰爭之後的半個世紀中，不只影響到中國的政治，而且使得中國在經濟方面對其他國家的依賴性增大了。

在《麥加遊記》，我們發現赫達雅特對於留居在中國各地的無數歐洲人持懷疑的態度。關於傳教士，學者們有不同的看法。有的學者卻認爲 19 世紀時，商人們來中國謀求利益。外交官和軍人來到中國則謀求特權和讓步。外國人中間唯有基督教傳教士到中國來不是爲了獲得利益，而是要給予利益；不是爲了追求自己的利益，而至少在表面上是爲中國人的利益效勞。〔註 40〕但赫達雅特卻很不相信歐洲人爲了傳播宗教而來到中國的，他曾說「來自歐洲的

〔註 40〕 保羅‧科恩：《1900 年以前的基督教傳教士活動及其影響》，載於《劍橋中國晚清史 1800～1911 年》上卷，中國社會科學院出版社，1993 年，第 584 頁。

傳教士是想把宗教和槍一起傳播的使者。」〔註41〕赫達雅特認為「傳教士們通過建造學校和醫院做了一些貢獻；青年人為了享受免費教育，工人們為了對於政府官員違反得到（精神上）支持而轉為基督教徒，一般他們的要求實現以後，就會放棄該宗教。」〔註42〕在赫達雅特看來，歐洲人只有一個思想：「如果他們是政治家，他們不是想得到新的特權，就是想佔領新的地域。如果他們是傳教士，他們就想引進新神」。〔註43〕在訪問被基督徒謀害的中國王公之墓時，他強調：「基督教的捍衛者和西方文明的奠基人才是殺死王子們的兇手。」〔註44〕他認為：「西方人想阻止東方人非物質方面的進步。他們想要入侵日本，挖掘和開採該國家的金礦。」〔註45〕「法律是富人手中的玩具。根本不存在保護窮人反對富人的法律。」〔註46〕西方人就像螞蟻一樣，從早到晚只為聚斂財富而忙忙碌碌。美國人和歐洲人的唯一區別在於，他們來的太晚了，因此他們加緊洗劫其它民族。〔註47〕

　　12月2號在上海，他們到公園去散步。在那兒碰到居住在該城市的一位貴族，也是一位知識分子。他邀請他們到他在郊區的一座花園裏喝茶。赫達雅特說這位先生很有智慧，對於中國情況表示不滿，特別抱怨歐洲的殘酷。他是一個致力於改革和改善中國狀況的中國人，但遺憾的是他的著裝是西方式的，這在赫達雅特看來，其施展計劃的第一步就是考慮不周的。〔註48〕人們應該倣仿西方的好東西，而摒棄西方的壞東西。「我們不允許穿西方的衣服。」赫達雅特認為：「西洋用各種各樣的手段，使東方忙於遊戲，這樣免得他們追求道德觀念。英國和美國攻擊日本時，要求日本在國家的金礦與他們合夥，那時中國人就應該知道要從天上下來，瞭解地上所發生的事情。」〔註49〕

　　在解釋景教時赫達雅特說道：

　　　　根據 1625 年在陝西省西安市所找到的石碑，景教傳教士在公

〔註41〕 《麥加遊記》，第 56 頁。
〔註42〕 《麥加遊記》，第 73 頁。
〔註43〕 《麥加遊記》，第 80 頁。
〔註44〕 《麥加遊記》，第 89 頁。
〔註45〕 《麥加遊記》，第 106 頁。
〔註46〕 《麥加遊記》，第 111 頁。
〔註47〕 《麥加遊記》，第 239 頁。
〔註48〕 《麥加遊記》，第 106 頁。
〔註49〕 《麥加遊記》，第 106 頁。

元781年來到中國，而當時官員開始注意景教；不像今日的傳教士，大家都討厭。忽必烈時代，尼古拉四世（1227～1292年）的代表到過大汗的宮廷裏。1724年皇帝下令不許再傳播天主教，並且讓傳教士離開中國。可是在1841年，用「解放」刺刀刺，又一次得到傳教的許可。〔註50〕

赫達雅特提到，他聽說這些傳教士穿著中式服裝，並且蓄留了長辮。但他認為：「統治歐洲的思想是一種新的宗教，這種宗教在內容上是希伯來式的，在外表上是希臘式的，而事實上則兩者皆非。」〔註51〕

赫達雅特為他所看到的中國國內混亂與西洋對中國的侵略而感到深深的遺憾。他在幾個地方指出中國人建造「長城」的目的，繼續責備歐洲的入侵：

在這樣的領土中、對於這樣的民族，官員的這麼多疏忽確實讓人感到很遺憾；但不能責備中國人；他們自己為了對抗北方侵略者建造了長城，正在放心地過日子；沒想到貪婪的人們從幾千公里的距離，貪圖他們的財產；用槍、炮打擊他們；看到他們的戰爭武器，（中國人）只能照他們的音樂跳舞起來（意思為『照他們所說的就去做』）。……他們逐漸的建造了長城的不同部分，沒想到終於『教育災難』從海邊攻擊他們，」〔註52〕「事實上他們想傳播鴉片。他們卻稱之為教育」。〔註53〕「雖然他們修建了長城，但蒙古人和韃靼人侵略中國；今日伊朗前任首相在該牆上參觀；但這時，成吉思汗的光榮和中國的盛況都已經不存在了。並且西洋反叛者侵犯大海後，不僅進入過中國，還有進入故宮裏，而驚醒掠奪，燒毀，……！

〔註54〕

赫達雅特說，為了找到商品市場，歐洲人從不曾放棄中國和其他民族。自歐洲人進入中國開始，「中間國家」的平安一天比一天減少了。但他認為「工業是西方的墳墓。由工業而來的危險遠比由黃種人而來的危險更大。」〔註55〕他說愚蠢的作家也不少，用假的希望來欺騙人民的腦袋；他們先把水

〔註50〕《麥加遊記》，第73頁。
〔註51〕《麥加遊記》，第201頁。
〔註52〕《麥加遊記》，第107頁。
〔註53〕《麥加遊記》，第10頁。
〔註54〕《麥加遊記》，第93頁。
〔註55〕《麥加遊記》，第114頁。

攪混濁，然後就開始釣魚。最後在每一次混亂後，老百姓的情況比以前更糟糕。他們很久才會發現自己被欺騙了！〔註56〕

關於歐洲人的技術，赫達雅特提到：

> 歐洲人有一種能力。他們利用技術彌補了他們的不足，而我們卻放任我們天性中的缺陷。我們說在歐洲，大部分的事情由公司來完成，那麼我們爲什麼沒有自己開辦的公司呢？羊群需要牧羊者，就是一臂正義、一臂知識的牧羊者，手中抓著棍棒。〔註57〕

國家的問題應該借助一個手中握有國家命運的強權人物來解決。而這種立場只有在以下情況中才能得到理解：即當人們明白，赫達雅特是那些代表一種過渡時期的人們中的一員。在這種情況下就不難理解，他在幾年後以修訂和撰寫憲法的委員會成員的身份亮相，而正是在憲法的領域中，「最強勢」的他，被國王的權力受到限制，並且國家也被導向「君主立憲制」。從這個角度我們就可以明白，一個將社會比作需要牧羊人的羊群的人，如何能協助修訂「民主憲法」。〔註58〕他猛烈抨擊管理的一個重要特徵：腐敗。他點名質問許多高級公務員和部長的財產來源。這些名字「正好」是他的親改良主義的政敵的名字。〔註59〕

赫達雅特認爲服裝的肥瘦、建築的高矮以及像具設計這些問題，並不代表文明；西方人在技術方面的發展，是兩個發明的結果：第一、蒸汽機；第二、最優質武器。這兩個基礎上的原則，不在於中國能量和才能範圍上。〔註60〕在解釋清朝所面對過的起義和革命以及外國人對中國的侵略時，赫達雅特表示：1874年西方人要求中國皇帝禁止中國人把外國人叫作『夷』。赫達雅特對此表示很驚訝。他說：

> 西方人一點都沒少做野蠻的事情：他們從幾千平方公里外來到中國，用槍和火炮，打擊這個一直跟他們沒有什麼敵意的民族，目的就是掠奪。西方人可以自由地想去哪兒就去哪兒，隨意滲透一個

〔註56〕《麥加遊記》，第124頁。
〔註57〕《麥加遊記》，第39頁。
〔註58〕《麥加遊記》，第39頁。
〔註59〕 Keramatollah Rasekh: *Das Politische Denken der Reformisten im Iran 1811-1906*: Eine Untersuchung über das Politische Denken der iranischen Intelluellen, Published by LIT Verlag Berlin-Hamburg-Münster, 2000. P.120-121.
〔註60〕《麥加遊記》，第114頁。

民族的宗教信仰和風俗習慣。難道這樣的人不應當被稱之爲『夷』嗎？

赫達雅特說：

> 首先「文明」（指的是西方人）沒進入過皇帝的宮殿裏。中國
> 政府禁止在「中間國家」售賣鴉片；這樣他們（西方人）沒有什麼
> 利潤。之後中國政府下令抓住所有的（鴉片）倉庫，這導致發生戰
> 爭。到 1900 年，中國的部分地區如廣東、寧波、福州、上海、天津
> 等地區都退出了；（西方人作這些事情的）主要原因就是「文明傳播
> 之熱愛」！

赫達雅特繼續說道：

> 「流傳教育」人的唯一擔心就是皇帝宮殿寶貴物品的暗中掠
> 奪。他們一定要燒掉頤和園、壞掉名勝古迹、掠奪皇家的傢具和收
> 藏品，並且這些收藏品以後士兵們拿到，別人化很少的錢就能買到
> 這些珍貴物品。〔註61〕

唐宋時期，甚至到馬可波羅來到中國的時代，中國文明，比同時代的中世紀的歐洲更爲偉大。歷史上一直是中國影響到了歐洲，這一點從來沒有反過來。首先是通過中亞到羅馬的絲綢貿易；後來就是中國的一系列偉大的發明：紙和印刷術；容易能保持衛生的瓷器；漢軍隊所使用的石弓；鑄鐵，海上帶領船的方向舵；對航行大有幫助的指南針；火藥等。這些科技的成果，以及中國的科舉制度，都在一定的程度上影響到了西方國家。總而言之，歐洲人對中國的侵略，不只是反映他們的貪欲、好奇心、熱誠和愛國主義，還表示他們的落後狀況。〔註62〕19 世紀以來，中國的外交關係確實存在著很落後的狀態。跟 18 世紀歐洲很不一樣的工業化的西方，在科技、系統技能以及軍事勢力方面，迅速地往前運行。勢力關係發生巨大的矛盾，這使得中國與國外世界關係發生不可避免的變化。之後關係上的舊次序要讓步；不只是爲了中國軍隊的弱點，而是因爲開始克服現代世界的流行觀念如，科學學問的概念，個人自由以及經濟發展。〔註63〕

〔註61〕《麥加遊記》，第 141 頁。
〔註62〕Fairbank, Reischauer, Craig: East Asia, Tradition &Transformation New Impression, Harvard University, 1978, P.243.
〔註63〕Fairbank, Reischauer, Craig: East Asia, Tradition &Transformation New Impression, Harvard University, 1978, P.454.

　　當時中國政府為了保持和維護國家的財產和收藏品沒有採取什麼行動。在北京，有一天赫達雅特一行到皇宮（紫禁城）參觀。那天俄國大使館的翻譯（Kolesu）和另一個剛來的俄國人（Sharj Dafer）也陪著他們。在宮殿的一個大廳裏，他們看到日本皇帝進貢的一個優雅工藝品。那兩個俄國人非常喜歡這件工藝品，一個開始讚美，另一個人則說：四年以後，這些都會屬於我們！他們用法語說這幾句話，至少在赫達雅特他們面前沒感到什麼慚愧！赫達雅特在寫於 1950 年的《記憶與危險》中，提到有一位名叫 Pakhluski 的俄國人在紫禁城時，把一個很珍貴的盤子放在自己的口袋裏帶走。〔註 64〕赫達雅特還提到在上海當聽說那裡有一座博物館時，他心想好看的東西應該都在博物館裏。12 月 3 日當他們滿懷期待地去參觀時，那裡混亂景象讓他們大失所望。在赫達雅特看來，那裡此前確實應當藏有一些珍貴的展品，但很可能都被「教育之手」給偷走了！〔註65〕他的意思就是帶著「教育」口號的西洋人；他們打著傳播科學和宗教的旗號，但一般什麼機會都不會錯過。

　　赫達雅特瞭解中國晚清時期的知識分子。但在他看來，解決當時社會問題的關鍵，並不在知識分子。他提到康有為、張之洞、李鴻章等人。赫達雅特說康有為給皇帝舉日本的例子，想要在英國和美國的幫助下，在自己的國家建立一種教育基礎，但慈禧太后不同意，高級官員因考慮到個人利益均附和太后的意見。這造成了 1898 年 9 月 22 日光緒帝被囚瀛臺。據赫達雅特說，天上沒發生什麼混亂，但地上的雜亂仍然還在繼續。康有為流亡到了英國，但他的兄弟康廣仁卻被斬首。〔註66〕關於張之洞他說，「張之洞在比較西方和東方的生活表示，在中國歷史上上等和下等的居民都有自己的生活，也不抱怨；但在西方，人總是不滿意，並且經常進行起義。我們需要鐵路，需要瞭解他們的語言與情況，就是為了瞭解他們的企圖和野心。」〔註67〕赫達雅特在幾處提到「李鴻章」的名字。他說李鴻章原是直隸總督，做過不少貢獻，包括開辦造船公司，而李鴻章曾經建立軍事學校的地方就是現在的俄國領事館。在赫達雅特看來，雖然李鴻章採取有力的舉措解決了很多問題，但他已經過世了。因此，能幫助中國的勇敢改革家看起來都已經不存在了。

〔註64〕　《記憶與危險》，第 257 頁。
〔註65〕　《麥加遊記》，第 107 頁。
〔註66〕　《麥加遊記》，第 122 頁。
〔註67〕　《麥加遊記》，第 122～123 頁。

六、《麥加遊記》有關中國的部分資料的來源

　　《麥加遊記》有關中國的內容不只是包括赫達雅特在中國所見到的東西，還有他通過研究得來的內容。這些內容來源於波斯文、英文、德文和法文資料。他記載了很多關於孔子、老子、佛教與西藏的達賴喇嘛，中國晚清時所發生過的混亂和起義，還包括中國的政治，歷史，地理，文化，風俗習慣等不少內容。他詳細地敘述每個宗教的哲學。有時他就引用以前波斯人關於中國的著作的內容如《班納卡提史》、《拉施特史》、《志費尼史》等。在描寫皇帝每年所作的儀式和宮廷婚姻儀式和類似的內容時，他引用阿里·阿克巴爾的著作《中國紀行》。這些資料在伊朗都能找得到。其它的資料有的是作者旅行時或旅行後在一些國家找到的。例如在《麥加遊記》中提到，在莫斯科他曾購買了兩本關於中國和日本情況的書。他在北京時，到書店去購買幾本書，包括中文書在內，雖然他說自己也不知道為什麼會買中文書！因此很可能旅行之後所增加過的部分內容的信息來源就是這幾本著作，但遺憾的是他沒有提到這些著作的名字和內容。

　　赫達雅特在描敘義和團之亂時，引用喬治·林奇（George Lynch,1868～1928 年）在 1901 年用英語寫的著作《文明之戰》〔註68〕。據赫達雅特自述，他在離開中國到長崎的船上讀過此書。因此，這本書有可能購於北京或莫斯科。關於《文明之戰》，1901 年 10 月 26 日的《紐約時報》曾介紹說：「林奇先生認為慈禧太后的性格，在歐美國家沒有正當地被鑒賞過。她的政策需要更多的考慮。在中國有最大權利的這位老婦人，今日悲痛地需要防衛者；而作者十分活躍地希望他的作品能夠引起有權威人的堅信。」林奇關於慈禧太后的這種看法在某種程度上影響到了赫達雅特的作品。赫達雅特說林奇把慈禧太后的政策優先於英國皇后維多利亞（卒於 1901 年）；並且與俄國皇后凱瑟琳二世（卒於 1796 年）正好對稱。赫達雅特說：

> 治理四億人口的國家很不容易。新鮮的歐洲人，在禮貌方面與道德觀念，看起來只能夠做中國人的小學生，要求皇后對他們的違法掠奪採取交出的方法。端莊和文明要靠邏輯來證明自己的特權，而不是靠槍和炮。中國從西方人得到過什麼好處呢？那麼怎麼能喜歡他們的文明？〔註69〕

〔註68〕 George Lynch : *The War of the Civilizations, Beijing the Record of A 'Foreign Devil's' experiences with the allies in China*, Longmans, 1901.

〔註69〕 《麥加遊記》，第 147 頁。

在解釋中國男女在宴會和某種儀式的交流和關係時，赫達雅特引用過奧地利旅遊者和作家海司（Ernest von Hesse- Wartegg, 1854～1918 年）在 1898和 1900 年遊歷中國時而用德語編寫的兩部著作。〔註 70〕關於殺死孩子的習慣，赫達雅特引用前法國在中國的領事官西蒙（G. Eug. Simon）的法文著作〔註 71〕，這位領事官認爲，他在任中國領事職業時期留居於中國的 10 年當中，沒看到，也沒聽說有人殺掉自己的女孩子。他認爲是基督教傳教士散佈了有關「殺掉孩子」的陋習。〔註 72〕

然而，據赫達雅特認爲，爲了瞭解中國人的道德觀念與風俗習慣，「北京報紙」才是最好的資料。但我們無法確定赫達雅特是否引用過北京報紙上的內容。赫達雅特說明歐洲人都同意中國報紙內容的準確性，以及比歐洲報紙的內容更爲自由性。歐洲記者不是編年史編者，而是事實處理者；到一個事情不正式地被公開時，就不會把它報導過來。〔註 73〕

結　語

赫達雅特的《麥加遊記》是一份關於風俗習慣、傳統、宗教、社會、包括女性的長篇而迷人的報告。最詳細的章節是關於中國和日本。日本應當是阿塔貝克的主要目的地，雖然他並未點明。19 世紀末的改革方面，日本算是現代化的成就例子，完全可以有效地取代伊朗模仿的模範國家俄國。主要原因就是當時伊朗和俄國的關係變得不如以前友好，並且俄國對於伊朗領土和主權侵略的可能性已經引起了警惕。〔註 74〕

十九世紀起，伊朗開始受到工業資本主義的影響。在這一世紀的中葉，伊朗屢遭外國侵略者的破壞和蹂躪。〔註 75〕赫達雅特很熟悉西方人在十八世

〔註 70〕 Ernest von Hesse-Wartegg: *Schantung und Deutsch=China: von Kiautschou ins Heilige Land von China und vom Jangtsekiang nach Peking im jahre*, Leipzig: J. J. Weber, 1898. & *China und Japan : Erlebnisse, Studien, Beobachtungen,* Leipzig : J. J. Weber, 1900.

〔註 71〕 Par G. Eug. Simon : *La Cite Shinoise*, Paris, Nouvelle Revue, 1885.

〔註 72〕 《麥加遊記》，第 128～129 頁。

〔註 73〕 《麥加遊記》，第 138 頁。

〔註 74〕 Monica M. Ringer: The Quest for the Secret of Strength in Iranian Nineteenth Century Travel Literature : Rethinking Traditions in Safarnameh. *IRAN AND THE SURROUNDING WORLD*: Interactions in Culture and Cultural Politics, Nikki R. Keddie and Rudi Matthee, eds University of Washington Press, Seattle, 2002, P.156.

〔註 75〕 伊凡諾夫：《伊朗史綱》，三聯書店，1958 年，第 98 頁。

紀和伊朗政府簽訂過的不平等條約。來到中國之後，他發現西洋人對中國的
滲透和影響也相當之大。對此他深表不滿。「伊朗和中國進入近代史以後都變
成了半殖民地半封建社會，英、俄帝國主義成為伊中人民的共同敵人，伊朗
的巴布教徒起義（1848～1852年）和中國的太平天國起義（1851～1864年）
都打擊了共同的敵人——本國的封建統治階級和殖民主義。」〔註76〕

圖 17　赫達雅特小組（可能在皇宮拍的照片）

　　赫達雅特經常把中國和日本作比較。他到了日本時就寫到：

　　　　我所看的中國人都看起來有點悲哀，低著頭的；但這裡（日本）
　　居民榮譽的脖子都擡起來的。在中國看不清房東，禿鷹們（帝國主
　　義者國家）到處都存在。這裡卻房東很清楚，是卓越的、愉快的、
　　微笑著。〔註77〕

　　赫達雅特在《記憶與危險》中說：「還是日本做得正確，在駐華大使館

〔註76〕冀開運、蘭煥萍：《二十世紀伊朗史》，甘肅人民出版社，2002年，第285頁。
〔註77〕《麥加遊記》，第149～150頁。

－144－

裏有一位官員，專門避免把鴉片出口到日本國。」他繼續：「流到中國的鴉片，由軍隊官員來賣給零售商。所收的利潤用來交兵營的費用。」〔註78〕「在日本吸鴉片被禁止的，日本人把它叫做『中國之病』」。〔註79〕赫達雅特認爲：「必須支持亞洲國家反對歐洲國家。中國不能做到這一點，因爲那裡的統治者態度並不堅決（有依賴性的）。日本則成功了，因爲日本的統治者是堅決的（獨立的）。」〔註80〕「你們不能陷入西方民主關係的騙局中去。日本應該保存其非物質價值。」〔註81〕在他的著作中，我們可以覺察出一種愛國主義的確定形式。他將日本與伊朗做了比較。世界強國的干預阻礙著伊朗走上像日本那樣的進步之路〔註82〕。〔註83〕「西方人不允許我們完成我們的事情。我們趕不上他們。當我們邁出一步的時候，他們已經邁出好幾步。我們絕不可能趕上他們。」〔註84〕

　　該遊記強調改革和現代化的必要性，也表露對於教育、改革與立憲主義之間的一種偶然連接的信仰。赫達雅特的遊記包括教育機構的敘述，以及它們在現代化中扮演的角色，及其與日本各個部長的很長的討論。〔註85〕赫達雅特記錄了阿塔貝克和一位很接近日本皇帝的顧問之間的一次交談。當阿塔貝克問他日本政府怎樣開始執行歐式政府機構和教育時，日本部長回答說，他們爲了支持新狀態的機構，最爲優先的是訓練有資格的人員。大批學生被派到歐美國家學習各類學科和技術。把改革變堅固的下一步是在全國建立廣泛的歐式教育系統。〔註86〕赫達雅特強調日本教育改革包括堅強的道德基礎，依照傳統日本道德觀。這一切使得今日的日本人勝利於俄羅斯。〔註87〕

〔註78〕　《記憶與危險》，第 381 頁。
〔註79〕　《麥加遊記》，第 212 頁。
〔註80〕　《麥加遊記》，第 150 頁。
〔註81〕　《麥加遊記》，第 221 頁。
〔註82〕　《麥加遊記》，第 227 頁。
〔註83〕　Keramatollah Rasekh: Das Politische Denken der Reformisten im Iran 1811-1906: Eine Untersuchung über das Politische Denken der iranischen Intellektuallen, Published by LIT Verlag Berlin-Hamburg-Münster, 2000. P.121-122.
〔註84〕　《麥加遊記》，第 48 頁。
〔註85〕　Monica M. Ringer: The Quest for the Secret of Strength in Iranian Nineteenth Century Travel Literature : Rethinking Traditions in Safarnameh. *IRAN AND THE SURROUNDING WORLD*: Interactions in Culture and Cultural Politics, Nikki R. Keddie and Rudi Matthee, eds University of Washington Press, Seattle, 2002, P.156-7.
〔註86〕　赫達雅特：《麥加遊記》，波斯文本，德黑蘭，1989 年，第 164 頁。
〔註87〕　《麥加遊記》，第 191 頁。

赫達雅特他們在北京時幾次收到俄國和英國大使館的晚餐邀請。赫達雅特自己說：「我們雖然來到中國，但沒機會放棄歐洲人！只參觀皇宮和外交部部長的房子，那也是俄國大使館所推薦的！」〔註88〕當時的中國外交部長根本就不瞭解作爲一個亞洲國家的伊朗情況。但在日本時，他們多次受到日本高級官員和各個部長的晚餐邀請。他們多次互相見面並且進行談判，每次安排都非常周到。因此，正在考慮現代化國家的赫達雅特，從當時中國混亂的社會中沒受到什麼啓發。

這個伊朗人的旅行報告表明，伊朗人對西方的成就已有所反應。這種反應體現在作爲「改良主義者」的人身上。十九世紀時期，針對西方，伊朗經歷了從積極的改良主義政治的思考方式向反西方的現代主義的思考方式的轉變。社會現實迫使改良思想轉爲守勢。對於仿傚西方立法和限制國王權力，以及保護生命安全和公民財產的改變的願望，越來越多地只體現於空洞的要求之中。「改良主義者」要求與西方進行積極的和富有成果的討論。「現代主義者」則以懷疑態度站在西方的對立面。〔註89〕雖然那時旅行者意識到打破過去思想的必要性，但他們不確定這種打破到底應該怎樣來進行。赫達雅特的遊記，明確地認出現代化製成圖表輪流路線的必要性，但並沒有具體的計劃這種路線。〔註90〕

赫達雅特說專家關於中國有不同的看法。有的認爲，中國已注意到西方的機器，由於中國人很關注自己的職業，且他們本身很知足，因此，機器工業將會在他們的生活中發揮作用。有的則認爲中國人不會接受西方的宗教，不會接受那些不成熟的思想。赫達雅特說，錯誤在於文明的解釋；第一批關注意義，而第二批關注表面。他們忽略了在不成熟思想方面，西方比起東方來並沒有缺少遺憾。如果西方思想不是更爲不成熟的，那麼也並不是較之東方文明更爲成熟的。〔註91〕

〔註88〕《麥加遊記》，第 89 頁。

〔註89〕Keramatollah Rasekh: Das Politische Denken der Reformisten im Iran 1811-1906: Eine Untersuchung über das Politische Denken der iranischen Intellektuallen, Published by LIT Verlag Berlin-Hamburg-Münster, 2000. P.122.

〔註90〕Monica M. Ringer: The Quest for the Secret of Strength in Iranian Nineteenth Century Travel Literature : Rethinking Traditions in Safarnameh. *IRAN AND THE SURROUNDING WORLD*: Interactions in Culture and Cultural Politics, Nikki R. Keddie and Rudi Matthee, eds University of Washington Press, Seattle, 2002. p.160.

〔註91〕《麥加遊記》，第 113～114 頁。

赫達雅特說紙是中國人發明的，印刷術在中國有很悠久的歷史。中國自一千年前就開始發行邸報：在「審查局」的指導下，把宮廷的法令，——有時也是反高官甚至反皇帝的消息，發表出來並流通到帝國的其他地區。中國擁有過真正的思想自由，當然有時候也不完全這樣；純粹的事實並不符合人類的性質，有時也不符合利益。在中國報紙上很少有國外的消息，這是因為他們不需要人們瞭解到除自己以外的其他民族的情況，從而認為自己住在天堂裏。從另一方面看，外國的矯揉造作也大部分不符合規則和宗教，一般也很不為人所喜。〔註92〕

赫達雅特看到了中國社會還存在很多迷信觀念，一些老百姓很不熟悉科學發達的成果，把傳統觀念與無法理解的科學效果混雜在一起。比如他們到瀋陽時，赫達雅特的兒子給一個中國男性拍照片。這位先生並沒有反對，但當火車快要離開時，他卻跑來要求把他的「形式」還給他。他認為他們把他的「形式」放在盒子（照相機）裏了，他死後將無法到達天堂。他一直說個不停，終於赫達雅特的兒子決定把膠捲從照相機裏拿出來，讓他看到他的「形式」並未留在相機裏，他這才放心，然而此時火車卻呼嘯而去了。赫達雅特對於這種觀念非常懷疑、也非常驚訝。他歎一口氣說：真主啊！有人從德黑蘭走那麼長的路，到達瀋陽時，就給另一個人帶來災難！〔註93〕關於中國人的辮子，赫達雅特說「留長辮子是滿洲所傳播的習慣；從那時禁止剪掉辮子的。有一次他們看到一個古董商人由於留長辮子工作時有點不方便，他們問問他為什麼不把辮子剪掉？商人就回答說，「皇帝把他的辮子剪短以後，我們也會剪掉！」〔註94〕

關於中國美術，赫達雅特說，中國人的金屬品和雕刻很不可思議；以前聽說過他們可以用象牙雕刻七個球，每一個在另一個的裏面，〔註95〕他們在中國的一個商店裏就看到三個球的此類雕刻。他還說在農業和技術方面，中國人有最高的地位。赫達雅特還評論過中國的茶葉：「（茶葉）是『中間國家』所生產的第一商品，在全世界的各國，作為桌子之娛樂以及讚美客人的用品廣泛地被使用。」〔註96〕總的來看，從文化方面赫達雅特對中國有著

〔註92〕 《麥加遊記》，第137頁。
〔註93〕 《麥加遊記》，第33頁。
〔註94〕 《麥加遊記》，第88、126頁。
〔註95〕 《麥加遊記》，第105頁。
〔註96〕 《麥加遊記》，第103頁。

濃厚的興趣。他說：「由於不熟悉中國狀況，人總會產生一種悲觀，但面對他們時，就會發現這個民族的道德和教育優先於別的民族。」〔註97〕在解釋中國人的性格時，赫達雅特說：「中國人對祖國和國土的愛，使得他們在記錄歷史十分認真。他們有耐心，有毅力，且很知足；他們很可靠，很有意識。他們的思想很強，而在計算方面很機敏和熟練。〔註98〕赫達雅特認為孔子思想優先於柏拉圖的原則。他說，由於孔子所設計的禮儀思想，好幾百年中國民族經歷了平安的生活，並在科學、藝術和技術得到了長足進步，這證明孔子優於柏拉圖。〔註99〕在談論以傳教士時，赫達雅特認為西方傳教士為了傳播一個沒有價值的宗教，打擾了具有豐富宗教的人；從道德觀念來看，佛教原來優先於天主教。如說佛教含有迷信因子的話，那可以說什麼宗教都含有一些；說不定別人指定的生活規則優先於孔子的原則。〔註100〕

〔註97〕《麥加遊記》，第 41 頁。
〔註98〕《麥加遊記》，第 115 頁。
〔註99〕《麥加遊記》，第 68 頁。
〔註100〕《麥加遊記》，第 143 頁。

結　語

　　本書對波斯人寫的有關古代中國的四部遊記進行分析和考察。《中國印度見聞錄》是波斯人寫於唐代的中國遊記，給我們提供了最早有關中國唐代社會許多有用的資料。該遊記涉及很多社會學和對外交流的重要信息，當時的波斯人通過《中國印度見聞錄》瞭解到中國，也增進了伊中兩國之間的交流。火者・蓋耶速丁在明代初期寫的《沙哈魯遣使中國記》，爲我們提供了關於中國明朝社會的可靠的第一手資料。這部遊記記載了明王朝各個城市爲他們所舉辦的豪華宴會的細節。作者以一位藝術家的眼光，對中國的建築、寺廟、繪畫等方面進行詳盡的敘述，因而在伊中交流史上具有很高的史料價值。明朝中期阿里・阿克巴爾在遊歷中國之後所寫的《中國紀行》，也是關於當時中國社會的可靠信息的資料，該作品所記載的關於明朝穆斯林的狀況，極爲詳細，凸顯當時的宮廷裏，在皇帝的身邊具有很多有權利的穆斯林。二十世紀初，馬赫迪・古里・汗・赫達雅特作環球旅遊時也遊歷過中國，他撰寫的《麥加遊記》也是瞭解當時中國的政治、社會和文化狀況的重要史料。值得注意的是，赫達雅特在晚清時所看到的中國，跟蘇萊曼、蓋耶速丁和阿里・阿克巴爾在唐代和明代所看到的中國很不一樣。前三個作者到達中國的時候，中國無論是在科學、藝術、經濟等方面都算世界強國，但是到了二十世紀初，中國在很多方面已經落後於當時許多其他國家。

　　在波斯人關於中國的遊記和著作中，大部分都記載了中國人的起源，即使是赫達雅特，在二十世紀的遊記裏也提到中國人的起源傳說。然而他所敘述的，更接近於中國人自己的說法，因此我們估計他很可能直接引用過西方學者在這方面寫的資料。由於以前到中國來的大部分波斯人，大都是爲了完

成貿易活動而來的商人，所以他們留下來的作品，大多記載了中國豐富的物產，比如作為古代貿易的絲織品、瓷器、茶葉和香料等主要商品。有時，他們除了描寫中國產的各種貨物，還會提到當時各種貨物的價格和相關的稅目。從這方面看，波斯人的著作，在古代對外經貿方面，都具有一定的參考價值。赫達雅特的《麥加遊記》也記載過中國的絲綢和茶。赫達雅特還敘述了中國古代的重要發明，如紙、印刷術和火藥。以前蓋耶速丁和阿里·阿克巴爾在其遊記中，都曾寫到中國燃放鞭炮的習俗，但他們卻不知道這是中國人的重要發明之一。赫達雅特與前波斯人的主要差別是，他是一位有大智慧的學者。他通過研究前波斯人或西方人的學術研究成果，瞭解到很多前人不怎麼重視的史實。

在考察波斯人的中國遊記中，我們不難發現中國人普遍上都很尊敬來自波斯地區的遊客，也給予他們特別的關注。根據蓋耶速丁的記載，中國明王朝在波斯使節到達中國時，派了幾千士兵前來迎接他們，並且為他們舉行奢華的宴會。在他們逗留中國境內的幾個月的時間裏，一直為他們提供所需要的住宿和食物，還配有服務員。即便是從邊境到北京的幾個月的路途中，也是明王朝在每個驛站給他們提供所需要的一切。我們看到在蓋耶速丁時代，國外遊客要離開中國時，為了確保他們隨身沒攜帶被禁止出口的中國產品，要打開遊客的行李進行檢查。但波斯使節獲得特許不必檢查行裝。當時明王朝在接待來自波斯的遊客時，採取非常好客的方式。波斯人能自由地在中國大陸各地進行貿易活動。中國政府甚至不向居留於中國的波斯人征稅，這些穆斯林中間還有自己專職的宗教人士，可以按照穆斯林的做法來解決法律方面的問題。一些波斯人在中國不但能進見皇帝，而且還有優先權，優先於其他國家的使節。九世紀的蘇萊曼描寫了一位穆斯林和唐朝皇帝交談的細節。蓋耶速丁和阿里·阿克巴爾都分別提到過一到達北京時，就能夠進見皇帝。根據外文史料記載，外國使節為了與皇帝見面，有時候要等好幾個月。可遊記中寫到的波斯使節，可以直接與皇帝見面，因此能夠詳細地敘述皇帝的外表特點等。阿里·阿克巴爾在《中國紀行》中寫到，其它國家的使節一般沒有機會直接進見皇帝，只能見到幾位被指定來接見客人的官員而已。但到了近代，情況發生了變化。比如當赫達雅特到中國來時，雖然伊朗前任首相地位顯赫阿塔貝克也隨行了，但沒有相應的接待，在一些城市裏，他們為了找住宿的酒店也會遇到諸多問題。似乎沒人知道阿塔貝克到過中國的事情，他

們到了以後，也沒有中國官員來接見他們。這表示當時中國不怎麼重視跟伊朗的外交關係。反之，當赫達雅特等人抵達日本時，就得到日本政府各個部長的熱烈歡迎，並且給他們安排了幾次的宴會。

　　波斯來的遊客，總是欣賞中國政府治理國家的原則和公正的管理。同時，他們對於中國人有條理的習慣感到很驚訝。中國建築的美妙，是大部中國遊記的主要敘述內容。無論是蓋耶速丁，或是阿里‧阿克巴爾，他們都高度讚揚中國的建築風格。尤其是蓋耶速丁，因為他是一位藝術家，所以他所描繪的建築物和寺廟的特點，更為詳細。這幾位波斯人，特別讚賞中國人的藝術作品和手工藝品。蘇萊曼，阿里‧阿克巴爾和蓋耶速丁，都認為無論是美術作品或是藝術造詣等方面，中國人都居於全世界之冠。即使到了二十世紀初，西方列強入侵中國，中國日趨衰落，但赫達雅特也還是注意到並且高度評價中國人的這種特長。中國人的雜技和表演藝術也常常是前波斯人所敘述的遊記的主要內容。其中，以蓋耶速丁的遊記在這方面的描寫最為完整而詳盡。

　　關於中國人的服裝，波斯人一般認為他們穿非常珍貴的絲綢衣服。到過中國的波斯人也一般會注意到中國人的飲食和中國在交易方面所用的貨幣。同時唐朝的「護照」系統引起了蘇萊曼的注意。阿里‧阿克巴爾也提到過中國人有一個習慣，就是把外國人的圖象，畫在寺廟的牆上。他還提到中國人把《列王紀》中的英雄，魯斯坦姆的圖象，畫在他被殺死之前的所在的地方。他們特別注意到了中國人的重視教育，並且表達雖然漢語很難學，但一般的中國人都會寫字。中國人的農業和技術方面，也都為波斯人所讚揚。

　　一般來看，所有曾經到過中國並且留下作品的波斯人，都特別喜歡中國。他們對於中國的生活環境、社會文化、治理制度，藝術作品等方面，都表示很滿意。他們認為在禮儀和禮貌方面，別人不如中國人。大部分把中國人描寫為具有道德觀念的、知足的、有毅力的人。他們提到中國的天文學、醫學和藥學。在前波斯人的中國遊記和著作中，唯一不滿意的是中國的衛生情況。除此之外，其他的他們都會很喜歡。甚至是今天來中國旅遊的伊朗人，他們對中國的民族文化仍產生很濃厚的興趣。

　　綜上所述，古代波斯人在很早以前就有對中國古時的文化、經濟和政治交流的方式和歷史等方面的記載。值得注意的是，就對中國的認識和瞭解而言，西方學者比波斯人足足晚了數個世紀。遺憾的是歷代中國人對波斯人的瞭解卻很有限。他們涉及波斯的遊記和著作，無論是從內容上或數量上看，

都不如波斯人寫關於中國的作品豐富和詳細。無論如何，伊朗和中國在歷史上曾經有過良好的文化交流，而這種交流今天仍然在延續。但我們千萬不能忘記像蘇萊曼、阿布‧札義德、蓋耶速丁、阿里‧阿克巴爾和赫達雅特等波斯學者，對保留中國歷史文化所作出的巨大貢獻。

參考文獻

一、中文參考文獻

1. 〔波斯〕蘇萊曼、阿布・札義德：《中國印度見聞錄》穆根來、汶江、黃倬漢譯，中華書局，2001 年。

2. 〔波斯〕火者・蓋耶速丁：《沙哈魯遣使中國記》，《海屯行記》，何高濟譯，中華書局，1981 年。

3. 〔波斯〕阿里・阿克巴爾・哈塔伊著：《中國紀行》，張至善譯，三聯書店，1988 年。

4. 〔波斯〕馬斯歐迪：《黃金草原》，耿昇譯，青海人民出版社，1998 年。

5. 〔波斯〕伊本・胡爾達茲比赫：《道里邦國志》，宋峴譯，中華書局，1991 年。

6. 〔法〕阿里・瑪札海里《絲綢之路——中國波斯文化交流史》耿昇譯，新疆人民出版社，2006 年。

7. 〔法〕F.B.於格、E.於格著：《海市蜃樓中的帝國》，耿昇譯，喀什維吾爾文出版社，2004 年。

8. 〔法〕費琅：《阿拉伯波斯突厥人東方文獻輯注》，耿昇譯，中華書局，1984 年。

9. 〔法〕張日銘：《唐代中國與大食穆斯林》，姚繼德、沙德珍譯，寧夏人民出版社，2002 年。

10. 〔美〕費正清、劉廣京：《劍橋中國晚清史 1800～1911 年》上下卷，中國社會科學院歷史研究所編譯室譯，中國社會科學院出版社，1993 年。

11. 〔美〕勞費爾：《中國伊朗編》，林筠因譯，商務印書館，2001 年。

12. 〔美〕愛德華・謝弗著，吳玉貴譯：《唐代的外來文明》陝西師範大學出

版社，2005 年。

13. 〔英〕H.裕爾撰，〔法〕H.考迪埃修訂《東域紀程錄叢》，張緒山譯，雲南人民出版社，2002 年。

14. 〔加〕卜正民《縱樂的困惑》，方駿、王秀麗、羅天祐譯，三聯書店，2004 年。

15. 〔西班牙〕克拉維約：《克拉維約東使記》，〔土耳其〕奧瑪李查譯，楊兆鈞漢譯，商務印書館，1957 年。

16. 〔日〕木宮泰彥：《日中文化交流史》，胡錫年譯，商務印書館，1980 年。

17. 〔日〕桑原騭藏：《蒲壽庚考》，中華書局，1954 年。

18. 〔日〕桑原騭藏：《中國阿拉伯海上交通史》，臺北，上午印書館，1984 年。

19. 〔日〕桑原騭藏：《唐宋時代中西通商史》，馮攸譯，上海，1930。

20. 〔日〕寺田隆信：《鄭和——聯結中國與伊斯蘭世界的航海家》，海洋出版社，1988 年。

21. 〔唐〕義淨：《大唐西域求法高僧傳校注》，王邦維校注，北京中華書局，1988 年。

22. 〔明〕陳誠：《西域行程記，西域番國志》周連寬校注，中華書局，1991 年。

23. 〔明〕馬歡原著：明抄本《瀛涯勝覽》校注，萬明校注，海洋出版社，2005 年。

24. 巴拉茲（白樂日）：《唐代經濟史論稿》34、35 卷，1931、1932 年。

25. 沈福偉：《中西文化交流史》，上海人民出版社，2006 年。

26. 戈春源譯注：《黃巢》，（選自：《新唐書》）中華書局，1985 年。

27. 黃啓臣：《廣東海上絲綢之路史》，廣東經濟出版社，2003 年。

28. 張星烺：《中西交通史料彙編》，第二冊，中華書局，1977 年。

29. S. M. 威廉：《中國》，紐約，1853 年。

30. 白壽彝：《中國回教小史》，寧夏人民出版社，2000 年。

31. 季羨林：《東方文化史》，黃山出版社，1987 年。

32. 忻劍飛：《世界的中國觀》，學林出版社，1991 年。

33. 王一丹：波斯拉施特《史集·中國史》研究，崑崙出版社，2006 年。

34. 沈福偉：《中西文化交流史》，上海人民出版社，2006 年。

35. 納訓譯：《一千零一夜》，人民文學出版社，2002 年。

36. 商金林：《葉聖陶年譜長編》（第一卷），人民教育出版社，2004 年。

37. 嚴復名著叢刊《穆勒名學》，商務印書館，1981 年。

38. 馬光祖，周應合：《景定建康志》，北京，中華書局，1990 年。

39. 李慶新：《海上絲綢之路》，五洲傳播出版社，2006 年。

40. 劉守華：《比較故事學論考》，哈爾濱：黑龍江人民出版社，2003 年。

41. 許曉光：《天方神韻：伊斯蘭古典文明》，四川人民出版社，2002 年。

42. 鑒眞：《唐大和尚東征傳》，收《大正大藏經》，卷 51。

43. 劉恂：《舊唐書》，仁壽編，臺北，1965 年。

44. 司馬光：《資治通鑒》，中華書局，1956 年。

45. 歐陽修及宋祁：《新唐書》，中華書局，1975 年。

46. 王昶：《金石萃編》（卷 1～5），中國書店，1985 年。

47. 向達：《唐代長安與西域文明》，河北教育出版社，2007 年。

48. 盧炳瑞主編：《全唐詩》，延邊大學出版社，2004 年。

49. 龐安時：《傷寒總病論》附札記，中華書局，1985 年。

50. 崔瑞德：《劍橋中國隋唐史》，中國社會科學出版社，1990 年。

51. 趙汝适：《諸蕃志》譯本，M.F.夏德和 W.W.柔克義譯注，彼得堡，1912 年。

52. 雷奈·格魯塞：《近東與中東的文明》，常任俠、袁音譯，上海人民美術出版社，1981 年。

53. 吳海鷹：《鄭和與回族伊斯蘭文化》，寧夏人民出版社，2005 年。

54. 張文得：《明與帖木兒王朝關係史研究》，中華書局，2006 年。

55. 蘇同炳：《明代驛遞制度》，臺北：中華叢書編審委員會，1969 年。

56. 尹韻公：《中國明代新聞傳播史》，重慶出版社，1990 年。

57. 李喜所：《五千年中外文化交流史》，第一卷，世界知識出版社，2002 年。

58. 馬明達，陳靜：《中國回回曆法輯叢·明譯天文書·序》蘭州，甘肅民族出版社，1996 年。

59. 邵循正：《有明初葉與帖木兒帝國之關係》，《邵循正歷史論文集》，北京大學出版社，1985 年。

60. 姚繼德：《鄭和的家世與功績》，吳海鷹著編《鄭和與回族伊斯蘭文化》，寧夏人民出版社，2005 年。

61. 米兒咱·馬黑麻·海答兒：《中亞蒙兀兒史》（上編），烏魯木齊：新疆人民出版社，1983 年。

62. 張星烺：《中西交通史料彙編》，朱傑勤校訂，中華書局，1978 年。

63. 朱傑勤：《中國和伊朗關係史稿》，新疆人民出版社，1988 年。

64. 譚其驤：《中國歷史地圖集》，第七冊，元·明時期，地圖出版社，1982 年。

65. 馬明道：《明朝皇家信仰靠初稿》，中國回教文化教育基金會出版。

66. 宋峴：《回回藥方考釋》（影印），北京：中華書局，2000 年。

67. 傅統先：《中國回教史》，寧夏人民出版社，2000 年。

68. 吳仁敬、辛安潮：《中國陶瓷史》，商務印書館，1937 年。

69. 王重民等編：《敦煌變文集》上集，人民文學出版社，1984 年。

70. 鍾敬文：《種族起源神話》，《民眾教育期刊》，第三卷第一號。

71. 赫達雅特：《記憶與危險》，波斯文本，德黑蘭，1996 年。

72. 赫達雅特：《麥加遊記》，波斯文本，德黑蘭，1989 年。

73. 尹鐵：《晚清鐵路與晚清社會變遷研究》，經濟科學出版社，2005 年。

74. 高曉芳：《晚清洋務學堂的外語教育研究》，商務印書館，2007 年。

75. 伊凡諾夫：《伊朗史綱》，三聯書店，1958 年。

76. 冀開運、蘭煥萍：《二十世紀伊朗史》，甘肅人民出版社，2002 年。

二、參考論文

1. 〔蘇丹〕加法爾·卡拉爾·阿赫默德撰：《唐代中國與阿拉伯世界的關係》（下），金波、俞燕譯，新疆師範大學學報（哲學社會科學版），2004 年第 3 期。

2. 榮新江：《波斯與中國：兩種文化在唐朝的交融》，收於《中國學術》，商務印書館，2002 年。

3. 夏鼐：《在中國發現的波斯錢幣研究總結》，《中國考古學報》，1974 年第 1 期。

4. 景兆璽：《唐朝與阿拉伯帝國海路香料貿易初探》，西北第二民族學院學報（哲學社會科學版），2007 年第 5 期。

5. 朱傑勤：《中國和伊朗歷史上的友好關係》載《中外關係史論文集》，河南人民出版社，1984 年。

6. 寧榮：《中國印度見聞錄考釋》，《阿拉伯世界研究》，2006 年第 2 期。

7. 王鐵錚：《歷史上的中阿文明交往》，《西北大學學報》，2004 年第 3 期。

8. 武伯綸：《唐代廣州至波斯灣的海上交通》，《文物》，1972 年第 6 期。

9. 王東平：《唐宋時穆斯林史實雜考》，《回族研究》，2004 年第 1 期。

10. 《中國畫報》，《古代中西交流的隨筆》，1985 年第 10 期。

11. 於賡哲：《然非有力，不能盡寫：中古醫籍受眾淺論》，《陝西師範大學學報》（哲學社會科學版）2008 年第 1 期。

12. 王一丹：《波斯、和田與中國的麝香》，北京大學學報（哲學社會科學版）1993 年第 2 期。

13. 蔡德貴：《東方文化發展的大趨勢》，浙江海洋學院學報，2000 年第 3 期。

14. 李長林：《清末中國對〈一千零一夜〉的譯介》，阿拉伯世界，1999 年第 1 期。

15. 葉奕良：《古代中國和伊朗的友好交往》，收於：《中國與亞非國家關係史》，江西人民出版社，1984 年。

16. 葉奕良：《古代中國伊朗文化關係略論》，收於：《中外關係史論叢》，第 4 輯，天津古籍出版社，1994 年。

17. 張星烺：《德文譯本愛梨艾柯伯爾之中國志（Khitayname）之介紹》，《地學雜誌》，1936 年第 2 期。

18. 季羨林：《原始社會風俗殘餘——關於妓女禱雨的問題》，《世界歷史》，1985 年第 10 期。

19. 季羨林：《絲綢之路與中國文化——讀〈絲綢之路〉的觀感》，《北京師範大學學報》（社會科學版）1994 年第 4 期。

20. 季羨林：《一部值得重視的書》，《讀書》1987 年第 7 期。

21. 張志善：《一本有待深入研究的古籍——〈中國紀行〉中文譯本問世》，《世界史研究動態》，1989 年第 12 期。

22. 鍾焓：《一位中亞穆斯林筆下的中國傳說故事與民間信仰》，《西域研究》，2007 年第 3 期。

23. 姚繼德：《雲南回族與波斯文化》，《回族研究》，2000 年第 4 期。

24. 丁明俊：《明前期伊斯蘭教政策簡論》，《寧夏社會科學》，1993 年第 4 期。

25. 韓中義：《文明的本土化及其傳承載體》，《南京大學學報》，2000 年第 3 期。

26. 夏茂譯自阿爾曼多·科特桑輯譯：《托梅·皮雷斯的東方諸國記》，倫敦，1944 年，第 1 卷，第 116～128 頁，載《中外關係史譯叢》第 4 輯，上海譯文出版社，1988 年。

27. 馬健春：《明代瓷器與伊斯蘭文化》，《西北民族研究》，1994 年第 1 期。

28. 董乃強：《女巫和妓女的起源，兼向武舟先生求教》，《中國文學研究》，1996 年 02 期。

29. 楊琳：《巫山神女原型新探》，《文藝研究》，1993 年第 4 期。

30. 顧希佳：《山魈故事的追蹤研究：一浙江爲例》，《民族文學研究》，2005 年第 01 期。

31. 王秀文：《日本『犬』民俗的傳承及其文化內涵》，《湖北教育學院學報》，2006 年第 12 期。

32. 鍾敬文：《槃瓠神話的考察》，載於《中國神話學文論選萃》上編，馬昌儀主編，中國廣播電視出版社，1994 年。

33. 岑家梧：《槃瓠傳說與瑤佘的圖騰制度》載於《中國神話學文論選萃》馬昌儀主編，中國廣播電視出版社，1994 年。

34. 馬建春：《明代回回人對「貢賜」貿易的壟斷》，《絲綢之路》，1996 年第 6 期。

35. 陳生璽：《明初帖木兒帝國和中國的關係》，《史學月刊》，1957 年第 7 期。

36. 馬平：《波斯伊斯蘭文明對中國伊斯蘭文明的貢獻及其深遠影響》，《回族研究》，2004 年第 3 期。

37. 韓中義：《文明的本土化及其傳承載體》，《南京大學學報》，2000 年第 3 期。

38. 劉迎勝：《「小經」文字產生的背景──關於「回族漢語」》，《西北民族研究》，2003 年第 3 期。

39. 朱新光：《試論貼木兒帝國與明朝之關係》，《西北民族研究》1996 年第 1 期。

40. 楊富學：《明代陸路絲綢之路及其貿易》，中國邊疆史地研究，1997 年第 2 期。

41. 李德寬：《明代回回譯使考述》，西北第二民族學院學報（哲學社會科學版），1997 年第一期。

42. 劉毅：《高麗青瓷的幾項突出成就》，中原文物，2004 年，第 3 期。

43. 尹磊：《從行記作品看歐亞文明大陸傳統──對十五世紀初外交使節記錄的比較研究》，《西域研究》，2006 年第 3 期。

44. 張文德：《中亞帖木兒王朝的來華使臣》，《西域研究》，2002 年第 2 期。

三、外文參考文獻

1. Hadi Hasan: A Hisory of Persian Navigation, London, 1928.

2. Takakusu: A Record of the Buddhist Religion, Oxford, 1896.

3. George Fadlo Hourani: *Arab Seafaring in the Indian Ocean in Ancient and Early Medieval Times*, Princeton University, 1995.

4. Friedrich Hirth & W. W. Rockhill: *Chao Ju Kua*, Printing Office of the Imperial Academy of Sciences, 1911.

5. William J. Bernstein: *A Splendid Exchange: How Trade Shaped the World*, Published by Atlantic Monthly Press, 2008.

6. G. Walter: *Persepolis*, Wasmuth Publication, 1980.

7. Thomas W. Arnold: *Painting in Islam*, Study of the Place of Pictorial Art in Muslim Culture, published by Gorgias Press LLC, 2002.

8. Edward H. Schafer: *The Golden Peaches of Samarkand*, University of California Press, 1963.

9. Richard Ettinghausen: *Studies in Muslim Iconography*: The Unicorn, Freer Gallery of Art, Occasional papers, Vol .I No.3, Washington, 1950.

10. Joseph Needham: *Scinece and Civilisation in China*, V.1, reprinted by KingprintLtd. 1972.

11. Morris Rossabi: *China and Inner Asia from 1368 to the Present Day*, Thames and Hudson. London 1975.

12. Edward G. Browne: *A Literary History of Persia,* Vol 3, Cambridge University Press, (Reprinted) 1984.

13. Henry Yule: *Cathay and the Way Thither,* Vols. 1-4, Munshiram Manohrlal Publisher Pvt. Ltd., 1998 (Reprinted).

14. L.Carrington Goodrich: Dictionary of Ming Biography1368-1644 (明代名人傳), New York: Colombia University Press, 1976.

15. Bernard S.Myers, Editor: Encyclopedia of Painting: Painters and Paintings of the World From Prehistoric Times to the Present Days, New York, Crown Publisher, 1995.

16. Barthold, V.V.: *Four Studies on the History of Central Asia*, Translated by V. &T. Minorsky V.2. Leiden: E.J.Brill, 1956.

17. K.M.Maitra Translated: A Persian Embassy to China, Being an Extract From Zubdatu't Tawarikh of Hafiz Abru, Paragon Book Reprint Corp .New York, 1970.

18. William Woodville Rockhill, Diplomatic Audiences at the Court of China, London: Luzac&Co.1905.

20. Nigel Cameron: *Barbarians and Mandarins, Thirteen Century of Western Travellers in China*, Oxforf University Press, New York, 1989.

21. Timothy Brook: Comunication and Commerce, *The Cambridge History of China*, Vol.8, The Ming Dynasty, Edited by Frederick W. Mote and Denis twichett, 1998.

22. Hok –Lam Chan: Chien -Wen, Yung –Lo , Hong-His, Hsuan-Te Period, *The Cambridge History of China*, Vol.7, The Ming Dynasty, Edited by Frederick W. Mote and Denis twichett,1988.

23. R. L. Hobson: *Chinese Pottery and Porcelain: An Account of the Potter's Art in China from Primitive* Times *to the Present Day*, Dover Publication, 1975.

24. R. L. Hobson: *The Wares of the Ming Dynasty,* published by Scribner's, 1923.

25. C. P. Fitzgerald: *China A Short Cultural History*, the Cresset press, London. 1935.

26. C. A. Storey: *Persian Literature*. London, Vol. I ，1936.

27. E. Renaudot: *Ancient Accounts of India and China by Two Mohammedan Travellers*, London, 1733.

28. P. E. Kahle: *China as described by Turkish Geographers from Iranian*

Sources. Proceeding of the Iran Society. Vol. 2. London. 1940.

29. Davood Ting: *Islamic Culture in China*, in K. Morgan,(Ed.)Islam: the straight path ,N.Y. 1958.Quoted by Raphael Israeli: *Islam and Jusaeism in China*, reprinted from Asian Profile, Vol.5, No.1,1977.

30. Crawford H. Toy: *Introduction to the history of religion*, Boston: ginn, 1913.

31. Monica Ringer: *Education, Religion and the Discourse of Cultural Reform in Qajar Iran*, Costa Mesa, CA: Mazda, 2001.

32. Encyclopedia of the Middle Ages, by Andre Vauchez, Richard Barrie Dobson, Adrian Walford, Michael Lapidge ,Translated by Adrian Walford , Published by Routledge, 2000. P.1017.

33. Nikki R. Keddie and Rudi Matthee eds: *IRAN AND THE SURROUNDING WORLD*: Interactions *in Culture and Cultural Politics*, Monica M. Ringer: The Quest for the Secret of Strength in Iranian Nineteenth Century Travel Literature: Rethinking Traditions in Safarnameh. University of Washington Press, Seattle, 2002.

34. Stephen R. MacKinnon: *Power and Politics in Late Imperial China : Yuan Shi kai In Beijing and Tianjin, 1901-1908*, Berkeley, University of California Press, 1980.

35. Benjamin A. Elman: *From Pre-Modern Chinese Natural Studies to Modern Science in China*, printed in: Michael Lackner &Natasha Vittinghoff eds: *Mapping Meanings: The Field of New Learning in Late Qing China*, Brill, 2004.

36. Fairbank, Reischauer, Craig: *East Asia, Tradition &Transformation New Impression*, Harvard University, 1978.

37. George Lynch : *The War of the Civilizations, Beijing the Record of A 'Foreign Devil's' experiences* with *the allies in China*, Longmans, 1901.

38. Keramatollah Rasekh: *Das Politische Denken der Reformisten im Iran 1811-1906: Eine Untersuchung über das Politische Denken der iranischen Intellektuallen*, Published by LIT Verlag Berlin- Hamburg-Münster,2000.

四、波斯文參考文獻

تاریخ یعقوبی ، ترجمه آیتی ،بنگاه ترجمه و نشر کتاب ،1347

تاریخ یعقوبی، ترجمه آیتی، بنگاه ترجمه و نشر کتاب ،1347 .

دکتر علاءالدین آذری: تاریخ روابط ایران و چین، انتشارات امیر کبیر ،1377 .

سفرنامه ابراهیم صحافباشی تهرانی، به اهتمام محمد مشیری، شرکت مؤلفان و مترجمان تهران،1357.

ابن خرداذبه : المسالک و الممالک، ترجمه دکتر حسین قره چانلو، تهران، 1370 .

محمد ربیع بن محمد ابراهیم : سفینه سلیمانی، تصحیح دکتر عباس فاروقی، انتشارات دانشگاه تهران، 2536 شاهنشاهی.

حمزه اصفهانی : تاریخ پیامبران و شاهان، ترجمه جعفر شعار، چاپ دوم، سال 1367 .

ابوسعید عبدالحی بن ضحاک بن محمود گردیزی: زین الاخبار، به اهتمام دکتر رحیم رضا زاده ملک، انجمن آثار و مفاخر فرهنگی، 1384 .

سلیمان تاجر سیرافی و ابو زید حسن: سلسلة التواریخ یا اخبار الصین و الهند، ترجمه دکتر حسن قرچانلو، نشر اساطیر، 1381.

محمد حسن سمسار :جغرافیای تاریخی سیراف، سلسله انتشارات انجمن آثار ملی، تهران، 1375.

پروفسور هادی حسن: سرگذشت کشتی رانی ایرانیان، شرکت به نشر، 1371 .

جواد صفی نژاد : سفرهای سلیمان سیرافی از خلیج فارس تا چین، تهران، مؤسسه مطالعات تاریخ معاصر ایران، 1383.

علی اکبر خطایی: خطای نامه شرح مشاهدات سید علی اکبر خطایی در سرزمین چین به پیوست سفرنامه غیاث الدین نقاش، به کوشش ایرج افشار ، مرکز اسناد فرهنگی آسیا، تهران، 1372 .

ابن بطوطه : سفرنامه ابن بطوطه (دو جلد)، ترجمه دکتر محمد علی موحد، بنگاه ترجمه و نشر کتاب، 1359 .

علی مظاهری: جاده ابریشم (مجموعه دو جلدی)، ترجمه ملک ناصر نوبان، پژوهشگاه علوم انسانی و مطالعات فرهنگی، تهران 1372 & 1373.

مهدیقلی خان هدایت: سفرنامه مکه، به کوشش دکتر سید محمد دبیر سیاقی، چاپ ئیراژه، بهار 1368

مهدیقلی خان هدایت: خاطرات و خطرات، نشر زوار، 1375.

مهدیقلی خان هدایت: گزارش ایران، به اهتمام محمد علی صوتی، نشر نقره، 1363.

بهزاد شاهنده : انقلاب چین، دفتر مطالعات سیاسی و بین المللی، 1370،

مهدی بامداد : شرح حال رجال ایران، جلد چهارم، نشر زوار، 1363.

مهراب اکبریان : روابط فرهنگی و سیاسی ایران و چین در عهد تیموریان (1)، نشریه مطالعات ایران، شماره 1، بهار 1372.

مهراب اکبریان :چین در منابع فارسی، ماهنامه فرهنگی سیمرغ، سال یکم شماره سوم، فروردین 69.

امیر سعید الهی : مقدمه ای بر شناخت تاریخی شرق آسیا در مآخذ فارسی: کتاب ماه تاریخ و جغرافیا، خرداد 1383 .

حمید نیر نوری: روابط ایران با چین و ژاپن در ادوار گذشته، مجله وحید، سال هفتم، شماره ششم، 1348 .

محمد تقی دانش پژوه: نگاهی گذرا به پیوند فرهنگی ایران و چین، نشریه نسخه های خطی کتابخانه مرکزی و مرکز اسناد دانشگاه تهران، جلد 11و 12، تهران، 1362 .

سید حسن موسوی : روابط ایران و چین در عهد باستان، مجله علوم اجتماعی و انسانی دانشگاه شیراز، دوره پنجم، بهار 1369.

سید احمد فدایی: روابط ایران و چین، مجله مشکوة، شماره 17، زمستان 1366 .

یه ای لیانگ :رفت و آمد های دوستانه میان چین وایران در دوره های گذشته، فصلنامه هستی، زمستان 1373 .

دکتر عباس فاروقی: مرزهای دانش، مجله مهر ، 1346.

جواد صفی نژاد: از خلیج فارس تا چین، همراه با سلیمان سیرافی، مجله پیام دریا، نوروز 75، شماره چهل و سوم.

سید محمد جعفر میر جلیلی : سلسلة التواریخ یا اخبار الصین و الهند، کتاب ماه تاریخ و جغرافیا، خرداد 1383 .

دکتر ابوطالب میر عابدینی : خطای نامه، مجله آینده، سال شانزدهم، 1369.

جان هون نین : ادبیات فارسی در چین، مجله آینده، سال سیزدهم.

چین تینگ شن : مقدمه ای بر روابط بین ایران و چین، ترجمه دکتر حسن جوادی، مجله دانشکده ادبیات و علوم انسانی دانشگاه شیراز، فروردین- مرداد 1346 .

بزرگ بن شهریار الناخذاه الرامهرمزی :عجایب الهند برها و بحرها و جزائرها ، تحقیق عبدالله محمد الحبشی، ابوظبی، الامارات العربیة المتحده، 2000 .

後　記

　　多年在北大學習期間，一直很關注波斯和中國交流史方面的資料和研究，因此，我的導師商金林教授給我提出作爲博士論文的題目——《波斯人筆下的中國》。在商老師的指導下，完成了我的博士論文。我要特別感謝商老師在這麼多年對我的理解、支持和指教。在寫論文的過程中，我得到了尊敬的老師和熱情的同學的幫助和支持。他們的指教和支持極大地提高了論文的寫作效率。我要感謝張鴻年教授，李相老師和藤慧珠老師在各個方面對我的熱情和謙虛的態度。也要感謝我的同學在百忙中抽出極爲寶貴的時間對我的寫作認眞地進行修改。感謝我的日本同學吉田薰（Yoshida Kaoru）對我的學術方面的關注和支持，還要感謝在很多方面啓發過我的保加利亞朋友文戴皙（Dessi Vendova）。

　　我特別要感謝我的父母和我姐姐，他們從我小時開始一直到現在，在學術方面對我的鼓勵和支持，讓我充滿希望的往前發展。在我的快樂生活當中，他們所起的作用顯然很巨大的。最後我最熱烈的感謝，是對我的愛人歐美德（Omid Ajdarpour）先生。感謝他這麼多年在各方面對我的支持。他的理解和配合，讓我在一種很安全、舒服和愉快的環境中就完成我的論文。謹以此論文獻給他，爲了感謝他一直對我的愛，一直對我的責任感。